牧隱 李穡先生略傳

목은 이색선생약전

이훈구 著 ─ 이중원 譯·註

목은 이색선생 영정

목은 이색 선조상

문헌서원 전경

진수문

진수당

하마비와 홍살문

문헌서원 편액

목은 선생 영당

목은 이색선생 신도비

목은선생이색의 묘

머리말

　이름이 높이 난 건물(建物)이나 산천(山川)에는 명패(名牌)나 설명을 부치지 아니하여도 세상 사람이 다 아는 것이다. 또 이름이 높은 사람도 마찬가지로 무슨 행장(行狀)[1]이나 전기(傳記) 같은 것이 없어도 세상(世上) 사람들이 다 잘 알고 있는 것이다.

　목은이색(牧隱李穡) 선생의 이름은 적어도 우리 한인(韓人)으로서 글자나 배웠다는 사람이면 모를 수가 없는 것이다.

　그러나 이 세상은 넓고 넓어서 아무리 이름이 난 사람이라도 그 이름이 난 원인을 자세히 알지 못하면 그야말로 수박 겉핥기로 맛이 없을 뿐 아니라 풍성학려(風聲鶴唳)[2]로 아는 그 사람 자신에게 하등 유익한 결과(結果)를 주지 못하는 것이다.

---

1) 행장(行狀) : 한문체의 하나. 행장이란 죽은 사람의 행실을 간명하게 써서 보는 이로 하여금 죽은 사람을 직접 보는 것처럼 살펴볼 수 있도록 하는 것이다. 그러므로 행장의 기본 목적은 죽은 사람의 문생이나 친구, 옛날 동료, 아니면 그 아들이 죽은 사람의 세계(世系)·성명·자호·관향(貫鄕)·관작(官爵)·생졸연월·자손록 및 평생의 언행 등을 서술하여 후일 사관(史官)들이 역사를 편찬하는 사료 또는 죽은 사람의 명문(銘文)·만장·비지·전기 등을 제작하는 데 자료로 제공하려는 것이다. 장(狀)은 모양이라는 뜻으로 행동거지를 의미한다. 이러한 면에서 보면 행장은 전기(傳記)보다 잡다한 이론을 피해야 하는 것이 원칙이라 하겠다.

2) 풍성학려(風聲鶴唳) : 섶을 벅은 사람이 하찮은 일에노 놀람을 이르는 날. 즉, 하찮은 것

이러한 의미에서 이번에 이 목은 선생 약전을 쓰기로 생각한 한 이유가 있다. 또 외관(外觀)으로 크고 높은 전당(殿堂)이 있어도 그 문을 열고 들어가서 내용이 어찌 되었는가, 즉 당대의 장식·기구의 배치·내부조화(內部調和)가 어찌 되었는가 자세히 알아보기 전에는 그 전당 전부를 다 알았다고 말할 수도 없고 또 그 전당의 참됨도 알 수가 없는 것이다.

목은 선생은 높고 아름다운 한 인간의 전당이라고 비교할 수가 있다. 그저 목은 선생으로만 알면 그것은 외관(外觀)의 목은 선생을 알뿐이다. 좀 더 파고 들어가서 그의 문장(文章) 그의 덕의(德義) 그의 충절(忠節) 그의 학행(學行)에서 그의 후세(後世)에 끼친 영향(影響)까지도 알아보아야 비로소 목은 선생의 참됨을 알았다고 할 것이다. 이 전기(傳記)의 저술도 여기에 또 하나의 이유가 있는 것이다.

목은 선생은 그 문집(文集)을 통하여, 또 후일(後日)에 저작된 연보(年譜)[3]·행장(行狀)·비문(碑文) 등등에 의하여 잘 알 수가 있다. 그러나 이 모든 것이 다 한문(漢文)이라는 난해(難解)한 문자(文字) 속에 묻히어서 보통정도의 지식인으로서는 알아보기가 매우 힘이 든다. 즉, 금강석(金剛石)이 사진(沙塵) 속에 묻히어서 눈에 띄지 아니하는 것과 마찬가지다. 그러므로 우리글과 말로 평이하게 알기 쉽게 목은 선생을 묘사(描寫)하여 내어야만 만인이면 만인이 다 보고 알 수가 있다. 이 전기(傳記)가 저작된 또 하나의 이유가 이곳에도 있는 것이다.

또 우리는 타국(他國)의 유명한 사람은 잘 알고 있다. 외국의 수많은 명

---

3) 연보(年譜) : 한 사람의 일생을 연월(年月) 순서로 간략하게 적은 기록. 흔히 개인의 연대기를 이른다.

인(名人) 걸사(傑士)를 잘 알고 있다. 그러나 우리 조선인 중 유명한 영웅열사(英雄烈士)와 명인달사(名人達士)의 사적과 행실에 대하여는 잘 알지 못하고 있다. 이것은 우리의 공통 된 병으로 개탄불감(慨歎不堪)[4]할 바이다.

목은의 여음유방(餘蔭遺芳)[5]을 우리 한인(韓人)된 사람으로서 잘 알아야 할 것은 물론이거니와 더욱이 그의 자손 된 사람은 하나도 빠짐없이 잘 알고 있어야만 될 일이다. 이 의미에서 이 전기(傳記)가 저작된 또 하나의 이유가 있는 것이다. 이 전기를 통하여 목은 선생을 잘 알게 됨으로써 우리가 우리 선생으로 섬기고 또 우리가 선생님을 본받아 우리문화(文化)에 이바지할 수가 있다면 저자의 영광은 그 외에 없다.

이 저술이 세상에 나오기까지에 저자를 도와주신 여러분에 대하여 감사의 말씀을 드리며 가목장학회(稼牧奬學會) 임원 여러분, 특히 이문규(李文珪) 씨의 교열급 및 기타 조력에 대하여 충심으로 감사의 말씀을 드리는 바이다.

단기 四二九0年十二月[6] 下澣

著者 李 勳 求 識

---

4) 개탄불감(慨歎不堪) : 분하거나 못마땅함을 참지 못하고 탄식한다. 전하여 탄식을 참지 못한다.

5) 여음유방(餘蔭遺芳) . 조상이 물려준 음덕(蔭德)과 후세에 남긴 명성

6) 단기(檀紀) 四二九0年十二月 : 서기(西紀) 1957년 12월이다.

목차(目次)

1. 목은(牧隱) 선생의 출생

목은 선생의 이름은 색(穡)이며, 자(字)는 영숙(穎叔), 호(號)는 목은(牧隱)이다. 고려(高麗) 충숙왕(忠肅王) 15년(1328년) 무진(戊辰) 5월 9일[7] 신미(辛未)에 경상북도 영해(寧海) 땅 괴시촌(槐市村) 또는 호지말(濠池村) 무가정(無價亭) 터에서 출생했다. 태어날 때 그 지방의 풀과 나무가 다 말라서 이상하게 여겼다. 이 일로 《한산읍지(韓山邑誌)》에 목은의 출생지를 한산 이울(고촌枯村)이라고 되어 있다. 즉, 선생의 선대(先代) 여러분이 살았던 마을이기도 하므로 후세 사람이 추측으로 이렇게 기록을 한 것이다. 그러나 목은이 지은 시(詩)에 "영해는 나의 시골, 문물이 동방에 으뜸이다[8]"라고 하였고 또 "내가 나서 두 살 때에 부모가 한산으로

---

7) 원문에는 충숙왕 15년(단기檀紀 3660년, 서기西紀 1327년) 무진(戊辰) 5월 9일이라 하였다. 그러나 충숙왕 15년 무진년(戊辰年)은 서기 1328년이 되므로 수정하였으며, 단기(檀紀)는 생략하였다.

8) 단양아향곡(丹陽我鄕曲), 문물관동방(文物冠東方). 단양(丹陽)은 영해(寧海)의 옛 이름임.

돌아오시었다[9]"라고 한 말을 보더라도 영해에서 태어난 것이 분명하고 또 선생이 돌아가신 후 약 7·80년 된 때에 김종직(金宗直)[10] 선생이 읊은 시를 보면 "선생이 한 번 나심에 사람의 상서(祥瑞)로운 조짐이 있으니 이로부터 단양의 초목이 말랐도다[11]"라고 하였다. 이 시는 김종직 선생의 영해(寧海) 회고시(懷古詩)이다. 현재는 이 괴시촌이 영양(英陽) 남씨(南氏)들의 집단 거주지가 되었다. 마을 가운데에 경목재(敬牧齋)라는 재각(齋閣)이 있고 또 후손(後孫) 이산보(李山甫)[12]가 경상감사(慶尙監司)로 갔을 때에 마을 앞의 큰길가에 '가정목은양선생유허비(稼亭牧隱兩先生遺墟碑)'[13]를 만들어 세웠고, 또 그 후에 후손 이경재(李景在)[14]가 경상감사를 갔을 때에 비각(碑閣)을 지었으며, 그 후에 군수(郡守) 이병옥(李炳鋈)[15]이 중수(重修)하였고 또 그 후에는 안동(安東) 소호리(蘇湖里)에 사

---

9) 여생이세(余生二歲), 부모귀우한산(父母歸于韓山)

10) 김종직(金宗直 : 1431~1492) : 조선 전기의 문신으로 병조참판, 홍문관 제학, 공조참판 등을 역임하였다. 본관은 선산(善山), 호(號)는 점필재(佔畢齋), 자(字)는 계온(季昷), 조선 초기 성리학의 대가를 이룬 대학자이며, 영남학파의 종조(宗祖)이다. 그가 생전에 지은 조의제문(弔義帝文)은 그가 죽은 후인 1498년(연산군 4) 무오사화(戊午士禍)가 일어나는 원인이 되었다.

11) 선생일출위인서(先生一出爲人瑞), 종차단양초목고(從此丹陽草木枯).

12) 이산보(李山甫 : 1539~1594) : 조선 중기의 문신, 본관은 한산(韓山), 자(字)는 중거(仲擧), 호(號)는 명곡(鳴谷)이다. 이색(李穡)의 7대손이다.

13) 유허비(遺墟碑) : 나라 위해 몸을 바친 이의 업적(業績)을 기리기 위하여 그 유적 터에 세운 비(碑)이다.

14) 이경재(李景在 : 1800~1873) : 조선 후기 문신 본관 한산(韓山), 자(字)는 계행(季行)이다.

15) 이병옥(李炳鋈 : ?~?) : 조선 후기 문신 본관은 연안(延安 : 황해도 연백)이며, 영해군수를 역임. 대한민국임시정부의 4번째 주석 이동녕 주석의 부친이다.

는 후손들이 몇 번이고 중수하였다.

인걸지령(人傑地靈)[16]이란 말은 왕발(王勃)[17]이 한 말이지만 이 호지말을 볼 때에 과연 명승지(名勝地)인 것을 알 수가 있다. 태백산맥(太白山脈)이 남으로 남으로 뻗어 내려가다가 한 가닥이 영덕(盈德)에서부터 역룡(逆龍)[18]으로 5·60리 동해 바닷가를 거슬러 올라가서 관어대(觀魚臺)[19]에서 감돌면서 끝을 막았고, 호지말의 뒷산은 일출봉(日出峰)과 월출봉(月出峰)이 높이 솟아있다. 그 전면에는 넓고 긴 십여 리나 되는 비옥한 평야가 전개되어서 어염시수(魚鹽柴水)[20]가 편리한, 살기 좋고 경치가 좋은 마을이요 그 가운데 무가정(無價亭) 터가 있는 것이다.

---

16) 인걸지령(人傑地靈) : 풍수 용어로, 뜻은 '뛰어난 인물은 땅의 영험한 기운을 받아 태어난다'는 말이다.

17) 왕발(王勃 : 647~674) : 당(唐)나라의 시인으로, 자는 자안(子安)이다. 수(隋)나라 왕통(王通)의 후손이다. 고종(高宗) 때 궁정(宮廷)에 들어가 조산랑(朝散郎)이 되었다. 검남(劍南)으로 가서 도독(都督) 염백서(閻伯嶼)를 위하여 쓴 등왕각(滕王閣)의 서(序) 및 시(詩)는 특히 유명하다. 노조린(盧照鄰)·낙빈왕(駱賓王)·양형(陽炯)과 함께 초당(初唐)의 4걸(四傑)이라고 일컫는다.

18) 역룡(逆龍) : 역룡(逆龍)이란 풍수학 용어이며, 그 뜻은 산봉우리가 단정하지 않고 한쪽으로 기울어지거나 배세하거나 용호사가 혈장을 감싸지 않고, 역으로 달아나는 모양으로 꽃잎이 뒤집어진 모양과 같은 모양을 말한다.

19) 관어대(觀魚臺) : 일명 상대산(上臺山)이라고 하며, 영덕군 영해면 괴시리에 있는 산으로 망일봉에서 그 지맥이 뻗어 나온다.

20) 어염시수(魚鹽柴水) : 물고기, 소금, 나무, 물이라는 뜻으로 생활에 필요한 일용품의 총칭을 말한다.

2. 목은 선생의 가정(家庭)

목은 선생은 우리 민족이 영원히 잊을 수가 없는 은인(恩人)인 가정(稼亭)선생 이곡(李穀)의[21] 아들이며, 또 어머니는 원(元)나라에서 요양현군

---

21) 이곡(李穀 : 1298~1351) : 본관은 한산(韓山). 자(字)는 중보(仲父), 호(號)는 가정(稼亭). 초명은 운백(芸白). 한산 출생. 한산이씨 시조인 이윤경(李允卿)의 6대손이다. 찬성사 이자성(李自成)의 아들이며, 이색(李穡)의 아버지이다. 이곡은 1317년(충숙왕 4) 거자과(擧子科)에 합격한 뒤 예문관검열이 되었다. 원나라에 들어가 1332년(충숙왕 복위 1) 정동성(征東省) 향시에 수석으로 선발되었다. 다시 전시(殿試)에 차석으로 급제하였다. 이때 지은 대책(對策)을 독권관(讀卷官)이 보고 감탄하였다. 재상들의 건의로 한림국사원검열관(翰林國史院檢閱官)이 되어 그때부터 원나라 문사들과 교유하였다. 이곡은 1334년 본국에서 학교를 진흥시키라는 조서를 받고 귀국하여 가선대부시전의부령직보문각(嘉善大夫試典儀副令直寶文閣)이 제수되었다. 이듬해에 다시 원나라에 들어가 휘정원관구(徽政院管勾)·정동행중서성좌우사원외랑(征東行中書省左右司員外郎) 등의 벼슬을 역임하였다. 그 뒤에 본국에서 밀직부사(密直副使)·지밀직사사(知密直司事)를 거쳐 정당문학(政堂文學)·도첨의찬성사(都僉議贊成事)가 되고 뒤에 한산군(韓山君)에 봉해졌다. 이곡은 이제현(李齊賢) 등과 함께 민지(閔漬)가 편찬한 《편년강목(編年綱目)》을 증수하고 충렬·충선·충숙 3조(三朝)의 실록을 편수하였다. 한때는 시관이 되었으나 사정(私情)으로 선발하였다는 탄핵을 받았다. 다시 원나라에 가서 중서성감창(中書省監倉)으로 있다가 귀국하였다. 공민왕의 옹립을 주장

(遼陽縣君) 고려(高麗)에서 함창군(咸昌郡) 부인(夫人)의 봉작(封爵)을 받은 함창(咸昌) 김씨(金氏)이다. 가정 선생이 무슨 일이 있었는지 한산에서 600여 리가 되는 영해(寧海) 땅에 갔었다. 그때 영해(寧海)의 향교(鄕校)[22]에서 대현(大賢)으로 일을 보고 있던 김택(金澤) 씨가 가정 선생을 보고 반드시 귀인(貴人)이 될 줄을 알고, 장가들라고 하여서 결혼을 시키고 또 자기 집에서 살게 하였던 것인데, 결혼한 후 몇 해만인지는 자세히 알 수 없으나 가정 선생은 처가에서 지내면서 귀한 아들 목은 선생을 나았던 것이다. 이 사실은 영해읍지(寧海邑誌)·유우조(流寓條)에 상세하게

하였으므로 충정왕이 즉위하자 신변에 불안을 느껴 관동지방으로 주유(周遊)하였다. 1350년(충정왕 2) 원나라로부터 봉의대부정동행중서성좌우사낭중(征東行中書省左右司郎中)을 제수 받았고, 그 이듬해에 죽었다. 이곡은 일찍이 원나라에서 문명을 떨쳤다. 원나라의 조정에 고려로부터 동녀(童女)를 징발하지 말 것을 건의하였다. 그는 중소지주 출신의 신흥사대부로, 원나라의 과거에 급제하여 실력을 인정받음으로써 고려에서 관직생활도 순탄하였다. 그는 유학의 이념으로써 현실문제에 적극적으로 대결하였다. 그러나 쇠망의 양상을 보인 고려 귀족정권에서 그의 이상은 실현되지는 못하였다. 이러한 상황은 그의 여러 편의 시에 잘 반영되어 있다. 《동문선(東文選)》에는 100여 편에 가까운 이곡의 작품들이 수록되어 있다. 《죽부인전(竹夫人傳)》은 가전체 문학으로 대나무를 의인화하였다. 그밖에 많은 시편들은 고려 말기 중국과의 문화교류의 구체적인 단면을 보여주고 있다. 한산의 문헌서원(文獻書院), 영해의 단산서원(丹山書院) 등에 배향되었다. 저서로는 《가정집(稼亭集)》 4책 20권이 전한다. 시호는 문효(文孝)이다.

22) 향교(鄕校) : 향학(鄕學)·주현학(州縣學)이라고도 하였으며, 지방의 국립 중등교육기관을 말한다. 문묘(文廟)를 갖추어 공자(孔子)와 같은 유교의 성현들에게 제사를 지냈으며 유학을 가르쳤다. 향교는 예종~인종 때를 거치면서 전국적으로 설치·운영되었으나 무신집권기와 몽고 침략기를 겪으면서 그 교육적 기능이 약화되었다. 이후 충선왕과 충숙왕의 적극적인 흥학책(興學策)으로 향교의 기능은 점차 회복되었으며 공민왕 이후에 보다 강화되었다. 향교에서는 유학 교육 이외, 기술 교육을 교양으로 하였으며, 공민왕 이후에는 무학(武學)교육을 하기도 하였다. 고려시대 향교에 대해서는 《고려사(高麗史)》 권(卷) 74, 선거지(選擧志), 학교(學校) 참조

기재되어 있다. 어머니는 매우 엄하였고 자애(慈愛)가 깊으신 분으로 아들을 가르치는 데에도 법도가 있었던 모양이다. 목은 선생이 14세 때에 성균시(成均試)[23] 십운시과(十韻試科)에 시험을 보려고 하는 것을 듣고, 부인이 말하기를 "너희 학문이 합격되기가 어렵다"고 하며 시험용지 같은 것도 주시지 않았는데, 송씨(宋氏)[24]라고 하는 분이 수험비용(受驗費用)을 대주며 목은더러 더욱 권하였다. 시험을 본 결과 급제(及第)를 하였다. 부인이 반기며 "네가 지금 이와 같으니 나의 의심이 풀리었다"라고 말하였다. 이런 사실만 가지고 보아도 부인의 성격을 짐작할 수가 있는 것이다.

이곳에서 잠깐 선생의 부친 가정(稼亭) 선생이 우리 민족에게 끼친 위대한 은공(恩功)의 일단을 기록하여 목은 선생의 가정(家庭) 환경을 말하

---

23) 성균시(成均試) : 통상 국자감시(國子監試)라고 하며, 진사시(進士試)·남성시(南省試)·거자시(擧子試)·사마시(司馬試)·남궁시(南宮詩)·국자시(國子試)·거자과(擧子科)·백자과(白字科)라고도 한다. 국자감(國子監)에서 주관하였다. 국자감시와 성균시는 학교명, 곧 과시(科試)의 주관 관부 이름이 바뀌는 것에 별로 구애받지 않고 널리 사용되었다. 다만, 시험의 성격에 대해서는 국자감의 입학 자격시험이라는 견해와 과거의 본고사인 동당시(東堂試)의 예비고시였다는 견해가 있다.

24) 송씨(宋氏) : 송성총(宋性聰 : ?~?)이다. 《목은집(牧隱集)》 권 20에 《宋氏傳》에 기록이 전해진다. 《송씨전》에 따르면 "출가(出家)한 이름이 성총(性聰)이다. 그러나 승방(僧房)에 머물지 않고 민천사(旻天寺) 동쪽의 산교(傘橋) 남쪽에 있는 시냇가 근처의 집에 기거한다. 그리고 책을 쌓아 두고 손님을 맞으며 날마다 노래하고 시를 읊고 지냈는데⋯⋯ , 네 나이 열네 살이 되도록 시를 배우지 못하였다. 이따금씩 송씨(宋氏)를 찾아가 노니라면 송씨가 나에게 시 짓는 법을 가르쳐 주기도 하였다.⋯⋯, 하지만 송씨(宋氏)가 직접 종이를 사주고 응시하라고 적극 권유하여 시험장에 나갔다가 우연히 급제(及第)를 하게 되었다"라고 나온다. 이 글로 보아 송씨(宋氏)는 목은 선생의 어린 시절에 일정한 영향을 주었던 인물임을 알 수 있다.

고자 한다. 고려(高麗)가 몽고(蒙古) 징키스칸(成吉思汗)[25]의 손자 쿠빌라이(忽必烈)[26]가 창건한 원(元)나라에게 정복(征服)을 당한 후로 여러 가지 물건의 강제 탈취와 정신적인 압박을 당하였는데 그 중에도 제일 심한 것은 소위 구실녀(求實女)라는 명목으로 15~6세의 여자를 뽑아가는 일이었다. 이 '구실녀'는 처음에는 3년에 한 번씩이었으나 나중에는 사신이 오는 족족 뽑아가는 것으로 마치 일제(日帝) 때에 강제 징병으로 몇 수십만의 우리 청년들이 뽑혀가서 남태평양 적도 부근에 산재하는 섬들인 남양군도(南洋群島)의 전쟁터에서 산화(散華)한 것과 비슷한 일이었다. 그러기 때문에 그때에 여아(女兒)가 출생하면 이웃집 사람도 모르게 남복(男服)을 입혀서 키웠던 것이다. 이것을 가(假)사내라고 불렀던 것으로 지금도 계집아이를 '가시내'라고 부르는 어원(語源)이 여기에 있는 것이다.

가정(稼亭) 선생이 원(元)나라에서 봉의대부(奉議大夫) 정동행중서성(征東行中書省) 좌우사(左右司) 낭중(郎中)이라는 정부 요직에 있을 때에 원(元) 순제(順帝)[27]에게 어사대(御史臺)를 경유하여 진정서(陳情書)를 올렸

---

25) 징키스칸(成吉思汗 : 1162~1227) : 몽고제국을 건설한 탁월한 전략가이자 제왕

26) 쿠빌라이(忽必烈 : 1215~1294) : 징키스칸의 손자, 원(元)의 시조인 세조(世祖)이다.

27) 순제(順帝 : 1320~1370) : 원나라 11대 마지막 황제 혜종(惠宗)이다. 이름은 토곤테무르(妥懽貼睦爾)이며, 8대 명종(明宗)의 맏아들이다. 어린 시절 궁궐의 파벌싸움을 피하여 고려의 대청도(大靑島), 광서(廣西)의 정강(靜江) 등을 전전하며 생활하였다. 1332년 그의 친아우 영종(寧宗)이 즉위 43일 만에 죽자 광서에서 돌아와 1333년 상도(上都)에서 13세의 나이로 황제로 즉위하였다. 황제 즉위 초기에는 권신인 바얀(伯顏)이 정권을 농단하였으나 1340년 탈탈(脫脫)의 도움으로 바얀을 몰아내고 탈탈을 재상에 임명하고 과거제도를 부활하여 인재를 등용하는 등 원(元)의 마지막 문화부흥을 이끌어 내어《송ㆍ요ㆍ금삼사(宋遼金三史)》를 완성하였다. 그의 황후가 기황후(奇皇后)이다. 기황후는 1338년 아들을 낳아 혈통을 이었는데 황태자가 되었다. 후일 기

는데, 그 원문은 《가정집(稼亭集)》과 《고려사(高麗史)》에 전부 실려 있다. 지금 그 원문의 요지를 기록하여 보면 그때에 여자를 가진 부모들이 얼마나 간장을 태웠는지 또 뽑혀가는 여자들도 불모(不毛)의 오랑캐 땅으로 끌려가는 그 참상이야말로 눈물 없이는 읽을 수가 없게 쓰여 있다. 그래서 원(元)의 순제(順帝)는 이 글을 보고 대단히 옳게 여겨서 구실녀의 악정(惡政)을 폐지하게 하였다. 그로 인하여 딸을 가진 고려 사람들이 기쁨의 웃음과 마음속에서 사무치는 감사의 정열이 생겼다. 내가 어려서 보면 마을 집집마다 집 뒤 동산에다가 삼차목(三叉木)을 해 박고 그 삼차가지 위에 잔(盞)을 올려놓고 축도(祝禱)를 드리는 것을 보았다. 이것을 가리켜 '독두'라고 부르는 것이었다. 그런데 이 '독두'는 와전되어서 음이 변한 것으로 실상은 '곡도(穀禱)'라고 할 것이다. 그 시원(始源)은 가정 선생의 민족을 위한 거룩한 공로를 생각하여 딸을 가졌던 사람들이 '독두'의 형식으로 기도를 올려서 그 선생의 행복과 번영을 희구(希求)하던 것이 수십 년, 수백 년을 지나오는 동안 일종의 미신적 풍속으로 변하여 버렸다.

가정(稼亭) 선생은 그 부친 이자성(李自成) 공(公)이 진사(進士) 봉선대부(奉善大夫) 정읍(井邑) 감무(監務)로 있다가 일찍이 돌아가셨고, 40년

황후는 황태자를 이용하여 정권을 양위(讓位) 받으려 하여 황제와 황태자 사이에 모순이 일어나 급기야 서로의 외부세력을 끌어 들여 내전으로 확산되었다. 1351년 이러한 정권 다툼이 한창 일 때 홍건적(紅巾賊)의 대반란이 일어나고 조정에서는 탈탈이 참언을 받아 죽임을 당하였다. 1360년 남방을 장악한 주원장(朱元璋)이 명군(明軍)을 이끌고 대도(大都)에 다다르니 황제와 황태자는 북쪽의 응창부(應昌府)로 피신하였다. 2년 후 순제(順帝)는 병사하고 황태자가 응창부에서 북원(北元) 소종(昭宗)으로 즉위하였다. 묘호는 혜종(惠宗)이며, 후일 명나라가 순제(順帝)라는 호를 더하였다.

동안 과부로 산 어머니 삼한국(三韓國) 대부인(大夫人) 흥례(興禮) 이씨(李氏)를 모실 때에 수십 년 동안을 하루같이 효도(孝道)를 극진히 하였다. 이분은 곧 목은 선생의 할머니인데 명민(明敏)하고 자엄(慈嚴)하여 아들과 손자들을 삼천(三遷)[28]의 도로 가르쳐 내었다. 83세의 고령으로 돌아가셨고, 가정(稼亭)이 붓을 들면 곧 문장이[29] 되었으며, 전아고고(典雅高古)[30]한 문장과 부모, 특히 그 어머니에게 효성을 극진히 한 일로 인하여 돌아가신 후에 시호(諡號)를 문효(文孝)라고 나라에서 내렸다.

---

28) 삼천(三遷)은 맹모삼천지교(孟母三遷之敎)를 말한다. 맹모삼천지교(孟母三遷之敎)란 맹자의 어머니가 자식 교육을 위한 훌륭한 교육환경을 만들어주기 위해 3번 이사했다는 얘기에서 나온 용어로, 처음은 공동묘지 근처, 두 번째 시장 근처, 마지막으로 서당 근처로 이사하였다.

29) 원문에는 조필립성(操筆立成)으로 되어 있다. 즉, 붓을 들면 문장이 절로 된다는 것처럼 문장에 매우 뛰어난 모습을 말한다.

30) 전아고고(典雅高古) : 전아(典雅)는 법도에 맞게 아담한, 고고(高古)는 고상(高尙)하고 예스럽다는 뜻이다.

3. 목은 선생의 유소년(幼少年) 시대

이와 같은 가정환경에서 태어난 목은 선생은 그 유년 시대부터 재주가 비상하였다. 그래서 글을 읽기 시작하면서부터 한 번 보기만 하면 곧 외워버렸다. 6세 되던 해에 아버지 가정(稼亭)이 북경에서 원나라의 과거(科擧)에 급제하고 승사랑(承仕郞) 한림국사원검열관(翰林國史院檢閱官)이라는 벼슬을 하여 일문(一門)의 영예(榮譽)가 되었다. 그는 8세 때부터 숭정산(崇井山) 산사(山寺)에서 독서를 시작하였는데 달을 두고 읊은 시에 "기억이 나네, 8 · 9살 때에 학당에서 공부하던 일. 거울 같기도 하고 갈고리 같은 저 달 밑에 책 읽기를 쉬지 아니 하였다[31]"라고 한 것은 이 한산(韓山)의 숭정산 절에서 공부하던 추억을 말한 것이다. 14세 때에 선

---

31) 억년팔구학당유(憶年八九學堂遊) 사경여구송불휴(似鏡如鉤誦不休)에서 거울 같다(似鏡)는 보름달이고, 길고리 같다(如鉤)는 초승달을 가리킨나. 즉, 날이 차고 기우는 시간의 흐름을 묘사한 것이다.

생은 교동(喬桐) 화개산(華蓋山)[32]에 공부하려고 갔었다. 그 이유는 화개
산 절이 고요하고 외진 곳에 있어 오고가는 사람이 드문 까닭이었고 또
오래 머무를 작정이었다. 그러나 식량이 없어서 할 수 없이 송도(松都)로
돌아가려고 배를 탔는데 가는 도중, 황해도 산천을 쳐다보며 평산(平山)
에 있는 모란산(牡丹山)[33]은 옛 사람의 독서처(讀書處)라 그리로 가는 것
이 어떠할까 하고 같이 갔던 장의랑(張議郞)에게 부탁하여 서울로 가서
두 집에 소식을 전하라 하고, 사공에게 억지로 명령하여 서안(西岸)에 배
를 대고 내렸다. 날씨는 차차 저물어 가는데 갈대밭 속을 6~7리나 걸은
나머지 다리가 아파서 더 갈 수가 없게 되었다. 이에 할 수 없이 금곡역사
(金谷驛舍)[34] 주인에게 기식(寄食)을 하게 되었다. 그 역주인은 관대하게
대우해 주어 피곤하고 배고픈 것을 이렇게 겨우 면하였다. 이러한 쓴 경
험은 목은 선생에게 교훈이 되어서 후일 대성공의 큰 이바지가 된 것
이다.

그 해 가을에 삼사우사(三司右使) 김광재(金光載)[35] 선생이 시관(試官)

---

32) 화개산(華蓋山) : 현재의 강화의 교동도에 있는 산이다.

33) 모란산(牡丹山) : 황해도 평산군의 산. 현재는 황해남도 봉천군에 속해 있다.

34) 금곡역사(金谷驛舍) : 현재의 황해도 배천이다. 고려의 22역도(驛道) 중 산예역도(狻
猊驛道)에 속한 역사이다. 산예역도의 중심 역사는 개성역사(開城驛舍)이다.

35) 김광재(金光載 : ?~1363) : 고려 후기의 문신으로 본관은 광산(光山), 호(號)는 송당
(松堂), 자(字)는 자여(子輿)이다. 충선왕 때 문과에 급제해 성균학관이 되었다. 충선
왕을 따라 원나라에 갔던 공로로 사복시승(司僕寺丞)에 승진했고, 이어 도관정랑(都
官正郞)이 되었다. 1339년(충혜왕 복위 1) 조적(曺頔)이 난을 일으켰다가 죽임을 당
한 뒤 충혜왕이 원나라에 잡혀갈 때 호종하였다. 고려에 돌아와서 군부총랑(軍簿摠
郞)이 되고, 이어 판전교시사(判典校寺事)에 올랐다. 이 해 판전의시사(判典儀寺事)로
동지공거(同知貢擧)가 되어 지공거(知貢擧) 이군준(李君俊)과 함께 진사를 시취하였

이 되었는데 때마침 가정(稼亭) 선생이 북경에 있었고 대부인이 한 일은 위에 이미 기록하였다. 목은 선생은 시를 지어서 이 시험에 급제한 것을 말하였는데 그때 "내가 옛날 신사(辛巳)년 해에 열이요 또 네 살 때였다. 백자운(百字韻)을 즉시에 지어서 진사를 요행으로 하였다[36]"라고 한 것만 보아도 선생의 재주가 뛰어난 것을 짐작할 수가 있다.

선생은 열다섯 살 때 이인부(李仁復)[37] 선생을 만났는데, 이 선생은 당

으나 강직한 성품으로 간신들의 모함을 받아 파직되었다. 1344년 충목왕이 즉위하자 우부대언(右副代言)이 되고 지신사(知申事)에 올랐다. 대신들이 아부하지 않는다고 모함해 판도판서(版圖判書)에 전임되었다. 그러나 곧 밀직부사(密直副使)·제조전선 (提調銓選)을 지내고, 지사사(知司事)에 승진하였다. 1349년 충정왕이 즉위하자 서연 (書筵)을 설치하고 그 사부(師傅)가 될 것을 요청했으나 이를 사양하였다. 이에 다시 첨의평리(僉議評理)에 임명되어 인사권을 맡았으나 덕녕공주(德寧公主)의 정사 간섭 이 심해 물러났다. 그 뒤 덕녕공주가 여러 차례 불렀으나 이에 응하지 않았다. 1350 년(충정왕 2) 삼사우사(三司右使)가 되었는데, 이때 정방(政房)에서 문선(文選)과 무 선(武選)을 총관하는 것은 옳지 않다고 건의해 이를 시정하도록 했으며, 전리판서(典 理判書)를 겸직하였다.

36) 아석세신사(我昔歲辛巳), 행년십우사(行年十又四), 입성백자운(立成百字韻), 요행취 진사(僥倖取進士)

37) 이인부(李仁復 : 1308~1374) : 고려 후기 문신. 본관은 성주(星州), 자(字)는 극례(克 禮), 호(號)는 초은(樵隱). 조부(祖父)는 성산군(星山郡) 이조년(李兆年)이며, 부친은 검교시중(檢校侍中)을 지낸 이포(李褒)이다. 권신인 이인임(李仁任)의 형이다. 일찍이 백이정(白頤正)에게서 수학해 성리학에 밝았다. 1326년 문과에 급제해 복주사록(福 州司錄)·춘추공봉(春秋供奉)을 거쳐 1342년 기거사인(起居舍人)으로 원나라의 제과 (制科)에 급제해, 대령로금주판관(大寧路錦州判官)을 받고 돌아와 기거주(起居注)에 올랐다. 1344년 충목왕이 즉위하자 우부대언(右副代言)을 거쳐 밀직제학(密直提學) 으로 승진한 뒤에는 서연(書筵)에서 진강하였다. 이어 삼사좌사(三司左使)가 되니 원 나라에서 정동행성도사(征東行省都事)라는 벼슬을 주었다. 1352년 조일신(趙日新)의 난을 평정하는 데 공을 세워 1354년 정당문학 겸 감찰대부(政堂文學兼監察大夫)에 올랐다. 이어 성산군(星山君)에 봉해졌으며 원나라에서 성동성원외랑(征東省員外郎) 이라는 벼슬도 받았다. 1356년 사은사로 원나라에 다녀와 이듬해《고금록(古今錄)》을

시에 박학(博學)으로 명성이 높고 감식(鑑識)의 재주가 있던 사람이다. 선배를 의논할 때에도 얼른 칭찬을 하지 않았는데 목은 선생을 보고는 칭찬이 그치지 아니하여 "목은 선생은 진짜 천재(天才)다"라고 하였다.

16세 되던 해에 조정 관원의 아들인 까닭으로 인하여 별장(別將)이 되었다. 이것은 고려 때에 의례로 되는 것이었고[38] 이 해 구재도회(九齋都會)[39]에 빠지지 않고 참석하였는데, 이 구재도회라고 하는 것은 시험 보

편수하였다. 1364년 찬성사에 올라 단성좌리공신(端誠佐理功臣)이 되고, 이 해 원나라에 사신으로 가서 공민왕이 복위된 것을 사례하고 돌아왔다. 이어 왕에게 신돈(辛旽)을 멀리할 것을 간했다가 한때 파직 당하였다. 이듬해 흥안부원군(興安府院君)에 진봉되었으며, 판삼사사(判三司事)를 거쳐 1371년 감춘추관사(監春秋館事)가 되어 이색(李穡)과 함께《금경록(金鏡錄)》을 증수하였다. 1373년에 검교시중(檢校侍中)에 이르렀다. 성품이 강직해 옳은 일이라면 작은 일이라도 반드시 기뻐했고 옳지 못한 일을 보면 노기가 얼굴에 나타났으나 함부로 입 밖에 나타내지는 않았다 한다. 저서로는《초은집(樵隱集)》이 있다. 우왕 때 충정왕의 묘정(廟庭)에 배향되었다. 시호는 문충(文忠)이다.

38) 고려시대의 음서제도(蔭敍制度)를 통한 임용을 말한다.

39) 구재도회(九齋都會) : 일명 문헌공도(文憲公徒)·시중최공도(侍中崔公徒)·구재학당(九齋學堂)이라고도 하며, 국자감과 같은 정도의 교육을 실시하였다. 최충은 문종 때에 관직을 떠난 후 후진양성을 위해 사숙(私塾)을 개설하였는데, 생도들이 많이 몰리게 되자 학반을 악성(樂聖)·대중(大中)·성명(誠明)·경업(敬業)·조도(造道)·솔성(率性)·진덕(進德)·대화(大和)·대빙(待聘)의 9재로 나누어 교육을 실시하였다. 당시의 관학인 국자감의 교육이 부진한 상태인데다 최충의 명성을 듣고 학생들이 성황을 이루었으며, 특히 과거지망생들이 많이 모여들어 과거응시를 위한 예비학교의 성격을 띠게 되었다. 학과는 9경(九經)·3사(三史)와 제술을 주로 하고, 매년 여름에는 일종의 하기강습회인 하과(夏課)를 개설하였다. 최충이 죽은 뒤에는 그의 시호를 따라 문헌공도라고 호칭하면서, 오랫동안 과거응시자의 준비기관으로 존속되었다. 이 구재의 교육성과가 크자 여러 저명한 학자들이 각기 이와 유사한 11개의 사학을 개설, 구재를 포함하여 12도(十二徒)라 하였다. 이로 말미암아 관학이 더욱 위축되고 사학의 발달을 촉진하는 계기가 되었다. 구재는 관학이 쇠퇴한 시기에 교육의 진흥을 위해 개인이 설립한 사숙으로 출발, 12도로 발전하여 고려의 사학 발전에 큰 공헌을

는 수험자(受驗者)들을 모아놓고 시간을 다투어 시부(詩賦)를 짓는 경쟁 작문 대회였다. 그 방법은 시계가 없는 때라 초에 선을 그어 놓고 불을 붙여서 선까지 타기 전에 시나 부를 다 완전히 지어야만 합격이 되는 것으로[40] 잘 짓는 사람은 선까지 초가 타기 전에 끝을 내지만 못 짓는 사람은 도저히 끝을 내지 못하는 것이다. 이 구재도회에서 지은 목은의 시는 경인구(驚人句)[41]가 많아서 일시 사람들이 읊는 바가 되었다.

17세 때 봄에는 한양(漢陽) 삼각산(三角山)[42], 가을에는 견주(見州)[43]의 감악산(紺嶽山)[44], 겨울에는 청룡산(靑龍山)[45]에서 독서를 하였다. 그

하였으며, 관학을 대신하는 구실을 담당하였다. 후일 조선시대 사원의 전형이 된 것이다.

40) "초에 선을 그어 놓고 불을 …… 합격이 되는 것이다." : 이것을 각촉부시(刻燭賦詩)라 한다.

41) 경인구(驚人句) : 사람을 놀라게 할 만큼 우수(優秀)하게 잘된 시구(詩句)이다.

42) 한양(漢陽)은 서울의 옛 이름이며, 삼각산(三角山)은 북한산의 옛 이름이다.

43) 견주(見州) : 경기도 양주(楊州)의 옛 이름이다.

44) 감악산(紺嶽山) : 감악산의 높이는 674.9m로, 경기도 파주시 적성면, 양주시 남면, 연천군 전곡읍에 걸쳐 있으며, 경기 5악의 하나로, 정상에서는 임진강과 개성의 송악산 등이 조망되며, 반대편 봉우리인 임꺽정 봉의 산세 또한 수려하다. 예로부터 바위 사이로 검은 빛과 푸른빛이 동시에 쏟아져 나온다 하여 감악산(紺岳山), 즉 감색 바위산이라 불렀다.

45) 청룡산(靑龍山) : 경기도 의왕시에 있는 청계산이나, 고려 말 이색, 변계량 등의 문인들이 자주 청룡산의 청계사에 들러 독서와 시부(詩賦)를 지었다고 전해진다.

리고 이 해에 박치재(朴耻齋),[46] 이월성(李月城)[47]이 시관(試官)으로 있던 동당시회(東堂詩會)에 참석하였다.

선생의 자서전(自敍傳)을 보면 "시부(詩賦)의 시험은 중지하고 옛날 법

---

46) 박치재(朴耻齋 : 1287~1349) : 고려 후기의 문신이다. 본명은 박충좌(朴忠佐)이며, 본관은 함양(咸陽)이고, 자(字)는 자화(子華), 호(號)는 치암(耻菴)이며, 시호(諡號)는 문재(文齋)이다. 어려서부터 학문을 좋아하여 백이정(白頤正)이 원나라에서 주자학을 배우고 돌아왔을 때 이제현(李齊賢)과 함께 제일 먼저 가르침을 받았다. 충숙왕(忠肅王) 때 문과에 급제하였고, 1332년(충숙왕 복위 1) 전라도안렴사(全羅道按廉使)로 나갔을 때 폐신(嬖臣) 박련(朴連)이 양민을 노예로 삼으려 하는 것을 박충좌가 참소하였으나 도리어 무고(誣告)를 당하여 해도(海島)로 유배되었다. 뒤에 풀려나와 감찰지평(監察持平)에 임명되었으나 병을 빙자하여 취임하지 않았으며, 또다시 예문응교(藝文應敎)에 제수되어 경상도 염세(鹽稅)를 감독하게 되었으나 부임하지 않았다. 그 뒤 내서사인(內書舍人)·밀직제학(密直提學)·개성부윤 등을 거쳐 함양부원군(咸陽府院君)에 봉하여졌다. 1344년(충혜왕 복위 5)에는 지공거가 되어 동지공거이천(李蒨)과 함께 진사시험을 통해 인재를 뽑았다. 충목왕(忠穆王)이 즉위하자 양천군(陽川君) 허백(許伯)과 함께 판전민도감사(判田民都監事)가 되었고, 이어 찬성사에 임명되었다. 이때 왕에게 《정관정요(貞觀政要)》를 시강하여 상을 받았다. 1345년(충목왕 1) 정방(政房)을 다시 설치할 때 찬성사로 그 제조관(提調官)이 되었으며, 이어 판삼사사(判三司事)에 올라 순성보덕협찬공신(純誠輔德協贊功臣)의 호를 받았다. 성품이 온화하고 검약하며 일생 동안 글 읽기를 좋아하였다. 원문의 치재(耻齋)는 그의 호(號)로도 전해내려 오나 현재는 쓰이지 않는다.

47) 이월성(李月城 : ?~1349) : 본명은 이천(李蒨) 본관은 경주(慶州)이다. 1299년(충렬왕 25)에 국자감시(國子監試)에 급제하였다. 1321년(충숙왕 8)에 우사보(右思補)로서 폐인(嬖人) 이인길(李仁吉)의 첩의 아버지인 서경낭장(西京郎將) 최득화(崔得和)의 수주수령(隨州守令) 임명을 위한 고신(告身)에 서명하지 않아 곤장을 맞고 섬에 유배되었다. 1344년(충혜왕 복위 5)에 지공거(知貢擧) 박충좌(朴忠佐)와 함께 동지공거로서 진사를 뽑고 하을지(河乙沚) 등 33인에게 급제를 주었다. 같은 해(충목왕 즉위년)에 첨의평리 상의(僉議評理商議)로 원나라에 가서 교사(郊赦)를 축하하고 돌아왔다. 또한 왕이 서연(書筵)을 설치하여 판밀직사사(判密直司事)로서 시독(侍讀)하도록 하였다. 월성군(月城君)에 봉해졌다.

식의 부책(賦策)을 사용하는 것이다. 시는 풍화설월(風花雪月)[48]뿐인데 문장이 어찌 이것에만 국한하랴" 하고 시 짓기를 그만두려고 하였다. 때로는 혹 읊는다고 할지라도 매우 드문 것이었고 또 요행으로 급제한 후에는 직무에 분주하여서 시를 짓고 읊는 일을 전문으로 할 수도 없고 병이 나서 쉴 때라든지 또 지어달라고 부탁하는 사람이 있을 때라든지 지은 일이 많이 있었다. 그래서 동배(同輩)들이 "시를 좋아하는 사람"이라고 조롱을 하는 사람까지 있었다. 그러나 "내가 시 짓기를 좋아하는 것이 아니라 오로지 서회(敍懷)[49]를 하는 것뿐이다"라고 말하였다.

18세 때에 선생이 서천(舒川) 대둔산(大芚山)[50]에서 독서하였고 이 해에 가정(稼亭)이 북경으로부터 목은에게 권학시(勸學詩)를 지어 보내어 격려하여 주었는데 그 시에 "사내자식으로 생겼으면 제왕(帝王)의 수도(首都)에 벼슬을 하여야 한다. 만일 공명(功名)을 이르고자 하면 부지런히 공부하는 수밖에 없다. 네가 공자(孔子)가 천하를 적다고 한 줄 알지, 그것은 그 몸이 태산(泰山) 위에 높이 오른 까닭이다.[51] 30년 전에 독서를 게을리 하고 흰머리 난 오늘 헛된 이름을 한탄한다. 너는 지금 꼭 일초라

---

48) 풍화설월(風花雪月) : 바람과 꽃, 눈, 달을 뜻하는 말로, 아름다움을 상징하는 말들이다. 특히 풍은 바람 풍자로 노니는 멋이 있고, 화는 앉아서 즐기는 멋이 있다. 설은 한겨울의 눈을 뜻하는데 깨끗하고 담백하여 지조 높은 선비의 우아한 맛을 자아내고, 달은 눈과 어울려 고상한 기운을 뿜어낸다.

49) 감회(感懷)를 서술(敍述)하다는 뜻이다.

50) 대둔산(大芚山) : 충청남도 논산시의 대둔산이다.

51) 남이수환제왕도(男兒須宦帝王都), 약욕지신균시로(若欲致身均是勞), 여식선니소천하(汝識宣尼小天下), 지연신재태산고(只緣身在泰山高)

도 아끼어 배워야 한다. 오직 이 길뿐이다[52)]"라고 하였다.

19세 되던 해에 일찍이 가고자 하던 곳 평산(平山) 모란산(牡丹山)의 승사(僧寺)에 기거하면서 독서를 하였다. 선생이 스스로 말한 바에 의하면 입산독서(入山讀書)하는 것은 "이름난 산과 훌륭한 경치(景致)를 가진 곳은 인물을 길러서 기질(氣質)을 변화할 수 있는 까닭[53)]"이라고 하였는데 위에서 기술한 바와 같이 목은이 각처에 있는 명산 속에 들어가서 독서한 것은 인적이 고요하고 한적하여서 정신을 집중시키기 좋을 뿐만 아니라 사람의 기질을 변화시키는 것도 또 환경이 많이 좌우하는 것이 틀림없음을 말한 것이다.

---

52) 삼십년전라독서(三十年前懶讀書), 허명각탄백두여(虛名却歎白頭餘), 여금당석분음학(汝今當惜分陰學), 부귀가구연목어(富貴可求緣木魚). 연목어(緣木魚)는 '연목구어(緣木求魚)'를 말한다. 연목구어(緣木求魚)는 나무에 올라가 물고기를 구한다는 뜻으로, 도저히 되지 않을 일을 고집스럽게 추구한다는 의미다.

53) 명산승경양인물(名山勝境能養人物), 이변기질(以變氣質)

4. 목은 선생의 결혼

선생의 나이가 19세가 되자, 인륜(人倫)의 역사요 일생을 반려(伴侶)할 배필(配匹)을 구하게 되었다. 부군(父君)은 멀리 연경(燕京)에 있고 조부(祖父)도 작고(作故)한 지가 오래였음으로 혼담의 주인공은 반드시 그 모부인(母夫人)되는 함창군(咸昌郡) 부인(夫人) 김씨가 되었을 것이다. 목은이 구혼(求婚)을 한다 하니까 당시에 귀현진신(貴顯縉紳)들과 고문망족(高門望族) 중에서 사윗감을 구하는 사람들이 서로 다투어서 통혼(通婚)을 하였다. 이 모든 사람들 가운데서 명위장군(明威將軍) 제군만호부(諸軍萬戶府)[54] 만호(萬戶) 지밀직사사(知密直司事) 화원군(花原君) 권중달

---

54) 만호부(萬戶府) : 두 차례에 걸친 일본 정벌이 끝난 뒤 일본의 공격에 대비하여 해안 지역에 새로 설치된 국방 거점을 말한다. 충렬왕 7년(1281) 이후에는 합포만호부(合浦萬戶府)로 이름이 바뀌는 금주등처진변만호부(金州等處鎭邊萬戶府)가 처음 설치되었고, 같은 왕 16년에는 전라만호부(全羅萬戶府), 그 이듬해에는 탐라만호부(耽羅萬戶府)가 각각 설치되었다. 이 가운데 합포·전라 두 만호부는 정식 명칭이 진변만호부로서 남해 연안지역을 지킨다는 것을 분명히 하였다. 만호부의 만호는 천호소 천호

(權仲達)의 딸이요 조열대부(朝列大夫) 태자(太子) 좌찬선(左贊善) 추성동덕협찬공신(推誠同德協贊功臣) 첨의우정승(僉議右政丞) 예천부원군(醴泉府院君) 권한공(權漢功)의 손녀딸이 14살 된 때에 목은이 택하여 연분을 맺게 되었다.

이 권씨는 원래 고려(高麗) 태조(太祖) 때에 태사였던 안동권씨태사(安東權氏太師)의 후손인 권정승한공(權政丞漢功)이 나라에 공훈을 세워 예천부원군(醴泉府院君)의 작위까지 받은 훌륭한 가정에 태어났다. 이 권씨는 어려서부터 총혜완만(聰慧婉娩)[55]하여 재주 있고 또 아름답고 애교가 있을 뿐만 아니라 효성(孝誠)이 극진하였기 때문에 화원군(花原君)과 그 어머니 윤씨(尹氏)의 총애(寵愛)를 한 몸에 받아서 고이고이 자라난 정숙(貞淑)한 재원(才媛)이었다. 이 까닭에 가정(稼亭) 선생이 원나라의 대관(大官)으로 명성(名聲)이 천하에 떨칠 뿐 아니라 나이는 비록 19살이라고 할지라도 잘 생기고 글 잘하기로 유명한 목은 선생에게 허다한 세력 좋고 문벌(門閥) 좋은 여자들을 물리치고 간택(簡擇)을 받게 된 것이다. 어찌도 경쟁자가 많던지 결혼하는 전날 밤까지 사위 삼겠다고 조르는 사람들이

(千戶所 千戶)—백호소 백호(百戶所 百戶)로 연결되는 지휘체계와 소속 방호소(防護所)의 지휘관을 통하여 만호부와 방호소의 소속 군사를 지휘함으로써 국방에 임하였다. 방호소는 유사시에 대비하여 병선(兵船)을 갖추는 한편, 봉화를 통해 만호부와 통신을 하였다. 진변만호부 또한 진무소를 갖추고 있었으며, 행정실무를 맡은 녹사(錄事)는 고려 조정에서 일정하게 통제하였다. 그러나 14세기 전반부터 권세가들이 만호를 세습하였고 원나라가 직접 진변만호부의 만호를 임명하는 경우도 많아 그 권한은 상당히 강화되었다. 이에 이들 만호는 남부지역에 대해 막강한 권력을 행사하였다.

55) 총혜완만(聰慧婉娩) : 총명하고 지혜로우며, 말이나 태도가 부드럽고 의젓하다는 뜻이다.

많았다. 이 사실만 가지고도 권씨 부인의 훌륭한 재덕(才德)을 엿볼 수가 있거니와 후일 목은을 안에서 도와서 내조(內助)의 공을 세운 것이다. 그하나의 예를 들면 목은은 집안사람이 굶거나 먹는 것을 모르는데도 부인은 집안일을 잘 다스려 간 것이요 또 유명한 아들 3명을 낳은 것이다. 또 부인은 집안사람들이나 과갈(瓜葛)[56]되는 사람들에게 고르게 널리 사랑을 베풀었고 아들과 손자들은 사랑을 극진히 하면서도 엄숙한 법도가 있어서 집안이 숙연(肅然)하였으며 부군(夫君)이 영달(榮達)되는 때는 청렴결백(淸廉潔白)으로 도왔고, 욕되고 고생스러운 때에는 몸을 바쳐서 구호(救護)를 극진히 하였다.

---

56) 과갈(瓜葛) : 오이와 칡으로, 모두 넝쿨로 자라는 풀이므로 일가(一家) 또는 인적관계를 일컫는 말로 쓰인다.

5. 목은 선생의 외국(外國) 유학(遊學) 시대(時代)

목은 선생은 20세 되던 해에 아버지 가정(稼亭) 선생을 뵈러 멀리 원나라 북경(北京)[57]에 갔다. 이어 벽옹(辟雍)[58]에 들어갔다. 이 원나라는 몽고족(蒙古族)이 건립한 일대제국(一大帝國)으로 판도(版圖)가 광활하고 많은 민족들이 살고 있었다. 몽고족, 특히 '징키스칸(成吉思汗)'은 이 이민족(異民族)들의 이반(離叛)을 방지하고 통할(統轄)하기 위하여 왕실(王室) 간의 결혼을 시키며 또 이민족들 중에 우수한 인재를 선발 등용하여 불평과 비난을 막고 또 각 이민족의 내정을 탐지(探知)하는 정책(政策)을 수행하였다. 이가정(李稼亭)도 이 정책의 결과 선택 등용되어서 고관(高官) 지위까지 오르게 되었고 또 이 고관들의 자제(子弟)는 벽옹(辟雍)이라는 국립학교(國立學校)에 들어갈 수가 있는 제도였다. 그리고 당시에 주역학

---

57) 원(元)나라의 수도인 대도(大都)를 말한다.

58) 벽옹(辟雍) : 중국 주(周)나라 때 천자가 도성(都城)에 건립한 대학(大學). 주위의 형상이 벽(璧)과 같이 둥글고 물이 둘러있었다고 함. 전하여 성균관(成均館)을 일컬음.

(周易學)에 밝기로 유명한 우문자정(宇文子貞)[59] 선생을 찾아가서 "나는 고려국 이가정의 아들인바 선생께 주역을 배우고자 합니다" 하였다. 자정 선생이 대답하되 "너의 어르신네는 주역에 밝으신 분으로 내가 경외(敬畏)하는 분이다. 너의 나이가 어리므로 너의 어르신네가 가르쳐 주시지 아니한 모양이구나. 그러나 너는 너의 춘부장과 나와는 동년급제(同年及第)한 친구의 아들이므로 나의 아들과 다름없는 고로 내가 너에게 주역을 가르쳐 줄 수가 없는 것을 불만스럽게 생각하지 마라"라고 하였다. 그래서 수일(數日)동안 졸랐던 것이다. 우문자정은 "가르쳐 주마. 그러나 주역학(周易學)은 소년이 배울 바가 아니다. 내가 너에게 주역을 읽는 구두(句讀), 즉 토(吐)다는 법을 일러줄 터이다" 하고 읽는 법을 가르쳐 주었다. 얼마 지난 후에 목은은 역의(易義) 1편(篇)을 지어서 보여 주었다. 가정 선생은 대단히 반가워하여 말하되 "의리는 거의 다 말하였다. 그러나 설명하는 순서가 틀렸다" 하고 붓을 들어서 쓰기 시작하였는데 흐르는 물과 같이 막힘이 없이 술술 써 놓고 "한 장(章)이 이미 되지 아니하였나? 그러나 이것은 주역의 조잡(粗雜)한 것이다. 수년을 지나면 네가 그 정묘(精妙)한 것을 알게 될 것이다"라고 말하였다. 이러한 응수(應酬)의 모습만 보아도 목은의 학문을 연구하던(研學) 면을 엿볼 수가 있다. 후일 이퇴계(李退溪)[60] 선생도 목은을 역학(易學)에 밝은 분으로 추천한 것도 이곳

59) 우문자정(宇文子貞) : 본 이름은 우문량(宇文諒 : 1292~?), 자(字)는 자정(子貞) 원대(元代) 원통(元統) 시에 진사급제, 이후 여러 지방의 지방관을 거쳐 후일 국자감조교(國子監助教)와 국자감승(國子監丞)을 역임했다. 원문에는 우문자정(宇文字貞)으로 되어 있어 바로 잡았다.

60) 이퇴계(李退溪) : 이황(李滉 : 1501~1570)이다. 본관은 진성(眞成)이며, 초명(初名)

에 기록하여 둔다.

그 이듬해, 즉 21살 되던 해에 목은은 다시 정식으로 국자감(國子監) 생원(生員)으로 입학하였다. 그때 가정(稼亭)은 중서사전부(中瑞司典簿)로 있었는데 조관(朝官)[61] 아들로서 입학을 한 것이다. 그때에 유명한 문사(文士) 구양현(歐陽玄)[62]이 목은을 조롱하는 말로 "짐승의 발굽과 새 발의 자취가 중국의 길에 사귀었구나[63]" 하였다. 목은은 즉시 대답하되 "닭의 울음소리와 개 짖는 소리가 사방에 이르렀다[64]"라고 하였다. 구양현은 또

은 서홍(瑞鴻)이다. 자(字)는 경호(景浩)이며, 호(號)는 퇴계(退溪)인데 '물러나 시내 위에 머무른다'는 뜻의 '퇴거계상(退居溪上)'에서 비롯되었다. '계(溪)'는 이황이 물러나 머물렀던 '토계(兎溪)'라는 지명에서 비롯되었다고도 해석된다. 청량산(淸凉山) 기슭에 도산서당(陶山書堂)을 짓고 후학을 양성하였다. 도옹(陶翁)·도수(陶叟)·퇴도(退陶)·청량산인(淸凉山人)이라는 별호(別號)도 사용했다. 시호(諡號)는 문순(文純)이다. 조선 중기의 문신이자 유학자로 조선 성리학의 발달에 기초를 형성하였으며, 그의 이기호발설(理氣互發說)은 주리론(主理論) 전통의 영남학파의 종조(宗祖)로 숭앙된다.

61) 조관(朝官) : 조정의 관리

62) 구양현(歐陽玄 : 1273~1357) : 자(字)는 원공(原功), 호(號)는 규재(圭齋)이며, 유양(瀏陽 : 지금의 호남성(湖南省) 장사시(長沙市) 근방) 사람으로 아버지는 구양신(歐陽新)이고 어머니는 이씨(李氏)이다. 연우(延祐) 2년(1314년)에 진사에 급제하였으며, 이듬해 악주로평강주동지(岳州路平江州同知)가 되었다. 이후 소환되어 국자박사(國子博士)에 임명되었다가 국자감승(國子監丞)으로 승진했다. 치화(致和) 원년(1328년)에 한림대제(翰林待制)로 옮겼다가 국자제주(國子祭酒)로 승진했다. 지정(至正) 연간에는 한림학사에 임명되어 《요사(遼史)》·《금사(金史)》·《송사(宋史)》를 수찬하였다. 뿐만 아니라 《사조실록(四朝實錄)》을 편집하였으며, 당시 대부분의 중요 문장은 구양현의 손을 거쳐야만 할 정도로 뛰어난 문사였다. 이로 인해 그의 집은 그의 글을 받으려는 사람들로 언제나 붐볐다고 한다. 저서로는 《규재문집(圭齋文集)》 15권이 전한다.

63) 수제조저지도(獸蹄鳥跡之道), 교어중국(交於中國)

64) 계명구폐지성달우사경(鷄鳴狗吠之聲達于四境)

"잔을 들고 바다에 이름에 비로소 바다가 큰 것을 안다[65]"라고 불러서 목은의 재주를 시험하였다. 목은은 또 즉시로 "우물 속에 앉아 하늘을 보고 하늘이 작다 한다[66]"고 대답하였다. 구양현은 크게 놀라면서 칭찬하여 마지않고 "우리 도(道)가 동방으로 갔다"고 말하였다. 국학(國學)에 있는 동안 국학월과(國學月課)[67]를 내는 족족 오백상(吳伯尙)[68] 선생 같은 분은 격찬(激讚)을 하였다. 이 국학에서 공부하는 동안 정주(程朱)[69]의 성리학설(性理學說)에 정통하였고 또 중국 학문의 연원(淵源)을 받아서 대기(大器)를 완성한 것이 분명하다. 이 해 부군(父君) 가정(稼亭)이 흥학조(興學

---

65) 지배입해지다해(持杯入海知多海)

66) 좌정관천왈소천(坐井觀天曰小天)

67) 국학월과(國學月課) : 국학(國學)에서 매달 실시하는 평가 시험 또는 과제이다.

68) 오백상(吳伯尙 : 1297~1361) : 원래의 이름은 오당(吳當)이고 백상(伯尙)은 자(字)이다. 원나라 때 현재 강서성(江西省) 무주(撫州) 숭인(崇仁) 사람이다. 원의 대학자 오징(吳澄)의 손자다. 어릴 때부터 영민했고, 경사(經史)와 백가(百家)에 정통했다. 할아버지를 따라 경사(京師)에 와서 국자생(國子生)이 되었다. 오징(吳澄)이 죽자 따라 배우던 사람들이 그에게 와서 학업을 마쳤다. 천거를 받아 국자조교(國子助敎)가 되어 요나라, 금나라, 송나라 삼국의 국사를 편찬했다. 책이 완성된 뒤 한림수찬(翰林修撰)에 임명되고, 거듭 승진하여 한림직학사(翰林直學士)에 올랐다. 강남에 병사(兵事)가 일어나자 특별히 강남숙정염방사(江南肅政廉訪使)에 임명되어 민병을 모집하고, 절(浙)을 거쳐 민(閩)으로 들어가 농민군을 진압하는 데 참여하여 건주(建州)와 무주를 탈환했다. 얼마 뒤 모함을 받아 해직되었다. 진우량(陳友諒)이 강서(江西)를 점거하고 있을 때 기용하려고 했지만 따르지 않자 강주(江州)로 보내져 1년 동안 구류 당했다. 나중에 여릉(廬陵)의 길수(吉水)에 은거했다. 저서에 《주례찬언(周禮纂言)》과 《학언시고(學言詩稿)》 등이 있다

69) 정주(程朱) : 북송(北宋) 때의 유학자 정호(程顥)·정이(程頤) 형제와 남송(南宋)의 주희(朱喜)를 말하며, 정주학설은 성리학(性理學), 주자학(朱子學), 송학(宋學)이라고도 한다. 성리(性理)는 '성즉리(性卽理)'의 줄임말로, 남송(南宋)의 유교(儒敎) 주류학파인 주희가 집대성한 학문이다

詔)를 가지고 본국에 돌아왔다.

　22살 때에도 생원으로 국자감에서 공부를 계속하였다. 북경의 기후는 예나 지금이나 한결같은 것이다. 여름의 북경은 한낮이면 방문을 열어 놓지 못한다. 아침부터의 공기를 방 안에 가두어두고 가만히 있는 것이 시원한 것이다. 목은은 공부할 때 셋방 하나를 얻어서 있었는데 여름이면 더워서 견디기 어려워 질그릇의 대야에 물을 떠다 놓고 손도 씻고 얼굴도 씻어서 시원한 것을 취하였다. 그 이듬해 여름에는 상도(上都)[70]에 가서 그곳 분학(分學)[71]에서 공부하였다.

　이 해 초가을에 귀향(歸鄕)을 하였는데 연도에서 시를 많이 지었다. 그 중에서 유림관정관음(楡林關貞觀吟)[72]과 평양부벽루(平壤浮碧樓)의 두

---

70) 상도(上都) : 만리장성 북쪽에 있는 상도(上都, 'Xanadu제나두'라고도 불린다) 유적은 1256년에 몽골 지배자이며, 원(元)을 세운 쿠빌라이(忽必烈) 칸이 한인(漢人) 류병충(劉秉忠)에게 명하여 건설한 전설적인 수도이다. 면적 25,000ha에 이르는 이 유적은 몽골 유목민의 문화와 한족의 문화를 융합하려 한 독특한 시도를 보여 주고 있다. 이를 기반으로 쿠빌라이 칸은 원(元)나라를 세워 1세기 동안 중국을 지배하였으며 그 지배 영역을 아시아 전역으로 확대해 나갔다. 상도(上都)의 유적은 문화적 융합을 보여 주는 초원의 수도 유적이다. 이곳은 북부 아시아의 유목 문명과 농경문명이 만나 상호 융합된 모습을 보인다. 몽골 고원의 남동부 자락에 자리 잡고 있으며, 1263년 ~1273년까지 쿠빌라이 칸의 첫 수도였고, 1274년~1364년까지 원(元) 왕조가 여름 동안 머무는 수도였다. 도시 유적과 무덤군은 초원지대 위에 중국 전통의 풍수지리 원칙에 의해 건설되었는데, 북쪽으로는 산을 배경으로 남쪽에 강을 두고 남북축을 중심으로 건설되었다

71) 분학(分學) : 대도(大都)의 성균관과 같은 작은 규모의 성균관이 상도(上都)에도 있어 분학(分學)으로 일컬었다.

72) 유림관정관음(楡林關貞觀吟) : 본래《목은시고(牧隱詩藁)》권(卷) 2에는 '정관음유림관자(貞觀吟楡林關作)'으로 되었다. 이색 신생께서 원나라에서 고려로 돌아올 때 그 길목인 유림관역참(楡林關驛站)에서 하룻밤을 보내면서 지은 것이다.

시중 몇 구를 기록하기로 한다. 유림관(榆林關)[73]은 지금 만주 땅인데 몽고와 만주와 중국 본토와 접경지대이며 또 예전 고구려(高句麗) 안시성(安市城)의 근처이다. 정관(貞觀)은 예전 중국 당(唐)나라 태종(太宗)[74]의 연호이다. 정관음(貞觀吟)은 당나라 태종이 수양제(隋煬帝)[75]의 120만 대

---

73) 유림관(榆林關) : 현재 중국 하북성(河北省) 무녕현(撫寧縣) 유관진(榆關鎭)이다. 유림관(榆林關)은 중국 고대부터 유관(榆關) 또는 임유관(臨渝關)이라고도 하며, 요동(遼東)으로 나가는 하북(河北)의 관새(關塞)였으나, 원(元)나라 때에는 역참(驛站)으로 이용되었으며, 명(明)나라 시기에는 서쪽 지금의 산해관(山海關)이 건설되어 그곳이 요동(遼東)으로 나가는 관새(關塞)가 되었다.

74) 당태종(唐太宗 : 599~649) : 이름은 이세민(李世民)이다. 당나라의 제2대 황제이다. 시호는 태종(太宗)이다. 아버지는 이연(李淵)이고, 어머니는 두(竇)씨다. 중국 역사상 최고의 영주(英主)로 알려져 있으며, 북방민족의 피가 섞인 무인(武人) 귀족 집안에서 태어났다. 수나라 양제(煬帝)의 폭정으로 내란의 양상이 짙어지자 수나라 타도의 뜻을 품고 태원(太原) 방면 군사령관이었던 아버지를 설득하여 거병, 장안(長安)을 점령하고 당나라를 건립했다. 왕위 쟁탈전을 치르면서 무덕(武德) 9년(626) 아버지의 양위를 받아 즉위했다. 수양제의 실패를 거울삼아 명신 위징(魏徵) 등의 의견을 받아들여 사심을 누르고 백성을 불쌍히 여기는 지극히 공정한 정치를 하기에 힘썼다. 그의 치세는 "정관(貞觀)의 치(治)"라고 칭송받았고, 후세 제왕의 모범이 되었다.

75) 수양제(隋煬帝 : 569~618) : 수나라 제2대 황제 이름은 양광(楊廣) 또는 양영(楊英)이고, 시호는 양제이다. 아버지는 수(隋) 초대 황제인 문제(文帝)이고, 어머니는 문헌독고황후(文獻獨孤皇后)이다. 처음에 진왕(晉王)이 되어, 남조의 진(陳)을 토벌하는 데에 큰 활약을 했다. 604년에 문제 양견(楊堅)과 황태자인 형 양용(楊勇)을 죽이고, 제위에 올랐다(문제文帝는 병사했다는 설도 있다). 제위에 오른 뒤 막대한 비용을 들여 대규모 토목 및 정복 사업을 벌였다. 특히 대외원정을 감행하게 되는데, 먼저 북방의 돌궐과 서방의 토욕혼을 토벌하였고, 그 후에 고구려 원정을 벌였다. 612년에 벌인 1차 원정 때는 113만의 대군을 이끌고 침공했지만, 을지문덕에게 살수에서 대패하였다. 613년 2차 원정은 양현감(揚玄感)의 반란으로 인해 철수하면서 실패하였다. 대규모 원정이 실패로 끝나면서 수가 멸망하는 동기를 제공했다. 이후 전국은 반란에 휩싸이게 되었고, 기근과 수해 등의 자연재해까지 발생했다. 결국 양제는 강도(江都 : 현재의 양주楊洲)의 이궁(離宮)으로 피신했지만 결국 그곳에서 우문화급(宇文化及)에게 살해되었다. 이후 수(隋)의 관료였던 이연(李淵)이 전국을 재통일하고 당(唐)을 세

군이 고구려 장군 을지문덕(乙支文德)[76]에게 전멸(全滅)을 당한 후 얼마

되지 않은 때이며, 또 고구려의 막리지(莫離支)[77] 연개소문(淵蓋蘇文)[78]

왔다.

76) 을지문덕(乙支文德 : ?~?) :《자치통감(資治通鑑)》에는 '위지문덕(尉支文德)'이라고도
   표기하였다.《삼국사기(三國史記)》의 을지문덕전(乙支文德傳)에서는 그의 세계(世系)
   를 알 수 없다고 하였다. 그러나 조선 정·순조 때에 홍양호(洪良浩)가 지은 《해동명
   장전(海東名將傳)》에는 "을지문덕은 평양 석다산(石多山) 사람이다"고 밝힘으로써 그
   가 평양 출신임을 알 수 있다. 612년 살수(薩水)에서 수나라 별동대(別動隊) 30만을
   격멸시킨 이른바 살수대첩을 거둬 위기에 처한 고구려를 구하고 불세출의 명장(名將)
   반열에 올랐다.

77) 막리지(莫離支) : 고구려시대에 3년을 임기로 교체하며 국사(國事)를 총괄하였던 관
   직이다. 6세기 후반경에 국사(國事)를 총괄하는 관직으로 성립되었으나, 연개소문(淵
   蓋蘇文)의 집권 이후 고구려의 정치·군사 양권(兩權)을 장악하고 국정을 전담하는
   최고의 관직이 되었다.

78) 연개소문(淵蓋蘇文 : ?~666) : 고구려 말의 재상·장군. 개금(蓋金 또는 盖金)이라
   고도 하며,《일본서기(日本書記)》에는 이리가수미(伊梨柯須彌)라고 기록되어 있다.
   할아버지는 자유(子遊)이고, 아버지는 태조(太祚)이며, 모두 막리지(莫離支)의 지위에
   올랐다고 그의 아들인 천남생묘지(泉男生墓誌)에 기록되어 있다. 그의 성씨(姓氏)는
   중국 측의 기록에는 '천(泉)' 또는 '전(錢)'이라 되어 있는데, 이는 연(淵)이라는 글자가
   당시 당나라 고조(高祖)의 이름인 이연(李淵)과 같아 피휘(避諱)로 바뀐 것으로 보인
   다.《삼국사기(三國史記)》에 그의 성이 천(泉)으로 나오는 것은 연개소문에 관한 기사
   의 전부가 중국 기록에 의거했기 때문으로 보인다.《삼국사기》 등에 의하면, 연개소
   문은 생김새가 씩씩하고 뛰어났으며 수염이 아름다웠다고 한다. 또 의지와 기개가 커
   서 작은 것에 얽매이지 않았다고 한다. 남생(男生)의 묘지명에는 연개소문의 할아버
   지 이름은 자유(子遊), 아버지 이름은 대조(大祚)이며 모두 막리지를 지냈다고 기록되
   어 있다. 그런데 연개소문의 아버지에 대해 남산(男産)의 묘지명은 대로(對盧)라고 하
   였고,《신당서(新唐書)》는 동부대인(東部大人) 대대로라고 하였다.《삼국사기》에는 아
   버지가 죽자 개소문이 그 자리를 이어받으려 하니 나라 사람들이 그를 미워하여 어렵
   게 뒤를 이었다는 이야기가 실려 있다. 나중에 연개소문의 세력이 강해지자 여러 대
   인(大人)들이 왕과 상의하여 그를 죽이려 하였다. 연개소문은 이를 미리 알고 자기 부
   (部)의 군사를 모아 열병(閱兵)을 한다는 구실로 잔치를 베풀어 대신늘을 조대한 뒤
   모두 죽였는데, 이때 죽은 자가 100여 명에 이르렀다고 한다. 그리고 궁궐로 가서 영

이 당(唐)의 명령을 듣지 않으므로 당태종(唐太宗)은 중원 본토를 평정하고 황제(皇帝)가 된 사람이라 그 위력(威力)을 믿고 또 복수(復讎)를 겸하여 고구려 정복(征服)의 대군(大軍)을 몰고 스스로 고구려로 쳐들어왔다. 그래서 지금 만주 땅이요 그때의 고구려 땅인 안시성(安市城)⁷⁹⁾을 공격하다가 성주(城主) 양만춘(楊萬春)⁸⁰⁾의 화살에 눈이 빠지고 패주(敗走)한 사

류왕을 죽이고 대신 왕의 동생인 장(臧)을 새 왕으로 세우니, 그가 바로 고구려의 마지막 왕인 보장왕(寶藏王)이다.

79) 안시성(安市城) : 관련 학계에서는 현재의 중국 요녕성(遼寧省) 해성시(海城市) 동남쪽에 위치한 영성자산성(英城子山城)으로 추정한다.

80) 양만춘(楊萬春 : ?~?) : 보장왕 때의 안시성(安市城) 성주이다. 그의 이름은 역사서에는 보이지 않고 '안시성 성주'로만 기록되어 있다. 그러나 송준길(宋浚吉)의 《동춘당선생별집(同春堂先生別集)》과 박지원(朴趾源)의 《열하일기(熱河日記)》에 의하면 양만춘(梁萬春) 또는 양만춘(楊萬春)으로 밝혀졌다. 그는 지금의 만주 요녕성(遼寧省) 해성시(海城市)의 동남쪽에 위치한 영성자산성(英城子山城)으로 추정되는 안시성의 성주였다. 그는 연개소문(淵蓋蘇文)이 정변으로 정권을 장악했을 때, 집권자인 연개소문에게 복종하지 않았다. 이에 연개소문이 직접 군대를 이끌고 안시성을 공격했으나 함락시키지 못하였다. 이에 따라 연개소문은 결국 안시성 성주의 직책을 그대로 맡겼다. 이는 그가 용기와 소신이 있는 인물이었음을 시사해 준다. 645년(보장왕 4) 당나라 태종은 대군을 동원해 고구려를 침공하였다. 당나라 군대의 침공으로 요동지역에 있던 개모성(蓋牟城)과 비사성(卑沙城)이, 이어 당 태종의 지휘로 요동성(遼東城)과 백암성(白巖城)도 함락되었다. 당나라는 다음으로 이적(李勣)의 건의로 안시성(安市城)을 공격하였으나 안시성에서 양만춘을 비롯한 병사와 주민들은 하나로 뭉쳐 완강히 저항하였다. 이에 당나라 군대는 연인원 50만 명이 동원되어 60여 일에 걸쳐서 높은 흙산을 쌓아, 이를 발판으로 성을 공격하였는데, 당시 당나라 군대는 하루에 6, 7회의 공격을 가하고 마지막 3일 동안은 전력을 다해 총 공세를 펼쳤으나 끝내 함락시키지 못하였다. 마침 9월에 접어들어 요동의 날씨가 추워지기 시작했고, 군량 또한 다하자 당나라 태종은 포위를 풀고 철군하지 않을 수 없었다. 당나라 태종은 양만춘의 용전을 높이 평가해 비단 100필을 주면서 왕에 대한 충성을 격려하였다. 고려 후기의 학자인 이색(李穡)의 '정관음(貞觀吟)'이라는 시(詩)와 이곡(李穀)의 《가정집(稼亭集)》에 의하면, 당나라 태종이 눈에 화살을 맞아 부상을 입고 회군했다고 한다. 고구려 멸망 뒤 당나라에 끝까지 저항한 11성(城) 가운데 안시성이 포함된 것으로 보아,

적(史跡)이 있는 곳이다. 그러므로 목은이 그곳을 지날 때 회고(懷古)로 지은 시가 곧 이 정관음(貞觀吟)이다. 그 시가 길기 때문에 몇 구절만 기록하면 다음과 같다.

어찌 금옥 같은 몸의 걸음을 움직여,

스스로 군사를 몰고 동방나라로 왔던고.

범 같은 병졸들은 밤에 학야[81]의 달을 안았고,

각고 큰 깃발은 새벽에 계림[82] 비에 젖었도다.

고구려는 주머니 속 물건과 같이 잡기 쉬우리라 하였더니.

누가 자기 눈이 화살에 맞을 줄을 알았을까?

胡爲至動金玉武,

啣枚自將臨東土,

貔狓夜擁鶴野月,

그의 생존여부는 알 수 없지만, 그의 기백과 용기가 고구려 부흥운동으로 계승되었음을 짐작할 수 있다.

81) 학야(鶴野) : 요동(遼東)지방을 말한다. 옛날 정영위(丁令威)라는 요동 사람이 도(道) 닦고 천년이 지난 후 학으로 변신하여 고향인 요동(遼東)에 와서 성문의 화표주(華表柱)에 앉자 어느 소년이 화살을 쏘려하니 날아가면서 천년 만에 고향에 왔는데 성곽(城郭)은 변하지 않았지만 사람을 변했다고 하는 고사에서 유래한 말로 이후 육조시대(六朝時代) 도연명(陶淵明)의 《수신후기(搜神後記)》에서 정영위(丁令威)가 학으로 변하여 내려 온 곳인 요동(遼東)을 학야(鶴野)로 표현한 것에서 유래한 말이다.

82) 계림(鷄林) : 신라(新羅)를 가리키기도 하지만 여기서는 우리나라를 이르는 말이다. 예를 들자면 계림팔도(鷄林八道)와 같은 의미로 사용된 것이다.

旋旗曉濕鷄林雨,

謂是囊中一物耳,

那知玄花落白羽.

부벽루(浮碧樓)[83] 시(詩)는 평양을 압축한 것으로 유명하여 그 전문을 초록한다.

어제 영명사(永明寺)[84]를 지나더니,

이제 부벽루(浮碧樓)에 올랐구나.

성이 비었으니 달이 한 조각이요,

돌이 늙었으니 구름이 천년이로구나.

기린 말(麒麟馬)은 가고 다시 오지 아니하니,

천손은 어데서 노니는 고.

---

83) 부벽루(浮碧樓) : 평양 금수산(錦繡山) 모란봉의 동쪽 대동강 강가에 솟아 있는 청류 벽 위의 부벽루는 고구려시대인 393년(광개토왕 3년)에 영명사(永明寺)의 부속 건물인 영명루(永明樓)로 세워졌다. 고려시대인 12세기 예종이 군신들과 더불어 잔치를 베풀고 그 자리에서 이안(李顏)에게 명하여 이름을 다시 짓게 했는데, "거울같이 맑고 푸른 물이 감돌아 흐르는 청류벽 위에 둥실 떠 있다는 누정"이라는 의미에서 부벽루(浮碧樓)로 이름이 바뀌었다. 부벽루는 평양성 북성(北城)의 장대로서 전시(戰時)에 전투 지휘소로 활용되기도 하였다. 그러나 임진왜란 당시 불에 타 버렸고, 1614년(광해군 6)에 중건되었다. 한국전쟁 당시에도 폭격으로 파괴되어 1956년과 1959년 두 차례에 걸쳐 보수하여 옛 모습대로 복원되었다고 한다.

84) 영명사(永明寺) : 평양의 금수산(錦繡山)에 있는 사찰이다. 부벽루(浮碧樓) 서편 기린 굴(麒麟窟) 위쪽에 위치하고 있으며, 동명성왕의 구제궁(九梯宮) 유지에 392년(광개토대왕 2년)에 창건하고 아도화상(阿道和尙)을 머물게 하였다 한다.

길게 휘파람을 불고 바람에 의지하여 돌 비탈길을 올라 보니,

산은 푸르고 강물은 흐르는구나.

昨過永明寺, 今登浮碧樓,

城空月一片, 石老雲千秋,

麟馬[85]去不返, 天孫何處遊,

長嘯依風磴, 山靑江水流.

누구나 평양에 가서 영명사와 부벽루를 구경하면 이 시가 탁월한 점을 알 것이다. 또 평양성은 반월형(半月形)의 성이며, 모란봉(牡丹峰)[86]의 암석은 천년만년을 가도 변치 않는 것도 알 수 있다. 또 기린굴(麒麟窟)을 보고 강 가운데 잠긴 조천석(朝天石)[87]을 찾으면 고구려 동명성왕(東明聖王)[88]이 기린 말을 타고 기린굴(麒麟窟)로부터 세상으로 나와 고구려를

---

85) 인마(麟馬) : 기린말(麒麟馬)이다. 이 기린말은 고구려 동명왕이 나라를 세우고 기린 굴에서 이 기린마을 타고 나와 대동강 강중의 조천석(朝天石)에서 하늘로 올랐다는 설화가 전해진다.

86) 모란봉(牡丹峰) : 본래는 금수산(錦繡山)의 최승대(最勝臺)이다. 모란봉의 높이는 96m이다. 금수산의 가장 높은 봉우리인 최승대가 피어나는 모란꽃 같다고 하여 함박 뫼 · 모란봉으로 하던 것이 점차 모란봉이 산 전체의 이름을 대신하게 되었다고 한다. 절벽을 이루고 있는 모란봉 아래 대동강 물 위에는 유명한 능라도(綾羅島)라는 하중도(河中島)가 있어 좋은 대조를 이룬다고 한다.

87) 조천석(朝天石) : 설화에 따르면 고구려 동명왕이 나라를 세우고 기린굴(麒麟窟)에서 기린말(麒麟馬)을 타고 나와 하늘로 올라 상제께 조회하였다는 바위로 평양 대동강 중에 있다. 그 조천석(朝天石)에는 기린말(麒麟馬)의 말굽자국이 있다고 한다.

88) 동명성왕(東明聖王 : ?~기원전 19년) : 고구려 1대왕으로 재위기간은 기원전 37년

창건(創建)하고 조천석 위에서 하늘로 올라갔다는 전설(傳說)을 연상할
수가 있는 곳이다.

《허균시화(許筠詩話)》[89]에 "이목은(李牧隱)의 영명사시(永明寺詩)는 아
무런 탐색(探索)이 없고, 또 우연히도 궁상(宮商)의 음률(音律)에 맞는다"
라고 하였고, 중국 허영양(許穎陽)[90]이 그 시를 보고 칭찬하여 마지않고
말하되 "동국(東國)에도 이러한 시를 짓는 사람이 있는가" 하고 "고려국에

에서 기원전 19년이다. 성(姓)은 고씨(高氏). 이름은 주몽(朱蒙) 또는 추모(鄒牟)·상
해(象解)·추몽(鄒蒙)·중모(中牟)·중모(仲牟)·도모(都牟)라고도 한다. 즉 《국사(國
史)》 고구려본기를 인용한 《삼국유사》 및 《삼국사기》에는 성이 고씨, 이름은 주몽이라
하였다. 또한 《삼국사기》에는 '추모' 또는 '상해'라는 이름도 전하고 있다. 그리고 광개
토왕릉비와 모두루 묘지에는 '추모왕'이라 하였다. 또한 백제에서 시조로 모신 동명
에 대해 《신찬성씨록(新撰姓氏錄)》 등 일본 문헌에는 '도모(都慕: 일본음 쓰모)'로 기
록되어 있다. 이들 일련의 한자(漢字) 표기는 모두 동명을 다른 글자로 표기한 것이라
는 견해가 있다. 한편, 중국 문헌인 《위략(魏略)》, 《후한서(後漢書)》 부여전, 《양서(梁
書)》 고구려전에는 부여의 시조가 동명이라 되어 있다. 그리고 《위서(魏書)》·《주서
(周書)》·《남사(南史)》·《북사(北史)》·《수서(隋書)》 고구려 전(傳)에는 고구려의 시조
가 주몽이라고 되어 있다.

89) 허균시화(許筠詩話): 허균의 시화(詩話)는 본래 두 종류이다. 하나는 허균이 살았던
조선 선조(宣祖)의 당대 문인들에 관한 시화(詩話)에 대한 비평과 이야기를 담은 《학
산초담(鶴山樵談)》이고, 다른 하나는 삼국시대부터 그가 살았던 조선 선조(宣祖)까지
총 8백년의 시화(詩話)를 정리한 《성수시화(惺叟詩話)》이다. 여기서는 후자를 말한다.

90) 허영양(許穎陽: 1527~1596): 본 이름은 허국(許國)이고, 자(字)는 유정(維楨), 호
(號)가 영양(穎陽)이다. 명(明)나라 때의 대신(大臣)이다. 휘주부(徽州府) 흡현(歙縣)사
람으로 현재의 안휘성(安徽省)에 있다. 가정(嘉靖) 44년(1565)에 진사(進士) 출신으로
관직은 검토(檢討), 국자감제주(國子監祭酒), 태상시경(太常寺卿), 첨사(詹事), 예부시
랑(禮部侍郎), 이부시랑(吏部侍郎), 예부상서(禮部尚書), 동각대학사(東閣大學士), 태
자태보(太子太保), 무영전대학사(武英殿大學士) 등을 역임했다. 일찍이 조선(朝鮮)에
사신으로 다녀왔으며, 임진왜란 때 친조선파 대신(大臣)으로 명군(明軍)의 조선지원
군 파병에 여론을 조성하여 파병을 이끌어내었다. 시호는 문목(文穆)이다. 저서로 《허
문목공집(許文穆公集)》이 있다

도 이미 중국 글을 이와 같이 잘하는 사람이 있었다"라고 하며 현판(懸板)을 목은 평양시로 써서 붙였다.

이 해 12월에 송도(松都) 집을 떠나 북경의 국학(國學)으로 갔고 그 이듬해 정월 그믐날 가정(稼亭)이 돌아갔다는 부고(訃告)를 접하고 분상(奔喪)[91]을 치르기 위하여 본국으로 돌아왔다.

그때 가정(稼亭)은, 원(元)에서는 봉의대부(奉議大夫) 정동행중서성(征東行中書省) 좌우사낭중(左右司郎中)직으로 있었고 또 본국에서는 중대광한산군(重大匡韓山君) 광정대부(匡正大夫) 도첨의찬성사(都僉議贊成事) 우문관대제학(右文館大提學)의 직에 있었는데 뜻밖에도 54세의 행년으로 정월 초하룻날 돌아갔다. 그래서 목은은 만 3년 동안 북경 유학을 마치고 분상(奔喪)을 치르기 위해 본국으로 돌아왔다.

---

91) 분상(奔喪) : 분상(奔喪)이란 먼 곳에서 어버이의 죽음을 듣고 급히 집으로 달려오는 것을 말한다. 대개 분상하는 사람에게는 가능한 편의를 제공하였다.

6. 목은 선생의 초기(初期) 정견(政見)

목은은 그 25세 되던 해에 처음으로 시국을 광정(匡正)[92]하여 인민을 위하는 정책을 말하였다. 그래서 임금에게 다섯 가지 조목을 들어 상서를 하였다. 아래에 순차로 설명을 하여 보기로 하겠다.

ㄱ. 경계(境界)를 바로하다

고려의 토지 제도는 태조 왕건(王建) 왕이 신라(新羅) 말엽(末葉)에 문란하였던 제도를 개혁하여 농민(農民)의 복리를 증진케 한 이후 성종(成宗)과 문종(文宗) 때에 과전제도(科田制度)[93]를 실시하여 토지 제도가 완

---

92) 광정(匡正) : 잘못된 것이나 부정한 것을 바로 잡아 고치다.

93) 과전제도(科田制度) : 원문의 과전제도는 고려시대의 토지제도인 전시과(田柴科) 지도를 말하는 것이다. 얼핏 보면 조선시대의 과전법(科田法)으로 오해할 수 있다. 원래 고려의 토지제도는 여러 번 갱신되어 시기마다 명칭과 내용의 차이가 있다. 처음 태조 왕선 시기에는 역분선(役分田)으로 하였다가 976년 경종 때에 이르러 전시과(田柴科)를 처음 만들어 시정전시과(始定田柴科)로 하였다. 이후 998년 목종 때에 개편을

비되었다. 그러나 고종(高宗) 때에 이르러 몽고족(蒙古族)의 철제(鐵蹄)[94] 밑에서 유린(蹂躙)을 당함으로써 여러 온갖 제도가 파괴되고 전제(田制)도 문란하게 되어 다시금 복구를 하지 못하고 사전(私田)이라는 토지(土地) 사유(私有)가 성행하게 되었다. 더욱이 권세를 가진 사람들은 소위 호강(豪强)이라고 하여, 사전(賜田)이라는 임금의 명으로 주는 토지를 빙자하여 불법으로 농민의 토지를 강탈해서 자기 것으로 삼았다. 어떤 경우에는 산천으로 경계라고 정하고 그 범위 안에 있는 토지는 전부 자기 땅이라고 하여 추수 때가 되면 도지(賭只)라는 소작료를 강제 징수(徵收)하였다. 이것도 한 집에서만 하면 오히려 좋으나 가을이 되면 두세 집에서 추수관이 와서 강제로 농민들을 약탈하여 가는 사례가 많았다.

이와 같이 토지 제도가 문란해져서 농민대중은 살 길이 막연하므로 유리걸식(流離乞食)[95]하고 전우구학(轉于溝壑)[96]하는 비참한 지경에 빠져 있었다. 목은은 참상을 살피고 전제의 개혁을 단행하여 농민을 구출하려고 상서(上書)의 첫 조항으로 삼은 것이다.

거쳐 개정전시과(改定田柴科)로 하였다가 1034년 덕종 때를 거쳐 1076년 문종 때에 재차 경신한 경정전시과(更定田柴科)로 하였다. 따라서 본문의 과전제도는 경정전시과(更定田柴科)를 말한다.

94) 철제(鐵蹄) : 철갑옷을 두른 기병과 그 말의 발굽을 말한다. 전하여 강한 군대를 비유함.

95) 유리걸식(流離乞食) : 정처 없이 떠돌며 빌어먹다.

96) 전우구학(轉于溝壑) : '도랑과 구렁에서 구르다'라는 뜻인데, 봉건시대에는 토지 또는 집이 없어 도랑과 구렁에 사람들이 살거나 죽어 있다는 뜻이다. 전하여 비참한 생활을 말한다.

ㄴ. 왜구(倭寇)를 막다

고려 말년에 일본 구주(九州) 연안(沿岸)에 본거지를 둔 해적(海賊)이 횡행하였다. 이 해적들은 불의에 우리나라 서해(西海) 연안(沿岸)에 상륙하여 인가(人家)에 방화하고 사람을 살해하고 또 재화(財貨)를 약탈한 다음에는 다시 배를 타고 도망하여 다른 곳에 상륙해서 똑같이 살인·방화·약탈을 하였다. 이 왜적이 한 번 상륙하면 그 지방의 촌락은 터무니없이 되고 말았다. 이 왜적을 물리쳐서 민생(民生)을 안정케 하는 것이 그야말로 시급한 일이었다. 그러므로 목은 선생은 조정에 건의하였던 것이다.

ㄷ. 문무(文武)를 논(論)하다

고려 말년에 문무관(文武官)의 구별이 문란하여 군인으로 문관이 할 자리에 앉아서 처사하는 일이 있을 뿐 아니라 군관(軍官)의 발호(跋扈)가 너무 심해서 나중에는 이성계(李成桂) 태조(太祖) 대왕 같은 이가 나와서 왕씨(王氏)의 왕권(王權)까지도 찬탈(簒奪)하는 폐해(弊害)가 성취된 것이다. 목은은 이러한 폐해를 방지하기 위하여 문무(文武)의 구별은 엄격히 하고 군인의 정치(政治) 간여(干與)를 막으려 하였다.

ㄹ. 학교(學校)를 흥하게 하다

고려시대의 교육제도는 보잘 것 없는 것이고 개인들이 공부에 의존하는 형편이었다. 특히 유교(儒敎)는 일반이 알지도 못하였다. 그러므로 목은은 공자의 도(孔子之道)로 교육의 근본이념(理念)으로 삼고, 도성 안에는 학당(學堂)을 두고, 시골에는 향교(鄕校)를 세워서 인재를 교육하고 또 고사(考査)[97]하여 12도(徒)[98]에 올리고 또 12도에서는 인재를 추려 성균관(成均館)[99]으로 보내어서 그 우수한 자를 뽑아 임관수직(任官授職)[100]한다면 인재가 많아서 정교(政敎)[101]가 분명해질 것이요, 또 시(詩)를 읊고 책을 읽어 문장(文章)을 교묘히 꾸미고, 조장탁구(彫章琢句)[102]하여 관직을 얻으려는 폐해를 정심성의(正心誠意)로 성리(性理)의 학리를 구명(究明)하는 것이 근본이 되도록 하여야 한다고 역설하였다.

---

97) 고사(考査) : 학생들의 학업성적을 평가하는 시험이다.

98) 12도(徒) : 고려시대 수도 개경(開京)에 있던 12곳의 사학(私學)으로 사학(私學) 12도(徒)라 한다. 시초는 고려 문종(文宗) 9년(1055) 최충의 사학인 문헌공도(文憲公徒)이며, 이후 차례로 나머지 11곳의 사학(私學)이 생겼다.

99) 성균관(成均館) : 고려 최고의 국립 교육기관인 국자감(國子監)을 바꾸어 부르던 말. 고려 성종 11년(992) 재편하여 설치된 국자감은 유학학부(儒學學部 : 國子學·太學·四門學)와 기술학부(技術學部 : 律學·書學·算學)로 편성·운영되었다. 충렬왕 원년(1275)에는 원나라의 간섭으로 관제를 고치면서 국학(國學)으로 바뀌었고, 충렬왕 24년(1298)에는 성균감(成均監)이라 고쳤다. 그 후 충선왕이 다시 관제(官制)를 개혁하면서 성균관(成均館)이라 고쳤다. 공민왕 5년(1356)에는 반원정책(反元政策)을 추진하면서 관제를 복구하여 다시 국자감이라 고쳤으나, 같은 왕 11년에 다시 성균관이라 고쳐 이후에는 그 명칭이 고정되었다. 특히 주자 성리학의 수용과 함께 성균관은 명경학(明經學)을 중요시하여 공양왕 원년(1389)에는 10학을 설치하고 종전의 기술 학부를 분리시키고 유학 교육만 하게 되었다. 입학 자격으로는 문·무 3품 이상의 자손이 국자학(國子學), 5품 이상의 자손이 태학(太學), 7품 이상의 자손은 사문학(四門學)에 각각 입학할 수 있다는 학식(學式) 규정이 마련되어 있다. 고려시대 국자감에 대해서는 《고려사(高麗史)》 권 74, 선거지(選擧志), 학교(學校) 참조

100) 임관수직(任官授職) : 관리에 임명하고 관직을 제수한다는 뜻이다.

101) 정교(政敎) : 정치(政治)와 종교(宗敎)를 말한다.

102) 조장탁구(彫章琢句) : 문장과 시구를 본의미가 아닌 교묘한 방법으로 다듬고 꾸민다는 뜻이다.

ㅁ. 이단(異端)을 억제(抑制)하다

고려는 왕건(王建) 태조가 도선(道詵)[103]을 국사(國師)로 삼고 그 말에 의하여 전국의 10대사(十大寺)를 창건하고 각각 3,000명씩 승려(僧侶)에게 도첩(度牒)[104]을 주어 불교를 국교(國敎)로 삼은 후로 역대의 왕들도 또한 이 사상을 계승하였다. 그 결과 오교양종(五敎兩宗)[105]이 퍼지고 불도들은 세력을 쓰게 되었다. 따라서 불교를 빙자하고 악폐를 만드는 무리들이 배출되었다. 그래서 심지어 "역적모의에 중이 아니 섞인 법이 없다"는 말까지 생기게 되었다. 목은은 이러한 폐해를 막기 위하여 승려에게는 도첩(度牒)을 발부하고 이 도첩이 없는 자는 군오(軍伍)에 편입하여 유식지민(遊食之民)[106]을 없게 하겠다고 강조한 것이다.

---

103) 도선국사(道詵國師 : 827~898) : 신라 말의 승려이며, 호(號)는 연기(烟起), 자(字)는 옥룡자(玉龍子) 혹은 옥룡(玉龍)이다. 성(姓)은 김씨(金氏)이며, 일설에는 신라 왕가의 후예라는 설도 있다. 도선국사(道詵國師)는 15세에 지리산(智異山)의 서봉(西峰)인 월유봉(月留峰) 화엄사(華嚴寺)에 들어가 승려가 되었다. 풍수에도 뛰어나 우리나라의 풍수의 비조(鼻祖)라 한다.

104) 도첩(度牒) : 도패(度牌)라고도 하며, 고려와 조선시대에 관청에서 출가(出家)한 승려에게 발행해주던 승려(僧侶)의 신분증이다. 환속(還俗)하면 관청에 반납해야 한다.

105) 오교양종(五敎兩宗) : 고려 중기부터 조선 초기까지 불교에 대한 총칭으로 사용된 용어이다. 처음 오교양종은 각각의 불교 종파를 지칭하는 것으로, 열반종(涅槃宗)·계율종(戒律宗)·법상종(法相宗)·법성종(法性宗)·원융종(圓融宗)의 오교종(五敎宗)과 천태(天台) 및 조계(曹溪) 양종(兩宗)의 선종(禪宗)을 일컫는 것으로 이해되었다. 그러나 고려시기 불교종파를 면밀히 살펴보면 고려 초기에는 조계종·화엄종·유가종(瑜伽宗)의 3대 종파가 있을 뿐이었고, 이후 천태종이 성립됨으로써 4대 종파로 확립되었다. 따라서 오교양종은 실재 7개의 불교종파를 지칭하는 것이라기보다 일반적으로 불교에 대한 총칭이었다.

106) 유식지민(遊食之民) : 하는 일 없이 놀고먹는 사람이다.

이 해는 공민왕(恭愍王)이 왕위에 오른 첫 해였다. 그러므로 그 말한 바가 다 채택되어 실행에 옮기지는 못하였으나 당시의 폐해(弊害)를 통렬하게 말한 것은 지금 보아도 잘 알 수 있다.

7. 목은 선생의 출세영달(出世榮達)

목은 선생은 26세가 되던 해(1353년)에 과거(科擧)에 급제(及第)[107]하여 출세하기 시작하였다.

그 첫 시험과 첫 벼슬은 5월에 익재(益齋) 이제현(李齊賢)[108] 선생과 양

---

107) 과거급제(科擧及第) : 공민왕 2년(1353) 5월 이제현(李齊賢)과 홍언박(洪彦博)이 주관한 계사동당(癸巳東堂)에서 이색(李穡)이 '황하(黃河)'라는 부(賦)를 지어 박상충(朴尙衷) · 권덕생(權德生) · 사공실(司空實) · 이열(李悅) · 곽충룡(郭翀龍) · 김원수(金元粹) · 김수(金銖 · 金洙) · 예영달(芮英達) · 한홍도(韓弘道) · 한홍도(韓弘度) · 박진록(朴晋祿) · 송전(宋晪) · 유광원(柳廣元) · 이구(李玖) · 한철충(韓哲冲) · 최수자(崔守雌) · 곽양(郭驤) · 김광윤(金廣允) · 안복종(安福從) · 이상원(李上元) · 전자수(田子壽) · 정추(鄭樞) · 정공권(鄭公權) · 유을청(柳乙淸) · 손석(孫奭) · 고이즙(高以楫) · 김을진(金乙珎) · 권중화(權仲和) · 이득천(李得遷) · 김군필(金君弼) · 박재중(朴在中) · 김의경(金義卿) · 이몽유(李夢游) 등과 함께 선발된 사실을 말한다. 과거에 급제한 이듬해인 공민왕 3년에는 원나라에서 실시한 제과(制科) 제2갑 제2명에도 급제하였다. 《고려사(高麗史)》권(卷) 74 선거지(選擧志) 제과(制科)

108) 이제현(李齊賢 : 1287~1367년) : 자(字)는 중사(仲思), 호(號)는 익재(益齋) 또는 역옹(櫟翁), 시호(諡號)는 문충(文忠)이다. 본관은 경주(慶州)이며, 초명은 이지공(李之公)으로 고려 건국 초의 삼한공신(三韓功臣) 이금서(李金書)의 후예로 아버지는 검

파(陽坡) 홍언박(洪彦博)[109] 선생 두 분이 시험관이었다. 당시 을과(乙科)

교시중(檢校侍中) 이진(李瑱)이며, 과거를 통해 출세함으로써 비로소 가문의 이름이 높아졌다. 어려서부터 총명하고 성숙하여 14세인 1301년 성균시(成均試)에 1등으로 합격하고 이어서 과거에 합격하였다. 1303년 권무봉선고판관(權務奉先庫判官)과 연경궁녹사(延慶宮錄事)를 거쳐, 1308년 예문춘추관(藝文春秋館)에 선발되고 다음해에 사헌규정(司憲糾正)에 발탁됨으로써 본격적인 관리생활을 시작하였다. 1311년 전교시승(典校寺丞)과 삼사판관(三司判官)이 되고, 다음해 서해도안렴사(西海道按廉使)에 선발되었다. 1314년(충숙왕 1) 상왕(上王)인 충선왕(忠宣王)이 연경(燕京)에 세운 만권당(萬卷堂)에 부름을 받아 가서 머물게 됨으로써 원나라 생활이 시작되었다. 이때 원나라의 유명한 학자와 문인들이 드나들었는데, 그들과 상대할 고려의 인물로서 이제현을 지명했던 것이다. 이로부터 이제현은 만권당에 출입한 조맹부(趙孟頫)·원명선(元明善)·장양호(張養浩)·우집(虞集)·탕병룡(湯炳龍)·주덕윤(朱德潤) 등의 문인들과 접촉을 통하여 학문과 식견을 넓힐 수 있었다. 이제현의 원나라 생활과 관련해 특기할 것은 세 번에 걸친 중국 내륙의 여행이었다. 1316년에는 충선왕을 대신해 서촉(西蜀)의 명산 아미산(峨眉山)에 치제(致祭)하기 위해 3개월 동안 그곳을 다녀왔다. 1319년에는 충선왕이 절강(浙江)의 보타사(寶陀寺)로 강향(降香)하기 위해 행차할 때 시종하였다. 마지막으로 1323년 유배된 충선왕을 만나 위로하기 위해 감숙성(甘肅省)의 타사마(朶思麻)에 다녀왔다. 이 세 번에 걸친 여행은 이제현의 견문을 넓히는 데 크게 기여하였다. 1351년 공민왕이 즉위해 새로운 개혁정치를 추진할 때 정승에 임명되어 국정을 총괄하였다. 이때부터 네 번에 걸쳐 수상이 되는 기록을 세웠다. 1353년 계림부원군(鷄林府院君)으로서 두 번째로 지공거가 되어 이색(李穡) 등 35인을 등과자(登科者)로 선발하였다. 이제현은 뛰어난 유학자로 성리학의 수용·발전에 매우 중요한 역할을 하였다. 우선 고려에 성리학을 처음 들여온 백이정(白頤正)의 제자였고《사서집주(四書集註)》를 간행해 성리학의 보급에 크게 노력한 권보(權溥)의 문생이요 사위였다. 이색(李穡)이 이제현의 묘지명에서 "도덕의 으뜸이요, 문학의 종장이다(道德之首 文章之宗)"라고 말한 바와 같이 후세에 커다란 추앙을 받았다. 또한 이제현의 제자가 이곡(李穀)·이색의 부자였다는 학통(學統)으로 볼 때도 성리학에 있어 이제현의 위치는 지대한 것이었다. 이제현은 현재 경주의 구강서원(龜岡書院)과 금천(金川)의 도산서원(道山書院)에 제향(祭享)되었다. 그의 저술로 현존하는 것은《익재난고(益齋亂藁)》10권과《역옹패설》2권이다. 흔히 이것을 합해《익재집(益齋集)》이라 한다.

109) 홍언박(洪彦博 : 1309~1363) : 본관은 남양(南陽). 자(字)는 중용(仲容), 호는 양파(陽坡)이며, 시호(諡號)는 문정(文正)이다. 고려의 명필인 상서좌복야(尙書左僕射) 홍관(洪灌)의 7세손이다. 남양부원군(南陽府院君) 홍규(洪奎)의 손자이며, 삼사사

제일인(第一人)으로 합격되어서 곧 숙옹승(肅雍丞)[110]이 되었고 또 그 해 가을에 정동성(征東省) 향시(鄕試) 제일명(第一名)으로 장원급제(壯元及第)하였다. 그때에 급제를 한 사람들은 학관(學官), 즉 교사(敎師)에게 사례하고 곧 공자묘(孔子廟)에 가서 참배하는 것이었다. 참배하고 나올 때에는 서로 먼저 나오려고 경주를 하고 맨 뒤에 떨어지는 사람은 벼슬을 하여도 영달이 잘 안될 뿐 아니라 죽어버린다고 하는 미신(迷信)이 있어서 사람들의 끝이 없던 것이다. 목은 선생은 합격자들을 모아 놓고 제일 장원한 사람의 자격으로 발언(發言)하기를 "우리가 독서한 지식인으로 예

(三司使) 홍융(洪戎)의 둘째 아들이다. 외할아버지는 지밀직사사(知密直司事) 나유(羅裕)이며, 장인은 찬성사 권준(權準)이다. 공민왕의 모후인 명덕태후(明德太后)의 조카이다. 1330년(충혜왕 즉위년) 문과에 급제해, 1348년(충목왕 4) 밀직제학에 제수되었다. 1352년(공민왕 1) 판삼사사(判三司事)를 거쳐 첨의찬성사(僉議贊成事)가 되었다. 뒤에 추성양절좌리공신(推誠亮節佐理功臣)이 되어 남양군(南陽君)에 봉해졌다. 1353년 동지공거(同知貢擧)로 지공거 이제현(李齊賢)과 함께 과거를 주관해 이색(李穡) 등 33인을 뽑았다. 그 해 11월 하정사(賀正使)가 되어 원나라에 다녀왔다. 이듬해 좌정승을 거쳐 우정승이 되었다. 또한 1354년 문하시중이 되어 단성양절보리안사공신(端誠亮節輔理安社功臣)의 호를 받고 남양후(南陽侯)에 봉해졌다. 그리고 기철(奇轍) 일파를 숙청한 공으로 1등공신이 되었다. 1361년에는 문하시중이 되어, 홍건적의 침입 때 피난하자는 여러 사람의 의견에 반대하고 개경을 사수할 것을 주장하였다. 서경이 함락되자 안동파천에 호종해 개경수복의 방략(方略)을 건의하였다. 피난 중 왕에게 절제생활을 권하였다. 또한 민폐를 줄이기 위해 농한기에 환도할 것을 주장해 왕이 이에 따르도록 하였다. 1362년에 지공거가 되어 동지공거 유숙(柳淑)과 함께 과거를 주관해 박실(朴實) 등 33인을 뽑았다. 이듬해 김용(金鏞)이 주모한 흥왕사의 난 때 피살되었다. 호종공신(扈從功臣) 1등에 추록되고 정승에 추증되었다. 저서로《양파집(陽坡集)》이 있다.

110) 숙옹부(肅雍府)의 승(丞)이다. 숙옹부는 공민왕의 비(妃)인 노국대장공주(魯國大長公主), 즉 노국공주(魯國公主)의 물품납입을 담당하는 관청이다. 승(丞)은 정5품~정9품 사이의 관원임을 말한다. 숙옹부(肅雍府)의 관원이 되었다는 뜻이다.

법(禮法)을 지켜야 한다. 성인(聖人)의 영령(英靈)이 머리 위에 있는 것 같은데 어찌 감히 비례(非禮)를 행할 수 있는 것이냐?" 하였다. 합격자 모두 목은 선생이 하자는 대로 합의(合議)를 보았다. 그래서 목은 선생은 먼저 묘정(廟庭)에서 두 번을 절(雙拜)을 하고 또 계단위에 올라가서 두 번을 절하고 천천히 뜰로 내려와서 합격자 전체가 나열(羅列)하여 또 두 번을 절을 한 후에 퇴출(退出)하는데 장원 급제자를 선두로 하여서 차례로 열을 지어서 물러나오니 한 사람도 감히 먼저 나오려고 망동(妄動)치 못하였다. 말을 타고 연복사(演福寺)[111]로 온 후에 나이를(年齒) 따져서 서열을 정하고 의례(儀禮)를 행하였다. 그 후부터는 이 의례가 준칙(準則)이 되었다.

급제한 후 얼마 되지 아니하여 서장관(書狀官)[112]의 임명을 받고 북경

---

111) 연복사(演福寺) : 처음 이름이 당사(唐寺)·대사(大寺)로 보제사(普濟寺)라 하였으며, 고려 태조가 수도를 개경(開京)으로 옮긴 후 도성 내에 창건한 선종(禪宗) 사원으로, 충숙왕 이후에 연복사라 하였다. 충숙왕이 자주 행차하여 비를 빌었고, 공민왕도 행차하여 자주 문수회(文殊會)와 담선법회(談禪法會)를 열고 승려들을 공양하거나 베 등을 시납하였으며, 우왕도 행차하여 몸소 종과 북을 치면서 비를 빌기도 하였다. 충목왕 2년(1346)에는 자정원사(資正院使) 강금강(姜金剛), 좌장고부사(左藏庫副使) 신예(辛裔) 등이 원나라의 공인과 함께 원나라 황제의 명령을 받아 우리나라 5대종(鐘)의 하나로 평가되고 있는 연복사종(演福寺鐘)을 만들었다. 공양왕 2년(1390) 정월에는 소속 승려 법예(法猊)의 건의를 받아들여 5층 탑전(塔殿)과 3지(池)·9정(井)을 중수하기 시작하면서 국태안민(國泰安民)을 기원하였으며, 이듬해 3월에는 연복사 5층탑의 수축 비용으로 베를 시납하여 그 다음해 5월에 완공되게 하였다. 한편, 이 사원의 5층 누각에서 도성을 굽어볼 수 있어 조선시대에도 개성으로 온 사람들이 이 사원에 자주 들렀다. 《신증동국여지승람(新增東國輿地勝覽)》 권(卷) 4, 개성부상(開城府上) 참조

112) 서장관(書狀官) : 중국에 보내던 부경사행의 일행인 정사(正使)·부사(副使)·기록관(記錄官) 등의 3사신 중 기록관으로 외교문서에 관한 직무를 분담하였다. 정4품에

(北京)으로 갔다. 목은은 글을 잘 할 뿐 아니라 3년이나 북경에서 유학한 경력이 있으므로 외교서기관(外交書記官)으로 북경에 가게 된 것이다. 도중에 시를 많이 지었는데 그 중 한 구는 아래와 같다.

녹명가(鹿鳴歌)[113]를 부르고 나서 연산(燕山)[114]을 행하니,

살찐 말 말굽이 번득일 때 삭방의 날씨가 차구나.

오직 방촌의 마음 푸른 우물과 같아서,

맑고도 파란이 없고나.[115]

그 이듬해 2월에 북경에서 회시(會試)에 급제하고 또 이어서 3월에 전시(殿試)에 제이갑제이명(第二甲第二名)으로 급제하였다. 그때의 시관(試官)이던 두병이(杜秉彛)[116]와 한림승지(翰林承旨) 구양현(歐陽玄) 등이 칭

서 6품 사이의 관원이 임명되어 1품상위(一品上位)로 결함(結銜)되었다. 서장관은 사행 중 매일의 사건을 기록하고 돌아온 뒤에는 왕에게 견문한 바를 보고할 의무를 가지고 있었다. 또한 일행을 감찰하고 도강할 때에 일행의 인마(人馬)·복태(卜駄)를 점검하기도 하는 행대어사(行臺御史)를 겸하였다. 후에는 일본에 가는 통신사에도 서장관이 함께 따라갔다.

113) 녹명가(鹿鳴歌):《시경(詩經)》소아(小雅) 녹명편(鹿鳴篇)에 나오는 구절로 임금이 어진 신하를 불러 모아 연회를 베풀고 군신(君臣)의 정을 노래한 악가(樂歌)이다.

114) 연산(燕山):중국 하북성(河北省)에 있는 산 이름. 이곳을 지나서 북경에 도달한다. 즉 북경을 말한다.

115) 녹명가파향연산(鹿鳴歌罷向燕山), 교마제번새일한(驕馬蹄翻塞日寒), 지유촌심여고정(只有寸心如古井), 담연무처동파란(湛然無處動波瀾)

116) 두병이(杜秉彛:?~?):원말(元末)의 문신 자(字)는 덕상(德常) 중국 하남성(河南省) 안양(安陽) 사람이다. 관직은 독권관참지장사(讀卷官參知政事), 규장각삼서박사(奎章閣監書博士), 섬서행대어사(陝西行臺御使), 중서좌사랑중(中書左司郎中), 중서참

상(稱賞)을 크게 하였다. 그래서 응봉한림문자승사랑(應奉翰林文字承仕郞) 지제고(知製誥兼) 겸 국사원편수관(國史院編修官)의 자리에 취임(就任)하였다가 곧 귀국하여 복명하고 한산으로 홀로 계신 모친을 뵈러 갔다. 이때에 한산(韓山) 팔경시(八景詩)를 지어서 한산의 팔경(八景)을 영구히 후세에 빛나게 하였다. 그 팔경시를 보면 다음과 같다.

정(中書參政), 중서좌승(中書左丞), 집현전대학사(集賢殿大學士)를 역임하였다. 저서로는 《두참정집(杜參政集)》 30권(卷)이 있었으나 실전(失傳)되었다.

8. 한산(韓山) 팔경시(八景詩)

ㄱ. 송정암송(松井岩松)

봉우리 위에 바위가 뾰족하게 솟았고,

소나무 위에 바위가 흰 구름이 연하여 있네.

나한당은 고요하고,

거승(居僧)은 선법을 섞어 가리킨다.[117]

ㄴ. 일광석벽(日光石壁)

우뚝하게 평야에 꽂혔는데,

아련하게 긴 하늘을 굽어볼 수 있도다.

푸른 석벽에 조그마한 창문이 열려서,

---

117) 봉두창석용(峯頭蒼石聳), 송정백운련(松頂白雲連), 나한당요격(羅漢堂寥闃), 거승잡
교선(居僧雜教禪)

부처 앞 등불이 공중에 매달리어 보인다.[118]

ㄷ. 고석심동(孤石深洞)

평야가 끝나는 곳에,

도는 봉우리는 바라봄에 높도다.

한 구역 고요한 곳의,

절도 본래부터 외롭도다.[119]

ㄹ. 회사고봉(回寺高峰)

뒷 고개는 삼각산 같은데,

전봉(前峰)은 공중에 반절이나 들어간다.

배를 떼고 쇠닻을 걸어 달으니,

행여 광풍이나 일지 말아라.[120]

ㅁ. 원산수고(圓山戍鼓)

바다 모퉁이에서 봉화불이 일어나니,

마을들은 파랑에 눌린다.

---

118) 최외삽평야(崔嵬揷平野), 표묘부장천(縹緲俯長天), 취벽승창소(翠壁僧窓少), 불등공반현(佛燈空半懸)

119) 평야행장진(平野行將盡), 회봉망갱고(回峰望更高), 일구유벽처(一區幽僻處), 범찰본래고(梵刹本來孤)

120) 후령여삼각(後嶺如三角), 전봉입반공(前峰入半空), 행주수철정(行舟垂鐵錠), 차막유광풍(遮莫有狂風)

백 년 동안 일이 없는 땅에,

방수군의 북소리가 석양에 많도다.[121]

ㅂ. 진포귀범(鎭浦歸帆)

가는 비는 도화 물결에 오고,

맑은 서리는 갈대 잎에 내린 가을이다.

돌아가는 돛대는 어디로 가는가?

아득히 보이는 한 조각배로구나.[122]

ㅅ. 압야권농(鴨野勸農)

들 바닥이 숫돌같이 평탄한데,

벼가 무성하여 구름같이 일어난다.

원님이 새벽에 나와서,

저녁때까지 밭을 돌보고 가네.[123]

ㅇ. 웅포관조(熊浦觀釣)

마을을 둘러싼 산 밑에,

---

121) 해교전봉화(海嶠傳烽火), 여간압낭파(閭間壓浪波), 백년무사지(百年無事地), 수고석
    양다(戍鼓夕陽多)

122) 세우도화랑(細雨桃花浪), 청상로엽추(淸霜蘆葉秋), 귀범하처락(歸帆何處落), 묘묘일
    편주(渺渺一扁舟)

123) 천원평사지(川原平似砥), 화가호여운(禾稼浩如雲), 태수최성가(太守催星駕), 순전욕
    석훈(巡田欲夕曛)

곰개 물이 이끼에 젖었네.

낚시 줄을 바람 속에 던져,

달이 밝을 때에 돌아오네.[124]

목은이 이 시를 지은 서문에 "우리 집 부자(父子)가 중국에서 과거에 오르매 천하가 다 한산(韓山)이 있는 것을 알았다. 그러므로 그 좋은 경치를 가사로 펼치지 아니할 수 없다. 그래서 이 팔경시(八景詩)를 지었다"고 말하였다.

---

124) 마읍산횡장(馬邑山橫嶂), 웅포수염태(熊浦水染苔), 조사풍리뇨(釣絲風裡裊), 습득월명회(拾得月明回)

9. 목은 선생의 동귀(東歸)

익년(1355년)은 목은의 28세 때다. 왕부(王府) 필도적(必闍赤)[125]의 장서비목(掌書批目)[126]에 임명을 받았다. 이 선임은 유림(儒林)의 영예로운 일로 사람들이 모두 부러워하였다. 이어서 봉선대부(奉善大夫) 시내서사인지제교(試內書舍人知製敎兼) 겸 춘추관편수관(春秋館編修官)으로 승진되었고, 또 얼마 안 되어서 봉상대부(奉常大夫) 전의부령(典儀副令)으로 전직을 하였다.

이 해 여름에 다시 서장관(書狀官)으로 북경에 가게 되었고, 동년 8월

---

125) 필도적(必闍赤) : 한자어로 '필도적(必闍赤)'으로 표기하나 필도치, 비칙치, 비체치 등으로 읽는다. 필도치는 필차제(筆且齊)라고도 쓰였으며, 몽고어로 문사를 뜻하는 말이다.

126) 장서비목(掌書批目) : 장서(掌書)의 서(書)는 서(書)하는 것, 즉 쓰는 것을 관장하다는 것이고, 비목(批目)은 벼슬아치의 임명·승진·사면 등에 관한 발령을 벌여 적은 기록이다. 장서비목은 벼슬아치들의 임명 승진·사면 등에 관한 발령을 벌여 적는 것을 관장하다는 뜻이다.

에는 원나라 정부에서 한림원(翰林院) 일을 보게 되었으며, 겨울에는 잠시 경력(經歷)[127]을 하게 되었다. 그러나 그 이듬해 정월(正月 : 1356년)에 목은은 모든 영예로운 관직을 헌신짝처럼 버리고, 모친께서 늙었음으로 귀향(歸鄕)을 하겠다는 이유로 귀국길을 재촉하였다. 그러나 그 실 내용인즉 원나라가 각처에서 반란(叛亂)이 일어나서 지탱 못할 것을 예측하고 본국으로 피난한 것이다. 그 환가시(還家詩)의 끝구를 보면, "사해를 돌아보니 연기와 먼지로 어두웠고, 구름 밖에 한 기러기만 높이 날아간다[128]"라고 하여서 목은 자신이 지나온 곤경을 그려 내었다. 그 해 7월에 중산대부(中散大夫) 이부시랑(吏部侍郎) 한림직학사(翰林直學士兼) 겸 사관

---

127) 경력(經歷) : 금(金) 왕조(王朝)에 처음 설치된 관명(官名)으로 추밀원(樞密院) · 도원수부(都元帥府) 등의 속관(屬官)이다. 주로 문서(文書)의 처리를 담당하였다. 원조(元朝)에도 설치되어 선정(宣政) · 한림원(翰林院) · 추밀제원(樞密諸院) · 제대도독(諸大都督) · 통정사(通政司) · 도찰원(都察院) 등의 관청에서 문서(文書)처리를 담당하였던 관명(官名)으로 실재 사무와 행정능력을 발휘하는 직급이었다. 명 · 청시대(明淸時代)에도 중앙과 지방관 등 실제 업무를 담당하는 경력사(經歷司) 또는 경력사경력(經歷司經歷)으로 확대 발전하였다. 고려(高麗)에서는 충선왕(忠宣王) 때 문하부(門下府)의 요직으로 두었던 적이 있었으며, 공양왕(恭讓王) 때 관찰사(觀察使)의 속관(屬官)으로 1인, 도평의사사(都評議使司) 속관(屬官)으로 경력(經歷) 1인씩을 두었다. 관품은 종(從)4품(品)이다. 조선(朝鮮) 초기에도 도평의사사 · 관찰사의 속관으로 두었으나 전자는 1400년(정종 2)에, 후자는 1465년(세조 11)에 폐지되어 경력(經歷)이라는 지방관직은 없어졌다. 그러나 조선 초기에 충훈부(忠勳府) · 의빈부(儀賓府) · 중추부(中樞府)에 각 1인, 의금부(義禁府)에는 도사(都事)와 합쳐 10인을 배속하고 오위도총부(五衛都摠府)에 6인을, 개성부(開城府)에 1인의 속관을 두었다. 조선 후기에는 충훈부, 의빈부, 의금부의 경력(經歷)은 폐지되었으나 오위도총부에는 4인이 증원되고 강화부와 광주부에 잠시 두었다가 판관(判官)으로 대체하였다. 따라서 경력(經歷)은 도사(都事)와 함께 주요 관아에서 실무를 담당하는 직책이었다.

128) 회두사해진연암(回頭四海塵烟暗), 운표고비일개홍(雲表高飛一箇鴻)

편수관지제교(史官編修官知製敎兼) 겸 병부낭중(兵部郎中)으로 승진하여 문무의 요직에 앉아서 인재 선발을 하게 되었다. 목은이 원나라로부터 돌아오며 곧 시국광정(時局匡正)의 여덟 가지 조목을 올려 공민왕(恭愍王)께 상서하였다. 이 여덟 가지 시사(時事)는 왕이 모두 채택(採擇)하여 시행케 하였는데 이 8조 중 한 가지가 정방(政房)[129]을 없애고 이부(吏部)와 병부(兵部)에 선관(選官)[130]을 두는 일이었다. 선생이 이 벼슬을 하자 동료(同僚)들은 선생을 "자기가 이 벼슬을 하려고 상서하였다"고 익살 피우며 조롱을 하였다.

---

129) 정방(政房) : 정방(政房)은 고려 무신 정권시기 최우(崔瑀)가 문무백관의 인사행정을 담당하기 위해 자기 집에 설치한 기구로, 정당(政堂)·정사당(政事堂)·죽당(竹堂) 등이라고 한다. 이후 고려 말에 지인방(知印房)·차자방(箚子房)으로도 칭하다가 창왕(昌王) 때 상서사(尙書司)로 개칭되었다. 최충헌(崔忠獻) 때부터 이미 자기 집에서 문무백관의 인사행정을 마음대로 하였는데, 최우가 이것을 공식 인사기구로 설치한 것이다. 무신정권이 무너진 뒤에는 국가기관으로 변해 존속되었다가 1388년(우왕 14)에 폐지되었다.

130) 선관(選管) : 고려시대에 문관의 선임을 비롯하여 승진·공훈(功勳)·봉작(封爵) 등에 관한 일을 맡아본 관청으로 이조(吏曹)의 전신이다. 장관에 어사(御事), 관원으로는 시랑(侍郎)·낭중(郎中)·원외랑(員外郎)을 두었고, 995년(성종 14) 상서이부(尙書吏部)로 고쳤으나, 고려 말 공양왕 때에 이르러 이조(吏曹)로 개칭하였다.

10. 삼년상제(三年喪制) 행하기를 청하다

그 익년(1357년)은 목은이 30세 되는 해다. 관직이 자꾸 승진된 것은 물론이요 국왕에게 총애를 받기 시작하여서 목은이 상서하는 것이면 대개는 다 들어주고 시행이 되었다. 이 해 10월에 부모가 죽으면 3년 동안 상복을 입고 조석(朝夕)으로 곡(哭)하는 제도를 시행하여 민중이 부모에게 효도하는 표적을 삼자고 하여서 왕은 시행하도록 명령하였고, 조선 500년을 통하여 부모상에 3년간 상복을 입고 거상(居喪)[131]하는 풍속이 이 말 한마디로 된 것이다. 그 익년(1358년) 2월에 왕의 특명으로 통의대부(通儀大夫) 추밀원(樞密院) 우부승선(右副承宣) 한림직학사(翰林直學士) 충사관(充史官) 편찬관(編撰官) 지제교(知製敎) 지공부사(知工部事)가 되었다. 그때에 무슨 정사를 비난하다가 간관(諫官)[132]들이 모두 좌천(左

---

131) 거상(居喪) : 상복(喪服)을 입고 일정기간 집안에 있거나 묘(墓) 근처에 초막(草幕)을 지어 지내면서 애도(哀悼)하고, 상(喪)을 지르는 것이다.

132) 간관(諫官) : 간(諫)이라 함은 선·악을 분별하여 국왕에게 진술함을 뜻하는 것으로,

遷)을 당하였고 목은도 상주(尙州)로 귀양을 가게 되어서 여장(旅裝)을 차리고 기일을 기다리던 차였다. 명일에 출발할 터인데 밤에 이와 같은 왕의 특명을 내린 것이다. 이 특명을 발령할 때 공민왕은 재상(宰相)들을 보고 "이색은 재주와 덕이 뭇 사람보다 뛰어나서 타인에게 비할 바가 아니다. 사람을 쓰고 명하는 데 있어서 이와 같이 하지 아니하면 인심(人心)을 감복시킬 수가 없다"[133]라고 하였다.

이때로부터 목은은 왕의 친근(親近)한 사람으로 국사의 추밀(樞密)[134]을 잡고 왕을 도와 큰일을 많이 하게 된 것이다.

이를 맡은 관서 또는 관원을 간관이라 하였는데 고려시대에는 문하부(門下府)의 낭사(郎舍)인 좌·우간의대부(左右諫議大夫)로부터 정언(正言)까지를 칭하였다. 어사대(御史臺)의 관원인 대관(臺官)과 합하여 대간(臺諫)이라고도 불렀다.

133) 《고려사(高麗史)》 권(卷) 115 열전(列傳) 28 이색전(李穡傳)

134) 추밀(樞密) : 군사기밀 또는 국가의 기밀이라는 뜻도 있으나 여기에서는 중추원(中樞院)의 재상급 관원이 되었다는 의미이다. 추밀(樞密)은 또한 추신(樞臣)이라고도 한다.

11. 왜구의 횡행과 그 대책

이 해 4월(1358년)에 왜적(倭敵)이 한산(韓山) 땅에 들어와서 방화 약
탈을 자행한 지라 목은은 깜짝 놀라서 왕에게 휴가를 요청하여 한산으
로 어머니를 보러 가는 도중 공주에서 대부인이 피난으로 송도(松都)[135]
로 오는 행차를 맞았다. 그것을 보고 반갑던 정경은 당시에 지은 시 한 편
을 보면 넉넉히 짐작할 수가 있다. 목은은 어머니를 모시고 개성으로 돌
아왔다. 그 당시에 이 왜구(倭寇)는 비단 우리나라뿐 아니라 멀리 중국의
절강(浙江)·강소(江蘇) 등연해 지방까지도 침략을 계속하였다. 그래서
이 해에 강절해도방어만호(江浙海島防禦萬戶) 정문빈(丁文彬)이 서장(書
狀)을 보내어왔는데 왕은 목은에게 명하여 답서를 지어 보내게 하였다.
이 글은 《고려사(高麗史)》에 있다.[136] 이뿐 아니라 한산에 침입하였던 왜

---

135) 송도(松都) : 고려의 수도인 오늘날의 개성(開城)이다.

136) 원문에 '文在高麗史'라고 되어 있는데 그 기사는 《고려사(高麗史)》 권(卷) 39 세가(世
家) 39 공민왕(恭愍王) 7년(年)에 실려 있다.

구는 흉악하기 짝이 없는 도적으로 청주까지 쳐들어 왔으며, 사람의 생명과 재산을 닥치는 대로 살육 약탈하여 대소동(大騷動)을 일으켰다. 왕은 이성계(李成桂) 장군을 총사령관에 임명하고 왜구 토벌에 대군을 주었다. 이 장군은 제일차로 왜구를 홍산(鴻山)[137]에서 격파하고 잔적(殘賊)을 운봉(雲峰)[138]에서 섬멸시켜 왜장(倭將) 아기발도[139]를 죽여서 이 왜구의 난리를 평정(平定)하였다. 그리하여 이성계 장군은 병권을 쥐고 후일 찬탈할 단서를 얻었으며 또 공민왕은 이 왜구를 근멸(根滅)시키기 위하여 정몽주(鄭夢周)[140]를 일본에 파견(派遣)하여 구주(九州)에 있는 태재부(太宰

---

137) 홍산(鴻山) : 현재 충청남도 부여군 홍산면 일대이다.

138) 운봉(雲峰) : 현재 전라북도 남원의 옛 지명이다.

139) 아기발도(阿只拔都 : ?~1380) : 왜구의 장수 이름이다. 아기발도 혹은 아지발도라고도 한다. 아지(阿只)의 의미는 순우리말의 아기 혹은 어린아이라는 뜻이다. 즉《고려사(高麗史)》권(卷) 132 열전(列傳) 45 신돈(辛旽)에 보면 "今日召還蓋爲阿只思我也. 阿只方言小兒之稱"이라고 나와 있어 아지(阿只)는 소아(小兒)를 부르는 방언(方言)임을 알 수 있다. 발도(拔都)는 몽고어로 용감하다는 뜻이다. 그는 고려 말 왜구의 횡포가 극에 달했던 때에 진포에 상륙한 왜구의 우두머리이다. 용모가 15세 정도의 어린아이 모습이지만 무용이 뛰어나 왜구의 다른 우두머리도 그의 앞에서는 종종걸음을 걸었다고 전하며, 고려 군사들에게도 무서움의 대상이었다고 한다. 진포에 상륙하여 약탈을 자행하던 무리를 황산에서 맞이한 이성계와 부장 이두란(李豆蘭, 즉 이지란)이 아기발도를 활로 쏴 죽이자 왜구들이 사기가 떨어져 격파되고 뿔뿔이 흩어져 도망가서 원래 고려군보다 10배가 많았던 왜구는 겨우 70여 명 정도가 지리산 쪽으로 달아났다고 한다. 이를 이성계 장군의 황산대첩이라 부른다. 이때 도망치다 잡힌 자에 의하면 그는 원래 일본의 한 섬에 살던 무사로 다른 왜구의 우두머리들도 두려워했던 존재라고 한다. 미루어 보건대 그는 일본 내에서도 꽤나 높은 신분의 내력을 가진 자임에 틀림이 없을 것이다.

140) 정몽주(鄭夢周 : 1337~1392) : 본관은 영일(迎日), 출생지는 영천(永川), 초명은 정몽란(鄭夢蘭) 또는 정몽룡(鄭夢龍), 자는 달가(達可), 호는 포은(圃隱)이다. 고려 후기의 문신·학자이며, 뛰어난 외교가이자 우리나라 성리학의 시조로 평가받는 인물이다. 끝까지 고려 왕조에 대한 절개를 지켜 충신으로 기억되고 있다. 불교가 아닌

府)[141]에서 담판하였던 것이다. 이 정몽주 선생이 일본 갈 때에 목은은 글을 지어 왜정(倭情)을 말하고 성공하도록 권면(勸勉)[142]하였다.

성리학을 기반으로 나라의 기틀을 바로 세우고자 하였으며, 특히 명·일본과의 관계에서 뛰어난 외교술을 선보여 나라에 이익을 가져왔다. 고려 개혁과 새로운 왕의 옹립에는 이성계, 정도전 등과 뜻을 같이했으나, 그들과는 달리 고려 왕조를 지키려 하였다. 조선 왕조를 세우려는 세력을 제거하려 하였으나, 그 계획이 발각되어 역으로 이방원에 의해 선죽교에서 살해되었다.

141) 태재부(太宰府) : 현재 일본의 규슈(九州) 일대를 관장하던 당시의 통치기구로, 당시 봉건정부인 일본은 중잉에서 상당한 권력을 지방인 이곳에 이양하였나.

142) 권면(勸勉) : 알아듣도록 권하고 격려하여 힘쓰게 한다는 뜻이다.

12. 홍건적(紅巾賊)의 난리(亂離)

선생이 33세 때에(1360년) 예부(禮部)를 맡아보는 지예부사(知禮部事),
지금의 교육부 장관(長官)이 되었다. 이때에 목은은 왕에게 제왕학(帝王
學)이라고 할 수 있는 《서전(書傳)》[143]의 홍범(洪範)[144]을 강의하였다.

---

143) 《서전(書傳)》: 서전(書傳)은 서경(書經)·상서(尙書)와 같은 유교 경전의 오경(五經)
중의 하나이다. 서전(書傳)은 주로 중국 상고시대(上古時代)의 정치를 기록한 책이
다. 중국 고대에는 제도(制度)상으로 사관(史官)이 있어 나라 안에서 일어나는 모든
정치적인 상황이나 사회변동·문물·제도 등을 낱낱이 기록하였다. 따라서 상고시
대에는 그저 서(書)라고 하였으며, 때로는 왕조의 이름을 따서 우서(虞書)·하서(夏
書)·주서(周書) 등으로 불렸다. 공자(孔子)는 이러한 기록을 대단히 중요하게 여겨
번잡한 것을 정리하여 편찬하였다는 설이 있다. 한대(漢代)에는 상서(尙書)라고 불
렀는데 이는 상(尙)은 상(上)과 통하여 상대(上代)의 서(書)라는 뜻이라 한다. 후일
송대(宋大)에 와서는 서경(書經)이라고 불리게 되었으며, 경(經)은 경전(經典)을 뜻
하며, 성인(聖人)들이 정(定)한 책이라는 존중의 뜻이 포함되어 있다고 한다. 현재에
이르러서는 상서(尙書)·서경(書經)·서전(書傳) 등이 모두 통용되고 있다.

144) 홍범(洪範): 《서경(書經)》 주서(周書)의 편명(篇名)으로 중국 고대의 하(夏)나라 우
왕(禹王)이 남겼다는 정치 이념이다. 홍범(洪範)은 홍범구주(洪範九疇)이다. 홍범의
홍(洪)은 넓다는 뜻이고 범(範)은 법(法)이라는 뜻으로 곧 큰 법, 즉 대법(大法)을 말
한다. 구주(九疇)는 9개의 조(條)를 뜻한다. 따라서 홍범구주(洪範九疇)는 9개 조항
의 큰 법(法)이라는 뜻이다. 이 홍범(洪範)은 우왕(禹王)이 홍수를 다스릴 때에 하늘
로부터 받았다는 낙서(洛書)를 보고 만들었다고 하며, 주(周)나라 무왕(武王)이 기자
(箕子)에게 선정(善政)의 도(道)를 물었을 때에 기자(箕子)가 이 홍범구주(洪範九疇)
로써 교시하였다고 한다. 그 9개의 조항은 오행(五行)·오사(五事)·팔정(八政)·오
기(五紀)·황극(皇極)·삼덕(三德)·계의(稽疑)·서징(庶徵)·오복(五福)과 육극(六
極)이다.

그 이듬해(1361년) 11월에 중국 만주와 몽고 지방에서 횡행하는 걸식

반란(乞食叛亂)[145]의 홍건적(紅巾賊)[146]이 느닷없이 쳐들어와서 송도(松

---

145) 걸식반란(乞食叛亂) : 일정한 거처 없이 때를 지어 다니며, 약탈을 통하여 반란을 하
 는 것을 말한다.

146) 홍건적(紅巾賊) : 중국 원나라 말기에 하북성(河北省) 일대에서 일어난 한족 반란군.
 머리에 붉은 두건(頭巾)을 둘렀다고 해서 홍건적이란 이름이 붙었으며, 홍두적(紅頭
 賊)·홍적(紅賊)이라고도 한다. 1355년 국호를 송(宋)이라 정하고 하남성(河南省)·
 산서성(山西省)·섬서성(陝西省) 등지로 세력을 확장하였다. 그 일부가 만주(滿洲)
 로 북진해 요동(遼東)을 점령했다가 원의 반격에 쫓기게 되자 고려를 침범하였다.
 고려에서는 이미 1354년에 원의 요청에 따라 군사 2,000명을 원에 파견한 적이 있
 다. 1357년에는 김득배(金得培)를 서북면홍두군왜적방어도지휘사(西北面紅頭軍倭
 賊防禦都指揮使)로 삼아 홍건적의 침입에 대비하였지만 1359년 12월 모거경(毛居
 敬)이 4만 명의 무리를 이끌고 쳐들어와 의주(義州)·정주(靜州)·인주(麟州)가 함락
 되었다. 또한 수문하시중(守門下侍中) 이암(李嵒)을 서북면 도원수로, 경천흥(慶千
 興)을 부원수로, 김득배를 도지휘사로 삼아 침입을 막으려 했으나 철주(鐵州)와 서
 경(西京)이 계속해서 함락되었다. 이에 이암 대신 이승경(李承慶)을 도원수로 삼고,
 다음해 1월에 2만 명의 군사를 보내 서경을 탈환하였다. 또 2월에는 정주·함종(咸
 從)·안주(安州)·철주 등지에서 이들을 섬멸해 모두 압록강 이북으로 몰아내었다.
 이후 홍건적은 해로를 이용해 풍주(豊州)·봉주(鳳州)·안악(安岳)·황주(黃州)·안
 주 등 해안 지방에서 노략질을 일삼았다. 그러다가 1361년 10월 반성(潘誠)·사유
 (沙劉)·관선생(關先生)·주원수(朱元帥) 등이 10만의 무리를 이끌고 다시 고려를
 침범하였다. 삭주(朔州)·이성(泥城)·무주(撫州)·안주가 함락되고, 흥의역(興義
 驛峰)에 이르러 개경(開京)을 위협하였다. 이에 공민왕은 광주(廣州)를 거쳐 복주(福
 州)로 파천(播遷)하고 개경은 함락되었다. 그 해 12월에 고려는 복주에서 군사를 정
 비해 지문하성사(知門下省事) 정세운(鄭世雲)을 총병관(摠兵官)으로 삼아 적을 막게
 하였다. 또한 각 도에서 20만 명의 군사를 소집하고 참지정사(參知政事) 안우(安祐)
 를 상원수로, 김득배를 도병마사로, 동지추밀원사(同知樞密院事) 정휘(鄭暉)를 동북
 면 도지휘사로 삼아 개경을 탈환하도록 하였다. 다음해 1월에 고려군은 개경에 진격
 해 적을 대파하고 관선생·사유 등을 잡아죽였다. 이에 적은 압록강을 건너 모두 퇴
 각하였다. 이후에도 좌정승(左政丞) 유탁(柳濯)을 서북면홍적방어제군도통사(西北
 面紅賊防禦諸軍都統使)로, 밀직사 이순(李珣)을 도병마사로, 김한귀(金漢貴) 등 12
 명을 제도병마사로 삼아 재침에 대비했으나, 대대적인 침범은 없었다.

都)[147]를 함락시킨지라, 창졸간에 공민왕은 남방으로 내려가게 되어 복주(福州)[148]에 이르렀다. 그때에 대신급 사람들이 각자도생(各自圖生)으로 달아났으나 목은 선생은 왕의 곁을 떠나지 않고 한마음 한뜻으로 호종(扈從)[149]할 뿐 아니라 지병부사(知兵部事)가 되어서 군국대사(軍國大事)에 참가(參加)하였다. 그래서 나중에 극복(克服)의 대공(大功)을 세운 것이다.

그 익년 정월(1362년)에 총사령관 정세운(鄭世雲)[150]이 안우(安祐)[151] ·

---

147) 송도(松都) : 고려(高麗)의 서울인 개경(開京)으로 오늘날의 경기도 개성(開城)이다.

148) 복주(福州) : 지금의 경상북도 안동(安東)이다.

149) 호종(扈從) : 임금님의 가마를 따른다는 뜻으로, 즉 어가(御駕)를 모시는 것이다.

150) 정세운(鄭世雲 : ?~1362) : 고려 후기의 무신으로 도형벽상공신(圖形壁上功臣) 1등에 책록(策錄)되었다 본관은 광주(光州)이며, 장택현(長澤縣 : 현재의 전라남도 장흥) 사람이다. 서북면도순찰사(西北面都巡察使)와 서북면군용체찰사(西北面軍容體察使)를 역임하였다. 홍건적(紅巾賊)의 난(亂) 때 총사령관으로 임명되어 군사를 총괄하게 되었고, 1362년 안우(安祐) · 이방실(李芳實) · 황상(黃裳) · 한방신(韓方信) · 감득배(金得培) · 이구수(李龜壽) · 최영(崔瑩) 등 여러 장수와 함께 군사 20만을 거느리고 개경(開京)을 포위하여 홍건적을 공격해서 압록강 밖으로 몰아내는 대승을 올렸다. 그러나 정세운의 공(功)을 시기한 김용(金鏞)이 왕의 뜻을 거짓으로 꾸미고, 안우 · 이방실 · 김득배를 비밀리에 꾀어서 정세운을 살해하였다. 그 뒤에 왕이 정세운을 살해한 죄를 논핵하였고, 첨의정승(僉議政丞)을 추증하여 장사지냈다. 홍건적을 피해 복주(福州)로 피난한 임금님을 호종(扈從)한 공(功)과 개경(開京)을 수복한 공(功)을 책록(策錄)하여 1등공신(功臣)으로 벽상도형(壁上圖形)되었다.

151) 안우(安祐 : ?~1362) : 고려 후기의 무신 본관은 탐진(眈津 : 현재 전라남도 강진)이다. 원나라를 등에 업고 세도를 부렸던 기철(奇轍)과 일당을 주살한 공으로 1등공신이 되었다. 홍건적의 난(亂) 때에는 서북면부원수(西北面副元帥)로 이방실(李芳實) 등과 함께 홍건적을 대파하여 중서평장사(中書平章事) · 추충절의정란공신(推忠節義定亂功臣)이 되었다. 1361년 절령(岊嶺 : 황해도 황주군의 자비령)에서 홍건적에게 대패하여 개경(開京)이 함락되었다. 1362년 총사령관 정세운(鄭世雲)의 지휘 아래에 여러 장수들과 함께 20만 대군을 이끌고 개경을 함락하고 있었던 홍건적을 포

이방실(李芳實)[152] · 김득배(金得培)[153] 제장(諸將)과 더불어 홍건적을 크

위 공격하여 대파하고 압록강 밖으로 몰아냈다. 이때 김용(金鏞)과 함께 전공을 세운 정세운(鄭世雲)을 시기하여 살해하였으나 왕이 그 사실을 알고 복주(福州)로 소환하자 그곳으로 가던 중 중문(中門)에서 김용의 하수인에게 살해되었다.

152) 이방실(李芳實 : 1298~1362) : 고려 후기의 무신, 본관은 함안(咸安)이며, 조부(祖父)가 함안(咸安) 이씨(李氏) 시조(始祖)인 이상(李尙)이다. 홍건적이 침입하였을 때 안우(安祐) · 이음(李蔭) · 이인우(李仁祐) 등과 함께 여러 차례 격퇴시켰다. 그 공(功)으로 공신에 봉해지고 추민원부사(樞密院副使)가 되었다. 그 뒤에 홍건적이 배 70여 척으로 서해도(西海道)로 침입하자 풍주(豊州 : 황해도 풍천군과 은율군 지역으로 추정)에서 격퇴시켰다. 그 공으로 옥대(玉帶)와 옥영(玉瓔)을 하사받았다. 1361년 또다시 홍건적의 우두머리인 사유(沙劉) · 관선생(關先生) 등이 20여 만의 무리로 침입하자 안우(安祐) · 김득배(金得培) · 김경제(金景磾) 등과 함께 여러 곳에서 홍건적을 격파하였으나 절령(岊嶺)에서 참패하고 개경이 함락되고 공민왕(恭愍王)은 복주(福州 : 현재의 안동)로 피난하였다. 1362년 정세운(鄭世雲) 휘하의 여러 장수들과 함께 개경을 수복하고 홍건적의 우두머리인 사유 · 관선생을 주살하였다. 이에 중서시랑평장사(中書侍郎平章事)가 되었으나 김용(金鏞) 간계에 의해 공민왕의 명을 받은 박춘(朴椿) · 정지상(鄭之祥) 등에게 살해되었다.

153) 김득배(金得培 : 1312~1362) : 고려 후기의 문신, 호(號)는 난계(蘭溪)이며, 시호(諡號)는 문충(文忠)이다. 본관은 상주(尙州)이고, 아버지는 판전의(判典醫) 김록(金錄)이다. 문과급제 후 예문검열(禮文檢閱)에 보직되었으며, 그 뒤에 전객부령(典客副令)으로 공민왕(恭愍王)을 따라 원(元)나라에 들어가 숙위(宿衛)하였다. 공민왕(恭愍王)이 즉위하자 우부대언(右副代言)에 제수되었다. 그 후 1359년 기철(奇轍) 일파를 숙청한 공으로 2등공신에 올랐다. 같은 해 동지추밀원사(同知樞密院使)가 되었다. 또한 같은 해 홍건적 1차 침입으로 도지휘사(都指揮使)가 되어 안우(安祐) · 이방실(李芳實) 등과 함께 분전하여 서경(西京)을 수복하고 홍건적을 압록강 밖으로 격퇴시켰다. 1360년 그러한 공으로 수충보절정원공신(輸忠保節定遠功臣)에 책봉되고, 정당문학(政堂文學)에 제수되고 이어서 지공거(知貢舉)가 되어 진사를 뽑고, 정몽주(鄭夢周) 등 33인을 급제시켰다. 1361년 홍건적이 재차 침입하자 서북면도병마사(西北面都兵馬使)되어 상원수 안우 · 도지휘사 이방실과 함께 방어하였으나 안주(安州)에서 참패하여 개경이 함락되고 임금은 복주(福州)로 피난 갔다. 1362년 정세운 휘하의 여러 장수와 함께 개경을 수복하고 홍건적을 압록강 밖으로 격퇴시켰다. 이때 김용(金鏞)이 거짓 조서를 꾸며 안우 · 이방싱 · 김득배에게 정세운을 죽일 것을 명령하였다. 이들은 그 거짓 조서를 믿고 정세운을 죽여 버렸다. 그러나 이로 인

게 격파(擊破)하고 송도(松都)를 수복하였다. 이때에 평장사(平章事) 문하시중(門下侍中)으로 있던 김용(金鏞)154)은 정세운이 왕의 총애를 독점(獨占)할까 두려워하고 또 안우(安祐)·이방실(李芳實)이 왕이 소중히 여기는 사람이 될까 염려하여 안우가 정세운을 죽이고 또 주장(主將)을 죽인

하여 죄를 입어 안우·이방실은 죽임을 당하였고 김득배도 처벌을 면할 수 없어 도망하여 산양현(山陽縣)에 숨어있다 체포되어 상주(尚州)에서 효수(梟首)되었다. 후일 김득배의 문생(門生) 정몽주(鄭夢周)는 왕에게 청하여 김득배의 시신을 수습하고 제문을 지어 억울한 죽음을 개탄하였다. 1393년 공양왕(恭讓王) 4년 김득배의 누명이 벗겨지고, 그 자손도 관직에 오르게 되었다.

154) 김용(金鏞 : ?~1363) : 고려 후기의 문신 본관은 안성(安城)이다. 공민왕이 세자 때 원(元)으로 숙위(宿衛)가자 시종으로 따라 갔다. 그 뒤 시종(侍從)한 공으로 대호군(大護軍)이 된다. 공민왕이 즉위하자 응양군상호군(鷹揚軍上護軍)이 되었으며, 원(元)으로부터 행성원외랑(行省員外郎)의 관직을 받았다. 1352년 권신(權臣) 조일신(趙日新)이 난(亂)을 일으키자 궁중에 숙직하면서도 적을 막지 않고 홀로 무사하여 그 죄로 섬으로 유배되었다. 그러나 1354년 원(元)의 요청으로 원의 반란군토벌대를 조직할 때 안성군(安城君)에 봉해져 이에 참가하였다. 1355년 고려로 돌아와 지도첨의사사(知都僉議司事)에 제수되어 정사를 마음대로 하였다. 권세를 다투던 김보(金普)가 모친상을 당하자 그를 견제하기 위하여 행성도사(行省都事) 최개(崔介)를 설득해서 백관들로 하여금 삼년상(三年喪)을 치르도록 왕에게 청하였다. 결국 왕의 성지(聖旨)를 고친 사건이 발각되어 제주로 유배되었다. 그 후 1356년 기철(奇轍) 일파를 숙청하고 왕이 측근 세력을 강화하려는 움직임에 유배에서 풀려나서 1358년에 중서문하시랑평장사(中書門下侍郎平章事)가 되었다. 1362년 정세운이 홍건적 격파로 공을 세우자 그것을 시기하여 안우(安祐)·이방실(李芳實)·김득배(金得培)에게 거짓 조서로 명령하여 정세운을 죽여 버렸다. 그 다음 음모가 발각당할 것을 두려워하여 안우(安祐) 등이 주장(主將) 정세운(鄭世雲)을 살해하였다는 죄목을 씌워 이들 또한 참살하였다. 그 뒤 찬성사(贊成使)로 승진하였다. 1363년 흥왕사(興王寺) 행궁(行宮)에 머물던 왕을 시해하려 하였으나 실패하고, 우승상(右丞相) 홍언박(洪彦博) 등을 살해하였다. 왕의 시해사건이 실패하자 도리어 반군을 토벌하고 비밀을 유지하기 위하여 잡힌 자들을 심문도 하지 않고 모두 죽였다. 난이 진압된 뒤에 오히려 일등공신에 봉해졌다. 그러나 반군을 심문도 하지 않고 죽인 일을 의심받아, 결국 사실이 드러나 밀성군(密城郡 : 현재의 밀양)에 유배되었다가 계림부(鷄林府 : 현재의 경주)로 옮겨서 사지를 찢는 형벌에 처하여 죽였다.

죄로 안우 등도 다 죽여 버릴 계획을 세우고 그 조카 김림(金林)¹⁵⁵⁾으로 하여금 비밀리에 왕명이라고 하고 정세운을 도모(圖謀)하려고 하였다. 안우와 이방실과 김득배가 회의를 하였는데 이방실은 "정세운이 적을 두려워하여 전진하지 않고 또 김용(金鏞)의 서신이 이러하니 좇지 아니할 수 없다"고 하였다.

김득배가 "지금 겨우 적을 물리쳤는데 우리 스스로가 서로 살육하는 것은 옳지 않다. 정 할 수 없으면 정세운을 잡아 왕에게 드리고 왕께서 조처하도록 하는 것이 옳다"고 반대하였다. 안우 등이 갔다가 다시 와서 "정세운을 죽이는 것은 임금의 명령이요 좇지 않으면 후환을 어찌할 것인가?" 하였다. 그러나 김득배는 고집하여 듣지 아니했다. 안우 등이 강제로 승낙시키고 정세운을 청하여 오라하고 온 사람을 안우 등이 미리 약속하였던 장사들에게 눈짓하여 쳐서 죽여 버렸다. 안우(安祐)가 개환(凱還)¹⁵⁶⁾함에 김용(金鏞)은 김림(金林)이 이러한 모략을 누설할까 염려하여 먼저 죽여 버리고 왕에게 "안우 등이 저희들 마음대로 주장(主將)을 죽이었으니 이것은 상감을 업신여긴 것이다" 하고, 김용이 안우를 데리고 중문에 이르자 미리 약속하였던 문지기가 안우의 목을 옭아 잡아 달이는 지라 안우

---

155) 김림(金林 : ?~1362) : 고려 후기 문신으로 본관은 안성(安城)이다. 1358년 원나라 황실과 인척관계를 맺고 권력을 농단한 기철(奇轍) 일파를 제거한 공으로 공부상서(工部尙書)에 제수되고 2등공신이 되었다. 1362년 홍건적의 난을 평정한 공으로 왕의 신임을 받게 되었다. 이때 평소 총병관(總兵官) 정세운(鄭世雲)과 권력을 다투던 삼촌인 평장사(平章事) 김용(金鏞)의 간계에 넘어가 안우·이방실·김득배를 설득하여 정세운(鄭世雲)을 죽게 하였다. 그러나 자신의 음모가 발설될 것을 두려워한 삼촌 김용(金鏞)이 보낸 자객에게 살해되었다.

156) 개환(凱還) : 싸움에서 이기고 돌아오다. 개선(凱旋)과 같은 말이다.

는 자기가 가진 주머니를 두들기며 큰 소리로 "임금 앞에 가서 이 주머니를 바치고 죽겠다"라고 하였다. 그러나 문지기는 듣지 않고 다시 쳐서 죽여 버렸다. 이방실은 용궁(龍宮)[157]에서, 김득배는 산양(山陽)[158]에서 다 잡아 죽여 버렸다. 고금을 통하여 김용과 같은 간신배가 정부에서 일하고 있었던 것은 통탄할 일이었다. 목은 선생은 왕명으로 《죄삼수서(罪三帥書)》[159]를 지었다.

이 해 가을 9월에 공민왕과 정부가 청주(淸州)로 돌아와서 임시로 그곳에 머물러 있었다. 왕은 문무백관(文武百官)을 데리고 공북루(拱北樓)[160]에 올라 연회를 열고 또 문무관의 조하(朝賀)를 받았다. 또 문신들에게는 시를 지어 올리라 하였는데 목은의 시 한 구를 이곳에 기록하면 "임금의

---

157) 용궁(龍宮) : 용궁현(龍宮縣)으로 경상북도 예천군 용궁면의 고려시대 행정구역 이다.

158) 산양(山陽) : 산양현(山陽縣)으로 경상북도 문경군 산양면의 고려시대 행정구역 이다.

159) 대략적인 내용은 다음과 같다. "돌이켜 보건대 우(祐)의 무리가 국가의 일을 위하여 여러 해 동안 혈전(血戰)해서 자못 수고로운 공을 나타내었다. 그러나 한 번 잘못 생각하여 먼저 세운 공을 다 버리고 말았으니 내 실로 마음이 아파하는 바이다. 그러나 적을 쳐부순 공(功)은 한때에 혹 있을 수 있는 일이지만 임금을 업신여긴 죄는 만세(萬世)에 용납할 수 없으니 공(功)과 죄(罪)의 경(輕)하고 중(重)한 것이 뚜렷해서 서로 비길 수가 없으니 이 죄(罪)를 베이지 않으면 어떻게 뒷사람에게 법(法)을 보이겠는가?"

160) 공북루(拱北樓) : 공북(拱北)은 모든 별이 북극성(北極星)으로 향하는 것과 같이 사방(四方)의 백성들이 천자(天子)의 덕화(德化)에 귀의(歸依)하다는 뜻이다. 유사어로 공신(拱辰)이 있다. 이는 왕은 언제나 남면(南面)하는 것으로 성(城)의 북쪽은 임금이 계시는 곳, 즉 공북(拱北)이라는 말로 표현하고, 성(城)의 북문(北門) 위에는 누(樓)을 세우고 공북루(拱北樓)라 하였다. 따라서 옛 성(城)의 북쪽 문은 왕이 있는 곳과도 같은 의미로 사용되었다.

타신 수레는 새벽에 움직이었고, 문물은 태평시대의 시작이로다[161]"라고
하였다.

---

13. 목은 선생의 귀현(貴顯) 시대

공민왕 12년(1363년)은 목은이 36세 때다. 이 해 2월에 왕을 호종(扈從)하고 송도(松都)로 돌아왔다. 그리고 윤(閏) 3월에는 호종일등공신(扈從一等功臣)의 칭호 증서(證書)를 왕이 하사하고 도형벽상(圖形壁上)[162]의 은전(恩典)으로 논과 밭 100결(結)[163]을 주고 또 노비(奴婢) 10인을 하

---

162) 도형벽상(圖形壁上) : 이것은 고려시대 공신(功臣)에게 내린 호의 하나인 벽상공신(壁上功臣)이다. 고려 무인의 난을 일으켜 집권하고 명종(明宗)을 왕으로 추대한 정중부(鄭仲夫)·이의방(李義方)·이고(李高)에게 명종이 내려준 공신(功臣)의 칭호로 그들의 초상을 그려 조정의 벽에 붙여 놓았다는데서 유래 한 것이다.

163) 결(結) : 고려시대의 제도에 따르면, 6촌(寸)을 1푼, 10푼을 1척(尺), 6척을 1보(步)로 하였다. 그리고 둘레 33보를 1결로 정하였다. 농부의 뼘(手幅)을 주척(周尺)으로 계산하면 약 6촌인데 이것을 1푼으로 해서 이렇게 계산한 것이었다. 이와는 달리 수확량을 기준으로 한 손으로 쥐는 분량을 한 움큼(把)이라 하고, 열 움큼을 한 묶음(束), 열 묶음을 한 짐(負), 100짐을 1결(結)이라고 하였다. 따라서 경작지의 비옥도에 따라서 1결(結)의 면적은 같지 않았지만, 100짐(負)의 생산되는 전답(田畓)이 1결(結)의 면적이라는 것이다.

사하였으며, 자손은 음직(蔭職)[164]으로 등용하도록 하였다.

원나라에서 봉훈대부(奉訓大夫) 정동행중서성(征東行中書省) 유학제거(儒學提擧)를 전수(傳授)하였고, 12월에는 본국 정부에서 단성보리공신(端誠輔理功臣) 봉익대부(奉翊大夫) 밀직제학(密直提學) 우문관제학(右文館提學) 동지춘추관사(同知春秋館事) 상호군(上護軍)이라는 직위에 앉게 하였다. 이로부터 20여 년을 두고 국가대정(國家大政)에 참여하여 비록 휴직 중일지라도 나라의 큰일이 있으면 반드시 처리할 방법을 목은에게 물어서 행하게 되었다. 이리하여 일국의 중신(重臣)으로 있게 되었다.

---

164) 음직(蔭職) : 고려시대 공신(功臣)과 5품 이상의 고급관료 자제들에게 음서제(蔭敍制)를 통하여 부·조(父·祖)의 문음(門蔭)으로 주어진 관직을 이른다. 대개 부·조(父祖)의 관직이 5품 이상인 경우에는 자(子)·손(孫)까지, 3품 이상인 경우에는 수양자(收養子)·여서(女壻)·생(甥)·질(姪)·제(弟)까지 혜택을 주었다. 1인 1자가 원칙이었으나 실제로는 2명 이상이 음서혜택을 누릴 수 있었다. 음직은 군왕의 즉위나 왕태후·왕태자의 책봉, 태묘(太廟)의 친제(親祭) 및 한재(旱災) 등의 특별한 시기에 주어졌지만 매년 정기적으로 시행되는 것이 통례였다. 고려사회에서는 비록 음직으로 출사했어도 재상에 진출할 수 있는 등 한직제(限職制)와 같은 제약은 없었다.

14. 《가정집(稼亭集)》의 편집(編輯) 및 간행(刊行)

　목은 선생은 그 37세 되던 해(1364년) 5월에 그 부친의 유고(遺稿)를 편집하여 간행하였다. 이 유고는 가정 선생의 생전에 작성하여 두었던 것을 목은이 잘 보존(保存)하였다가 이때에 이르러 간행한 것이다. 즉, 다시 말하면 홍건적(紅巾賊)의 난리 같은 불의의 병화(兵火)를 만나서 고려의 군신(君臣)이 창황망조(倉黃罔措)[165]하여 달아났다. 그러나 목은은 이러한 난리 중에도 그 부친의 유고를 잘 보존하였다가 손수 편집을 마치고 매부(妹夫) 박상충(朴尙衷)[166] 씨가 금주재(錦州宰)로 있는 것을 이용하

---

165) 창황망조(倉黃罔措) : 너무 급하여 어찌할 바를 몰라 당황하다.

166) 박상충(朴尙衷 : 1332~1375) : 고려 후기의 문신 · 학자. 본관은 반남(潘南), 자는 성부(誠夫), 밀직부사 박수(朴秀)의 아들이며, 이곡의 사위이다. 공민왕 때 과거에 급제한 뒤 벼슬이 예조정랑에 이르렀다. 이때 고례(古禮)를 참작하여 순서대로 조목을 지어 사전(祀典 : 제사의 禮典)을 썼다. 1367년(공민왕 16) 성균관 생원의 수를 늘려 100인으로 하고 오경사서재(五經四書齋)를 마련하여 생원을 교수하게 하였다. 이때 김구용(金九容) · 정몽주(鄭夢周) · 박의중(朴宜中) · 이숭인(李崇仁) 등과 함께 경술(經術)의 사(士)로 교관을 겸하게 되었다. 뒤에 전교령(典校令)이 되었는데, 이

여 전편을 써서 판각(板刻)을 하게 하였다. 그러므로 그 당시 유명한 분들이, 예컨대 윤택(尹澤)[167] 씨 같은 분은 '그 아버지에 그 아들'[168]이라고 흠모(欽慕)와 격찬(激讚)을 목은에게 보내었던 것이다. 그래서 《가정집(稼亭集)》[169]은 지금도 세상에 전하여져 있다.

때 어머니의 상을 당하여 3년복을 입으려 하였으나 사대부들이 부모상에 100일만 복을 입으므로 뜻을 이루지 못하고 그 대신 3년간 고기를 먹지 않았다. 1375년 이인임(李仁任) 등의 친원정책에 대하여 임박(林樸)·정도전(鄭道傳) 등과 함께 이를 반대하고 친명책을 주장하였다. 뒤이어 판전교시사(判典校寺事)가 되어 정몽주 등과 함께 친명책을 쓸 것과 북원(北元)의 사신과 그 수행원을 포박하여 명나라로 보낼 것을 상소하였다. 그 해 간관 이첨(李詹)·전백영(全伯英) 등이 상소하여 북원과 통하는 것을 반대하고 친원파 이인임과 지윤(池奫)의 주살을 주장한 것에 연좌되어 친명파인 전녹생(田祿生)·정몽주·김구용·이숭인·염흥방(廉興邦) 등과 함께 귀양 가던 도중 별세하였다. 박상충은 성품이 침착하여 말이 적고 강개하여 큰 뜻이 있었으며, 경사(經史)에 해박하고 글을 잘 지었으며 역학(易學)에도 통달하였다. 벼슬에 나아가서는 부지런하고 항상 삼갔으며 불의로 부귀함을 보면 멸시하였다. 금주재(錦州宰)로 있을 때 이곡의 시문집 《가정집(稼亭集)》을 간행했으며, 저서로 《사전(祀典)》이 있었다고 한다. 《반양이선생유고(潘陽二先生遺稿)》(목판본 6권 1책)에 시 6수, 문 4편이 전한다. 시호는 문정(文正)

167) 윤택(尹澤 : 1289~1370) : 고려의 문신. 자는 중덕(仲德), 호는 율정(栗亭), 시호는 문정(文貞). 국학대사성 문한사학(文翰司學) 해(諧)의 손자. 3세에 아버지를 잃고 분발하여 고모부 윤선좌(尹宣佐)를 따라 공부하여 1317년(충숙왕 4)에 문과에 급제, 사록(司錄)을 거쳐 45세에 검열이 되니 직위가 구품(品)에 지나지 않았으나 스스로 만족했으며 연경(燕京)에 머물러 있던 왕을 찾아보고 부윤에 특진, 우대언을 지내고 충목왕 초 나주 목사로 있으면서 왕이 죽자 밀직 이승로(李承老)와 같이 공민왕을 세우려고 하였으나 충정왕이 즉위하게 되자 양광감무(陽光監務)로 좌천되었다. 1352년 공민왕이 즉위하자 밀직사에 들어가 제학을 거쳐 개성 부윤으로 있다가 한때 사임했으며, 1361년 정당문학의 벼슬을 더 받았다. 그러나 이를 사퇴하자 왕은 허락하지 않고 특별한 대우를 베풀어 항상 정치에 대하여 문답이 있었고, 뒤에 찬성사에 이르러 사퇴하고 고향 금주(錦州)에서 산수를 벗 삼아 여생을 보냈다.

168) 유기부유기자(有其父有其子)

169) 《가정집(稼亭集)》 : 초간본은 아들 색(穡)이 편집하고, 사위 박상충(朴尙衷)이 금산

에서 1364년(공민왕 14)에 간행하였는데, 고려가 망하고 조선이 건국되는 사이에 병화로 소실되어, 1422년(세종 4)에 그의 후손인 종선(種善)이 강원도관찰사 유사 눌(柳思訥)로 하여금 중간하게 하였다. 그 뒤 임진왜란을 겪는 동안 판본이 소실되었고 전해지는 책이 희귀하게 되자, 후손 기조(基祚)가 경상도관찰사로 있을 때에 구본(舊本)을 얻고 산질된 시편을 보결해서, 1635년(인조 13) 대구에서 세 번째로 중간하였다. 이 3간본《가정선생문집》20권은 3책 혹은 4책으로 분책되어 규장각도 서 등에 있다. 그러나 3간본은 전질이 못되고 빠진 것이 많아, 후손 태연(泰淵)이 전 라도관찰사로 갔을 때에 얻은 완본(完本)을 대본으로 하여, 1662년(현종 3) 전주에 서 4책 20권으로 된《가정집》을 간행한 것이 4간본이다. 권 1은 잡저, 권 2~5는 기, 권 6은 기·비, 권 7은 설·제(題)·발·명·찬(贊), 권 8은 서(書)·계(啓)·서(序), 권 9는 서(序), 권 10은 서(序)·표(表)·전(箋)·소어(疏語)·청사(靑詞), 권 11은 제문·묘지명, 권 12는 묘지명·행장, 권 13은 정문(呈文), 권 14는 고시, 권 15~ 20에는 율시(律詩)가 실려 있는데, 그 중 권 15에는 영사(詠史), 권 18에는 연경기 행, 권 20 속에는 사(詞)가 들어 있다. 부록으로 권말에 가정의 연보와 가정잡록(稼 亭雜錄)이 들어 있다. 권 1에 수록된《죽부인전(竹夫人傳)》은 대나무를 의인화하여 절개 있는 부인에 비유하여 쓴 가전체작품으로, 임춘(林椿)의《국순전(麴醇傳)》등 과 함께 우리나라 소설문학의 형성 및 발달과정을 살피는 데 있어 귀중한 작품이다. 원나라에 있을 때 쓴 권 2의《경사보은광교사기(京師報恩光敎寺記)》·《경사금손미 타사기(京師金孫彌陀寺記)》와 권 3의《경사곡적산영암사석탑기(京師穀積山靈巖寺 石塔記)》, 권 4의《대도천태법왕사기(大都天台法王寺記)》, 권 6의《대도대흥현중흥 용천사비(大都大興縣重興龍泉寺碑)》등 원나라 절에 관한 글들과 그밖에 원나라와 관련이 깊던 인사들의 사당기·묘지명·행장 등은 고려와 원나라의 문화사회면의 상호관계를 살피는 데 중요한 자료이다.

15. 복위표(復位表)

이때에 원나라가 덕흥군(德興君)을 봉(封)하여 고려왕을 삼고 호송병 (護送兵)을 붙여서 내어 보내는 지라 공민왕은 병사를 보내어 입국(入國) 을 못하게 막고 사정을 진달(陳達)하였던 것이다. 원래 덕흥군이라는 자 는 고려의 반적(叛賊)이었는데 원나라에 들어가 자기는 고려(高麗) 왕족 (王族)의 한 사람으로 충선왕의 서자라 하고 왕자(王字) 성(姓)을 사용하 면서 자칭 '타스티무르(塔思帖木兒)'라고 하였다. 이때에 이르러서 원나 라의 정부는 비로소 속은 것을 알고 공민왕에게 복위하라는 조서(詔書)가 왔으므로 왕은 복위(復位)를 감사하다는 복위표(復位表)를 목은에게 지으 라고 한 것이다. 그 표 중 한 구절을 보면,

나는 사해 간에 외로이 갇히어서,
구름 밖에 눈이 이르는 곳에 있다.
살을 깎는 것이 아무리 극진하다 할지라도,
본래의 절개를 어찌 옮길 손가?
그림자를 돌아보며 스스로 상한들,
이 붉은 마음을 누가 알리![170]

---

170) 신고수산해지간(臣孤囚山海之間), 극목운소지표(極目雲霄之表), 제부리공(制膚離 功), 소절하이(素節何移), 고영자상(顧影自傷), 적심수량(赤心誰諒)

라고 하였다. 그때에 중원의 정국은 원조(元朝)의 국명(國命)이 풍전등화(風前燈火) 같이 위태한 경우에 빠져 있고 또 걸인(乞人) 두목(頭目) 주원장(朱元璋)[171]은 지금의 남경(南京)에 도읍을 정하고 명국(明國)을 창립(創立)하여 목은의 41세 되던 해에는 명(明) 장수(將帥) 서달(徐達)[172]과

---

171) 주원장(朱元璋 : 1328~1398) : 중국 명(明)나라 태조이며, 재위연호(在位年號)를 따라서 홍무제(洪武帝)라고도 한다. 중국 안휘성(安徽省) 호주(濠州)의 봉양현(鳳陽縣)의 빈농 출신으로, 17세에 고아가 되어 황각사(皇覺寺)라는 절에 들어가 탁발승(托鉢僧)이 되어 여러 곳을 전전하였다. 홍건적(紅巾賊)의 부장 곽자흥(郭子興)의 부하가 되면서 두각을 나타내었고 곽자흥의 양녀와 결혼하여 그의 사위가 되었다. 곽자흥의 군대가 분열되자 독자적으로 군대를 모아 세력을 키워나갔으며 원(元)나라 강남(江南)의 거점인 남경(南京)을 점령하였다. 이때 자신을 오국공(吳國公)이라고 호칭했다. 홍건적 군대가 원나라의 공격을 받고 패퇴하고 나머지 남경을 중심으로 활동하던 진우량과 소주의 장사성의 군대와 치열한 전투를 벌여 마침내 각지의 군웅들을 모두 굴복시켰다. 1368년 남경에서 명나라를 세우고 연호를 홍무(洪武)라 하였다. 동시에 북벌군을 일으켜 원나라를 몽골로 몰아내고 중국의 통일을 완성하였다. 주원장은 한민족(漢民族)의 왕조를 회복시킴과 아울러 모든 몽고 풍속을 금지시키고 중앙집권적 독재체제의 확립을 이루었다.

172) 서달(徐達 : 1332~1385) : 중국 명(明)나라 때 안휘성(安徽省) 호주(濠州) 사람이다. 명(明)의 건국 공신으로 자는 천덕(天德)이다. 집안 대대로 농민이다. 어릴 때부터 큰 뜻을 품었다. 22살 때 곽자흥(郭子興)의 부장(部將)으로 있던 주원장(朱元璋)의 부하가 되어 손덕애(孫德崖)에게 붙잡힌 그를 구출한 뒤 신임을 받았다. 주원장을 따라 남쪽으로 정원(定遠)을 공략하고 화주(和州)를 점령했다. 장강(長江)을 건너 집경로(集敬路, 南京)를 공략한 뒤 대장이 되고, 채석(采石)을 함락시키고 태평(太平)을 장악해 진강(鎭江)을 점령한 뒤 통군원수(統軍元帥)가 되었다. 상우춘(常遇春)과 함께 군봉(軍鋒)의 최고위직에 올랐다. 용봉(龍鳳) 6년(1361) 주원장이 오국공(吳國公)이 되자 강남행추밀원사(江南行樞密院使)가 되었다. 용봉(龍鳳) 9년(1364) 파양호(鄱陽湖) 격전에서 명령을 받들어 응천(應天)을 지키면서 장사성(張士城)을 방어했다. 이어서 강서(江西)의 한제(漢帝) 진우량(陳友諒)을 격파했다. 주원장이 오왕(吳王)이 되자 좌상국(左相國)에 오르고, 상우춘과 함께 호주(湖州)로 내려가 평강(平江)을 포위했는데, 성을 공격할 때 민간의 재물을 약탈하거나 거주지를 훼손하는 일을 엄금했다. 얼마 뒤 정로대장군(征虜大將軍)이 되었다. 1367년 소주(蘇州)의 오왕 장사성을 공략한 무공으로 신국공(信國公)에 봉해졌다. 상우춘과 함께 북벌에

상우춘(常遇春)¹⁷³⁾ 등이 북경(北京)을 함락하고 원순제(元順帝)는 북방(北方)으로 도망을 가서 원나라가 망(亡)하여 버린 해다. 그러므로 고려(高麗)와 원(元)과의 관계는 이 글로써 종말(終末)을 짓게 된다.

나서 연이어 원나라 군대를 토벌할 때 25만의 군대를 총지휘했다. 홍무(洪武) 원년 (1368) 대도(大都, 北京)를 함락했고, 주원장이 응천부(應天府, 南京)에서 즉위하자 무관 제일의 자리를 차지했다. 나중에 이문충(李文忠) 등과 확곽첩목아(擴廓帖木兒)를 공격하고 변새(邊塞)로 나가 원정에 나섰다. 중서우승상(中書右丞相)에 오르고, 1370년 위국공(魏國公)에 봉해지고 5,000석의 녹을 받았다. 태조가 항상 '서형(徐兄)'이라 불렀는데, 더욱 공손하고 신중하게 처신했다. 죽은 뒤 중산왕(中山王)에 추봉되고, 시호는 무녕(武寧)이다.

173) 상우춘(常遇春 : 1330~1369) : 원말명초 때 회원(懷遠) 사람. 자는 백인(伯仁)이다. 용맹 과감하여 당할 이가 없었다. 원나라 순제(順帝) 지정(至正) 15년(1355) 주원장 (朱元璋)에게 귀순했다. 전봉(前鋒)을 자청하여 배위에서 뛰어나가 우저기(牛渚磯) 에 올라 채석(采石)을 함락하니 공이 제일이었다. 나중에 서달(徐達)을 따라 진강(鎭江)과 상주(常州)를 함락시키고, 서달과 우당(牛塘)의 포위를 풀었으며, 진우량(陳友諒)을 물리치고 태평(太平)을 수복했다. 주원장을 따라 파양(鄱陽)에서 진우량을 격파했고, 전투 때마다 역전하여 적을 물리쳤다. 홍무(洪武) 원년(1368) 서달(徐達) 등과 함께 북벌(北伐)에 나서 소주(蘇州)를 공략하고 장사성(張士城)을 멸했다. 원나라 수도를 함락시킨 뒤 태원(太原)에서 확곽첩목아(擴廓帖木兒)를 대파하고 전녕(全寧)에서 야속(也速)을 토벌하여 개평(開平)을 함락시켜 원나라 순종(順宗)을 북쪽으로 몰아냈는데, 흔주(忻州)까지 진격했다가 돌아왔다. 일찍이 자신에게 10만 명의 군대만 있으면 천하를 횡행할 수 있다고 장담해 '상십만(常十萬)'으로 불렸다. 중서평장군국중사(中書平章軍國重事)에 오르고 악국공(鄂國公)에 봉해졌다. 1369년 개선도중 유하천(柳河川)에서 급사했다. 개평왕(開平王)에 추봉되었다.

16. 성리학설(性理學說)과 유학(儒學) 진흥(振興)

　　고려 공민왕 15년에 목은은 판개성부사(判開城府事) 예문관대제학(藝
文館大提學) 지춘추관사상호군(知春秋館事上護軍) 겸(兼) 성균관대사성
(成均館大司成) 제점서운관사(提點書雲觀事)가 되고 또 공신호(功臣號)
는 전과 같았다. 그때에 홍건적의 난리를 겪고 나서 학교 제도가 파괴되
어 버린 지라 왕은 복구를 시키고자 하여 숭문관(崇文館) 터에 새로 성균
관(成均館)을 창건(創建)하고 김구용(金九容),[174] 정몽주(鄭夢周), 박상충

---

174) 김구용(金九容 : 1338~1383) : 고려 후기의 문신. 본관은 안동(安東). 초명은 김제
　　민(金齊閔), 자는 경지(敬之), 호는 척약재(惕若齋) 또는 육우당(六友堂). 첨의중찬
　　김방경(金方慶)의 현손으로 김묘(金昴)의 아들이다. 공민왕 때 16세로 진사에 합격
　　하고, 왕명으로 모란시(牡丹詩)를 지어 일등을 하여 왕으로부터 산원직(散員職)을
　　받았다. 이후 덕녕부주부(德寧府注簿)가 되었으며, 1367년(공민왕 16) 성균관이 중
　　건되자, 민부의랑 겸 성균직강(民部議郎兼成均直講)이 되어 정몽주(鄭夢周) · 박상
　　충(朴尙衷) · 이숭인(李崇仁) 등과 함께 후학의 훈화에 노력해 성리학을 일으키는 데
　　일익을 담당하였다. 1375년(우왕 1) 삼사좌윤(三司左尹)이 되었을 때, 이인임(李仁
　　任) 등 권신들이 북원(北元)이 보낸 사절을 맞으려 하자, 박상충 · 이숭인 · 정도전
　　(鄭道傳) 등 당시 친명파와 함께 도당(都堂)에 상서해 이를 반대하다가 죽주(竹州)에

(朴尙衷), 박의중(朴宜中),[175] 이숭인(李崇仁)[176]과 같은 경학에 밝은 선배

<hr />

귀양 갔다. 뒤에 여흥(驪興)으로 옮겨 강호에 노닐며 거처하는 곳을 육우당이라 이름하고, 시와 술로 날을 보냈다. 1381년(우왕 7)에 좌사의대부(左司議大夫)가 되어 왕의 절제 없는 거둥을 경계하는 글을 올려 직간하였다. 이듬해 성균관대사성이 되었다가 판전교시사(判典校寺事)가 되었다. 1384년 행례사(行禮使)가 되어 명나라에 갈 때, 국서와 함께 백금 1백냥과 세저(細苧)·마포 각 50필을 가지고 갔다. 요동에서 체포되어 명나라 서울 남경(南京)으로 압송되었는데, 명나라 태조의 명으로 대리위(大理衛)에 유배되던 도중 노주영녕현(瀘州永寧縣)에서 병사하였다. 김구용은 사장(詞章)을 잘해, 특히 시로 유명하였다. 이색(李穡)은 그의 시를 가리켜, "붓을 대면 구름이나 연기처럼 뭉게뭉게 시가 피어나온다"고 하였다. 《동문선(東文選)》에 김구용의 시 8편이 수록되어 있는데, 그 가운데 특히 '무창시(武昌詩)'가 유명하다. 허균(許筠)은 이 시를 들어 감탄하였고, 신위(申緯)도 '동인논시절구(東人論詩絶句)'에서 김구용의 시를 들어 감탄하고 있다. 《주관육익(周官六翼)》을 편찬(編纂)했으며, 문집인 《척약재집(惕若齋集)》이 전하고 있다.

175) 박의중(朴宜中 : 1337~1403) : 고려 말 조선 초의 문신이다. 본관은 밀양(密陽). 초명은 박실(朴實). 자는 자허(子虛), 호는 정재(貞齋). 할아버지는 판도판서(版圖判書) 박화(朴華)이며, 아버지는 판도총랑(版圖摠郎) 박인기(朴仁杞)이다. 이색(李穡)의 문인이다. 1362년(공민왕 11) 문과에 장원으로 급제하여 전의직장(典儀直長)으로 등용되었다. 그 뒤 헌납(獻納)이 되었고, 우왕 때 문하사인(門下舍人)·좌사의대부(左司議大夫)·대사성 등을 거쳐 밀직제학(密直提學)이 되었다. 1388년(우왕 14)에 명나라에 사신으로 가 그들이 옛 영토라고 주장하면서 설치한 철령위(鐵嶺衛)의 철폐를 교섭하여 성취하고 돌아와, 그 공으로 창왕 때 공신에 봉하여졌다. 공양왕 때 서운관(書雲觀)에서 이미 개경의 지운(地運)이 다하였다는 이유를 들어 도읍을 한양으로 옮겨야 한다는 소를 올리자, 음양에 의한 지리설의 허황됨을 역설하여 이에 반대하였다. 그 뒤 예문관제학 겸 대사성이 되었고, 1392년(태조 1)에 조준(趙浚)·정도전(鄭道傳) 등과 함께 《고려사(高麗史)》를 수찬할 때, 역사의 중요성을 강조하여 그 공정성을 기하는 데 크게 이바지하였다. 그 뒤 태종이 검교참찬의정부사(檢校參贊議政府事)를 내려 여러 번 불렀으나 나아가지 않았다. 특히, 성리학에 밝았으며 문장이 우아하기로 유명하였다. 시호는 문경(文敬)이다. 저서로는 《정재일고(貞齋逸稿)》 3권이 있다.

176) 이숭인(李崇仁 : 1347~1392) : 고려 말의 문신(文臣)이며, 본관은 성주(星州)이고, 자(字)는 자안(子安), 호(號)는 도은(陶隱)이다. 아버지는 이원구(李元具)이며, 어머니는 언양 김씨(彦陽金氏)이다. 목은(牧隱) 이색(李穡), 포은(圃隱) 정몽주(鄭夢周)

로 학관(學官)을 삼아 가르치게 하고, 또 목은을 그 장(長)으로 삼아서 대사성(大司成)이 되게 하였다. 목은은 관생(館生)의 수(數)를 늘리며 새로이 학칙(學則)을 제정하고 매일 명륜당(明倫堂)에 앉아서 각종(各種) 경서(經書)를 가르쳤다. 또 의문이 나는 것은 토론을 하게하며 결론은 정주학

와 함께 고려의 삼은(三隱)으로 일컬어진다. 공민왕 때 문과에 급제하여 숙옹부승(肅雍府丞)이 되고, 이어서 장흥고사겸진덕박사(長興庫使兼進德博士)가 되었다. 문사(文士)를 뽑아 명나라에 보낼 때 수석으로 뽑혔으나, 나이가 25세에 미달하여 보내지 않았다. 이후 예의산랑(禮儀散郎)·예문응교(藝文應教)·문하사인(門下舍人)을 지냈고, 우왕 때 전리총랑(典理摠郎)이 되어 김구용(金九容)·정도전(鄭道傳) 등과 함께 북원(北元)의 사신을 돌려보낼 것을 청하다가 귀양을 갔다. 귀양에서 돌아와 성균사성이 되고, 우사의대부(右司議大夫)로 전임하여 동료와 함께 소를 올려 국가의 시급한 대책을 논하였다. 이어서 첨서밀직사사(簽書密直司事)가 되어서는 원나라 서울에 가서 신정(新正)을 축하하고 돌아와 예문관제학이 되었다. 창왕 때 박천상(朴天祥)·하륜(河崙) 등과 더불어 영흥군(永興君) 왕환(王環)의 진위를 변론하다 무고로 연좌되었지만 시중 이성계(李成桂)의 도움으로 다시 서연(書筵)에 시강하게 되었다. 그러나 간관 구성우(具成佑)·오사충(吳思忠)·남재(南在)·심인봉(沈仁鳳)·이당(李堂) 등이 상소를 올려 탄핵하여 경산부로 유배되었다. 당시 첨서밀직사사 권근(權近)이 이숭인을 구출하기 위하여 무죄를 상소했으나, 간관이 도리어 권근의 상소가 거짓을 꾸민 것이라 상소하여 우봉현(牛峯縣)으로 이배되었다. 공양왕 때 이숭인을 다시 논죄하여 다른 군으로 이배되었고, 후에 청주옥(淸州獄)에 수감되었으나 수재로 인하여 사면되었다. 얼마 뒤 소환되어 지밀직사사·동지춘추관사가 되었으나, 정몽주의 당이라 하여 삭직당하고 멀리 유배되었다. 조선의 개국에 이르러 자기와 함께 처세하지 않은 데 앙심을 품은 정도전이 심복 황거정(黃居正)을 보내어 유배지에서 장살(杖殺)하였다. 이숭인은 타고난 자질이 뛰어나고 문사(文辭)가 전아(典雅)하여, 이색(李穡)은 "이 사람의 문장은 중국에서 구할지라도 많이 얻지 못할 것이다"라고 칭찬하였고, 명나라 태조(太祖)도 일찍이 이숭인이 찬한 표문(表文)을 보고 "표의 문사가 참으로 절실하다"라고 평가했으며, 중국의 사대부들도 그 저술을 보고 모두 탄복하였다. 저서로는 《도은집(陶隱集)》이 있다. 그 서문에 의하면 생존 시에 《관광집(觀光集)》·《봉사록(奉使錄)》·《도은재음고(陶隱齋吟藁)》 등을 지었다고 하나 지금은 전하지 않고 있다.

설(程朱學說)[177]에 맞도록 교도(敎導)하여 밤이 늦도록 권태(倦怠)를 몰랐다. 이로부터 고려에는 성리(性理)의 학문(學問)이 크게 일어났으니 기송사장(記誦詞章)[178]의 풍습(風習)이 일변하여 신심성명(身心性命)의 이치를 연구(研究)하는 학풍이 크게 일어났다. 그리하여 유도(儒道)를 밝혀 이단(異端)에 혹(惑)하지 않게 되었고, 정의(正義)와 양심(良心)으로 살고 공리(功利)에 몰두(沒頭)치 않는 유풍(儒風)과 학술(學術)이 환하게 빛이 나서 아주 새 판이 되게 하였다. 후세 유도의 연원을 연구하는 사람들이 목은으로 그 비조(鼻祖)를 삼는 이유가 여기에 있는 것이다.

---

177) 주(註)70을 참조

178) 기송사장(記誦詞章)의 기송(記誦)은 암기하여 입으로 외는 것이고, 사장(詞章)은 시가(詩歌)와 문장(文章)의 길을 닦는 것이다. 따라서 인격도야(人格陶冶)와는 동떨어진 학문을 이르는 말이다. 주희(朱熹)의 '대학장구서(大學章句序)'에 있다.

17. 목은 선생의 충성(忠誠)

공민왕은 불교를 숭배한 왕으로 승니(僧尼)들을 친근(親近)히 하였다. 또 공민왕은 그림을 잘 그리는 화백(畫伯)이었다. 공민왕비(王妃) 노국공주(魯國公主)[179]는 왕의 총애를 일신에 받았었는데 불행히도 단명(短命)하여 일찍 죽었다. 왕은 슬프고 애통하여 자기 손으로 왕비의 영정(影幀)을 그리고 그 화상을 안치하기 위하여 처음에는 왕륜사(王輪寺)[180] 동쪽

---

179) 공민왕의 비(妃)인 휘의노국대장공주(徽懿魯國大長公主)를 말한다. 그녀에 대해서는《고려사(高麗史)》권(卷) 89, 열전(列傳) 2, 후비, 공민왕, 휘의노국대장공주(徽懿魯國大長公主)를 참조

180) 왕륜사(王輪寺) : 경기도 개성시 송악산(松岳山) 고려동(高麗洞) 죽선대(竹仙臺) 입구에 있었던 절이다. 고려 태조가 919년(태조 2)에 창건한 십찰(十刹) 중의 하나이다. 개성의 다른 절에 비하여 왕실의 행향(行香)이 적었으나 문종은 모후(母后)의 휘신도량(諱晨道場)을 개설하였고, 선종과 의종은 나한재(羅漢齋)를 베풀었으며, 예종은 소재도량(消災道場)을, 기타 여러 왕들이 반승(飯僧 : 고려 때 승려들에게 재식(齋食)을 베풀던 행사. 재승(齋僧)이라고도 함)을 개설하였다. 이 절은 교종의 총관단(總官壇)으로서 5교종 승려들의 선시장(選試場)이기도 하였다. 지광국사(智光國師)와 혜덕왕사(慧德王師)가 이곳에서 응시하여 승직에 오르는 등 고려 교종 승려들

에 영전(影殿)을 화려하게 건립하기 시작하였다. 그러나 수년간을 공사하고도 낙성이 안 되는 지라 다시금 마암(馬巖) 서방(西方)에 터를 닦고 공사를 시작하였는데 가일층 굉장하고 화려하게 꾸며서 수억만의 경비를 소모하였다. 그래서 시중(侍中) 유탁(柳濯)[181]이 말하되 "마암(馬巖)의 역

의 등용문이었다. 몽고의 병란으로 불타버린 뒤 1275년(충렬왕 1)에 제상궁(提上宮)을 폐하고 오대사(五大寺)를 중수할 때 이 절도 중건하였다. 1277년에는 장륙존상을 만들고 왕과 공주가 법회를 열었으며, 1283년에는 석탑을 조성하였다. 이 절이 크게 융성하게 된 것은 공민왕 이후이다. 1365년(공민왕 14)에 노국공주가 죽자 왕은 이듬해 공주의 영전(影殿)을 이 절에 지을 것을 명하였다. 완공한 지 2년 만에 영전이 좁다는 이유로 마암(馬巖)으로 옮겨서 다시 짓게 하여 1370년에 완공을 보았으나, 3층의 상량(上樑)이 떨어져 인부 26명이 압사하는 사고가 생기자, 태후 및 신돈(辛旽)·이춘부(李春富) 등의 요청에 의하여 다시 왕륜사 옛터에 영전을 중수하기 시작하였다. 이 영전을 인희전(仁熙殿)이라고 하였다. 영전의 용마루 위에 놓인 취두(鷲頭)에 황금 650냥, 은 800냥이 사용되었는데, 이와 같은 사치는 그 유래를 찾기 힘든 것이다. 이곳에서 열린 반승·시상(施賞)·연신(宴臣) 등의 사례 또한 무수하였다. 공민왕이 죽자 1376년(우왕 2) 왕륜사의 서편에 공민왕의 영전인 혜명전(惠明殿)을 지었으나, 그 규모와 역사(役事)의 진행에 관해서는 기록이 없다. 고려 멸망 후 언제 폐사되었는지도 알 수 없으며, 1682년(숙종 8) 이 부근에서 오관서원(五冠書院)을 경영하였다는 단편적인 기록만 전한다. 일제강점 시기에 절터를 가로지르는 도로를 내어 원형이 많이 손상되었지만, 당대 유물로서 석불(石佛) 4좌가 남아 있다.

181) 유탁(柳濯 : 1311~1371) : 고려 후기의 무신. 본관은 고흥(高興), 자(字)는 춘경(春卿), 호(號)는 성재(誠齋)이다. 고흥부원군(高興府院君) 유청신(柳淸臣)의 손자이며, 판밀직사(判密直事) 유유기(柳攸基 또는 柳有奇)의 아들이다. 문음(門蔭)으로 원나라에 들어가 숙위(宿衛)하고 귀국, 1337년 감문위대호군(監門衛大護軍)이 된 뒤 고흥군(高興君)에 봉해졌다. 1344년 원나라에 의해서 합포만호(合浦萬戶)가 되었다. 1345년에 밀직부사가 되었고, 1348년에는 평리(評理)로서 사신이 되어 원나라에 다녀왔다. 1349년 도첨의참리(都僉議參理)가 되었고, 이듬해 전라도·양광도 도순문사(全羅道楊廣道都巡問使)를 겸해 왜의 침략에 대비하였다. 1351년 찬성사가 되었다. 공민왕 초에는 전라도 만호로 왜구들의 침입을 막았으며, '장생포(長生浦)' 등의 곡(曲)을 지어 악부(樂府)에 올렸다. 찬성사 판삼사사(贊成事判三司事)를 역임하고, 1353년(공민왕 2) 첨의찬성사(僉議贊成事)로서 정조사(正朝使)가 되어 원나라

사(役事)는 백성을 괴롭게 하고 재물을 없이할 뿐 아니라 술사(術士)가 또한 국가에도 불리(不利)하다 말한다. 내가 백관의 장이 되었으니 책임상 그저 있을 수가 없다" 하고 글을 올리어 그 옳지 못한 점을 극진히 말하였다. 왕은 아니나 다를까 크게 성이 나서 즉시로 탁(濯)을 옥(獄)에 가두고 일을 잘 못한 이유를 붙여서 목을 베어 버리기로 하고 목은에게 유중문(諭衆文)[182]를 지으라 하였다. 목은은 무슨 죄로 죽이는가 물었다. 왕이 말하기를,

"오랫동안 수상(首相)으로 불의(不義)를 많이 행하여서 큰 가뭄이 오게 하였으니 그 죄가 하나요 연복사(演福寺)의 토지를 빼앗았으니 그 죄가 둘이요 노국공주의 죽음에 3일 동안이나 제사를 아

에 다녀왔다. 1355년 좌정승에 올라 고흥부원군에 봉해졌으며, 장사성(張士誠)을 토벌하기 위해 원나라에서 징병을 요구하자 염제신(廉悌臣)과 함께 군사 2,000명을 이끌고 참전해 공을 세웠다. 1360년 경기병마도통사(京畿兵馬都統使)가 되어 왜구의 침입을 방비하고 고흥후(高興侯)에 봉하여졌다. 이듬해 홍건적의 침입으로 왕이 안동으로 남행(南幸)을 하게 되자 도솔원(兜率院 : 坡州)까지 호종하고 경상도 도순문사 겸 병마사가 되었다. 1363년 흥왕사(興王寺)의 변(變)을 진압해 1등공신이 되었다. 이 해에 다시 좌정승·우정승을 거쳐 1365년에는 도첨의시중(都僉議侍中)을 역임하였다. 노국대장공주(魯國大長公主)가 죽은 뒤 추충병의동덕보리익조공신(推忠秉義同德輔理翊祚功臣)에 올랐다. 1369년 안극인(安克仁)·정사도(鄭思道)와 함께 노국대장공주의 영전을 마암(馬巖)에 크게 신축하는 일에 강력하게 반대하다가 투옥되고 시중에서 파면되었다. 왕과 신돈(辛旽)이 죽이려 했으나 이색(李穡)의 간쟁으로 석방되었다. 1371년 신돈이 죽자 노국대장공주의 장사(葬事)에 박례(薄禮)를 주장하다 헌사(憲司)에 의해 탄핵을 받아 청교역(靑郊驛)에서 교수형을 당하였다. 조선 개국 후 보국고흥백(輔國高興伯)에 추증되었다. 시호는 충정(忠靖)이다.

182) 유중문(諭衆文) : 조정이나 관청에서 백성에게 타일러 가르치는 글 또는 문서이다.

니 지냈으니 그 죄가 셋이요 또 그 장사(葬事) 때에 영화(永和) 공주의 예(禮)에 의거하였으니 그 죄가 넷이다. 불충(不忠)과 불의(不義)가 누가 이보다 더 큰 자가 있을까?"

목은은 이에 대답하되,

"이것은 다 이왕(以往)의 일이요 요새 탁(濯) 등이 영전의 역사(役事)를 정지하자고 상서하였는데 비록 이 네 가지 일로 죄를 주어도 여론은 상서한 까닭이라고 할 것이요 또 이 네 가지 죄는 죽일 죄가 아니요 상감께서는 다시 생각을 하시옵소서"

하였다.

왕이 더욱 성이 나서 재촉하기를 더 급히 하는지라 목은은 다시 엎드려서 "신이 차라리 죄를 얻어서 죽을지언정 어찌 글로써 없는 죄를 만들 수 있겠습니까?" 하였다. 왕이 시중(侍中) 이춘부(李春富)[183]에게 명하여 국

---

183) 이춘부(李春富 : ?~1371) : 고려 후기의 문신. 본관은 양성(陽城)이다. 양성군 이연(李挻)의 손자이며, 첨의평리(僉議評理)를 지낸 이나해(李那海)의 아들이다. 삼사좌윤·밀직·대언을 거쳐 공민왕 때 판추밀원사에 올랐다. 1359년(공민왕 8) 홍건적이 쳐들어와 개경이 함락되자 전라도 도순문사 겸 병마사가 되어 이를 물리친 공으로 충근절의동덕찬화공신(忠勤節義同德贊化功臣)의 호를 받고 도첨의평리(都僉議評理)에 임명되었으며, 난이 평정된 뒤에는 1등공신에 책록되었다. 그 뒤 파면되었다가 신돈(辛旽)에게 아부하여 찬성사가 되었고, 왕의 환심을 사서 시중까지 지냈다. 밀직 김란(金蘭)과 더불어 매일 아침 신돈의 집을 다녀와서야 등청을 할 만큼 심복이었으며, 1371년 신돈이 수원에 귀양 가게 되자 사헌부의 탄핵으로 사형에 처하여졌다.

새(國璽)를 봉하라 하니 춘부가 실실 기어 감히 봉하지 못하는지라 행신(倖臣) 신돈(辛旽)이 옆에 있다가 "말한 자로 하여금 봉하게 하소서" 하였다. 목은은 왕이 더욱 성이 날까봐서 봉하고 표지에 "신(臣) 색(穡)은 삼가 봉합니다"[184]라고 썼다. 왕은 곧 "내가 덕이 없어서 내 말을 듣지 아니하니 이것을 가지고 가서 덕이 있는 사람을 구하여 섬기라" 하고 정비(定妃)의 궁(宮)에 들어가고 밥을 먹지 아니하였다. 그 이튿날 신돈(辛旽)[185]

---

184) 신색근봉(臣穡謹封)

185) 신돈(辛旽 : ?~1371) : 성은 신(辛), 자는 요공(耀空), 법명은 편조(遍照)이다. 이름 돈(旽)은 집권 후에 정한 속명이며, 법호는 청한거사(淸閑居士)이다. 계성현(桂城縣) 옥천사의 절 노비의 아들이다. 본래 천민 출신이었으나 불자들 사이에 비범한 면이 있다고 알려졌으며, 김원명(金元命)의 추천으로 공민왕에게 소개되었다. 공민왕과 여러 차례 만나 수시로 정사에 관해 대화를 나누었으며 공민왕은 신돈을 총명한 사람으로 판단했다. 1365년 공민왕의 신임을 받아 청한거사(淸閑居士)라는 호를 하사 받았고 사부(師傅)로서 국정에 참여하게 되었다. 그는 그 공으로 진평후(眞平侯)라는 작위를 받았다. 공민왕은 마침 원(元)의 세력이 약화되어 가는 틈을 이용하여 개혁정치를 추진하였다. 밖으로는 원의 지배, 간섭으로부터 벗어나려고 하였고, 안으로는 원 세력의 힘을 등에 업고 세도를 부리는 권문세족을 척결하려 하였다. 이때 왕의 신임을 받고 있던 신돈을 중용하여 국내 개혁을 추진토록 하였다. 신돈은 우선 기득권 세력을 몰아내고 이제현 등 새로운 신진사대부를 등용하였다. 그 다음 1366년(공민왕 15) 고려의 토지와 백성을 바르게 개혁하는 관청인 '전민변정도감(田民辨整都監)'을 설치하여 개혁을 추진하였다. 1367년 성균관을 중건하였는데 이를 기반으로 이색, 정몽주, 정도전 등의 개혁적 성향의 신진사대부들이 자신의 정치적 이념을 실천할 수 있었고 신돈은 불자이면서도 성리학과 유교를 숭상했다. 신돈의 개혁은 주로 권문세족을 표적으로 하였다. 결과적으로 그들의 힘을 약화시킴으로써 왕권을 강화 회복하는 데 초점이 맞추어졌다. 이것은 곧 국가의 기본 기강을 바로 잡는 중요한 일이었으며, 왜곡된 사회제도의 개혁은 온당한 것이었으나, 그 척결 대상이 된 권문세족들에게는 비난과 배척의 대상이 되었다. 그들은 점차 신돈을 제거하지 않고서는 생존할 수 없는 처지로 내몰리게 되었다. 그리하여 신돈은 권문세족들의 강력한 저항을 받게 되었다. 1366년에는 정추(鄭樞)와 이존오(李存吾)가 그를 비판하였으며 1367년에는 그를 제거하려는 모의도 있었다. 1368년에도 김정(金

이 왕의 노함을 끄고자 하여 왕에게 "목은을 하옥(下獄)하라"고 하고 왕명을 좇지 아니하는 죄로 다스리자 하였다. 그래서 정사 이인임(李仁任)[186]

精)·김흥조(金興祖)·김제안(金齊顏) 등이 그를 제거하려다 발각되어 유배되었다가 신돈에 의해 살해되었다. 하지만 권력의 핵심으로 부상한 신돈은 지지기반이 없었고 또한 그에게 아첨하는 자들이 늘 주변에 있으면서 신돈은 자기관리에 소홀하게 되었다. 돈과 여자에 관련된 추문이 이어졌고 기득권 세력들에게 빌미를 제공하게 되었다. 이러한 반대세력의 저항과 함께 국내외 정세도 신돈에게 불리하게 돌아갔으며 공민왕도 신돈을 의심하기 시작하였다. 1369년 스스로 5도의 도사심관(都事審官)이 되려고 사심관을 부활시키려다가 좌절되었다. 이는 그가 자신의 세력 기반을 확립시키려고 시도했던 일로 보인다. 1370년 10월에는 그동안 정치 일선에서 물러나 있던 공민왕이 친정(親政)할 뜻을 밝히고, 신돈은 1371년 7월 마침내 역모를 꾀한다는 혐의로 붙잡혀 수원에 유배되었다가 일당 기현·이춘부(李春富)·이운목(李云牧) 등과 함께 죽임을 당했다.

186) 이인임(李仁任 : ?~1371) : 본관은 성주(星州). 조부(祖父)는 이조년(李兆年)이다. 처음 문음(門蔭)으로 전객시승(典客寺丞)이 된 후 전법총랑(典法摠郞)을 거쳐 1358년(공민왕 7)에는 좌부승선(左副承宣)이 되었다. 이듬해 홍건적이 침입해 의주를 함락시키자 서경존무사(西京存撫使)에 임명되어 홍건적에 대비했고, 1361년의 재차 침입했을 때에도 크게 활약하였다. 1363년에는 원나라가 덕흥군(德興君 : 충선왕의 셋째 아들)을 왕으로 삼아 고려에 들이려 하자, 서북면 도순문사 겸 평양윤이 되어 덕흥군 일파의 침략을 물리친 출정군에 일익을 담당하였다. 1374년 수문하시중(守門下侍中)에 임명되었고 광평부원군(廣平府院君)에 책봉되었다. 공민왕이 피살되어 명덕태후(明德太后)와 시중 경복흥(慶復興)이 종친을 새로운 왕으로 세우려 하자, 자신의 일파와 모의해 나이 10세의 어린 우왕(禑王)을 즉위시켰다. 한편 당시 고려에 와 있던 명나라 사신 채빈(蔡斌)이 공민왕 피살사건을 본국에 보고해 책임이 재상인 자신에게 돌아올까 염려해 일을 마치고 돌아가는 채빈을 호송관 김의(金義)로 하여금 살해토록 하고, 그동안 배척당했던 원나라와 가깝게 지내려고 하였다. 이에 김구용(金九容)·이숭인(李崇仁)·정도전(鄭道傳)·권근(權近)이 정부의 친원정책을 비판하고, 우헌납 이첨(李詹)이 이인임과 찬성사 지윤(池奫)의 죄목을 열거하며 이들을 목 벨 것을 상소했다. 그러자 최영(崔瑩)·지윤 등과 합심해 이첨·전백영을 사기죄로 몰아 유배시키고 김구용·이숭인·정몽주(鄭夢周)·임효선(林孝先)·정사도(鄭思道)·박형(朴形)·이성림(李成林) 역시 자신을 해치려한다며 모두 유배시켰다. 반대세력을 제거한 후, 지윤·임견미(林堅味)·염흥방(廉興邦)과 함께 권력을 휘두르며 매관매직을 하고, 전국에 걸쳐 토지와 노비를 축적하는 등 탐학을 일삼았

과 도첨의(都僉議) 유연(柳淵)[187]으로 하여금 왕명을 좇지 않는 죄로서 심문케 하였다. 옥에 들어간 목은은,

> "내가 한 선비로 외람되이 상감님의 알아주심을 받자와 갑자기 위(位)가 재상(宰相)에 올랐으니 임금님의 덕에 유일한 것이 있다면 죽더라도 그것을 하여 드려서 은혜의 만분의 일이라도 갚아드리려고 하는 것이다. 이제 상감님이 유시중(柳侍中)을 죽이시려고 하는데 내가 감히 말을 한 것은 상감님이 마음을 움직이셔서 뉘우치시고 함부로 대신을 죽이지 아니하도록 하는 것이다"

다. 이어 영문하부사(領門下府事)·영삼사사(領三司事)를 거쳐 영중방 사헌 개성부사(領重房司憲開城府事)에 임명되었고, 1386년 다시 좌시중이 되었다가 이듬해 노병(老病)으로 사직하였다. 1388년에 염흥방의 가노(家奴) 이광(李光)이 주인의 권세를 배경으로 전직 밀직부사 조반(趙胖)의 토지를 빼앗자 이에 격분한 조반이 이광을 죽였다. 이에 염흥방이 조반을 국가모반죄로 몰아 순군(巡軍)에 가두고 심하게 고문시킨 사건이 발생했다. 이를 계기로 그동안 기회를 엿보던 우왕·최영·이성계 등이 오히려 염흥방·임견미·왕복해(王福海) 등을 처단하고 그 일파를 유배시켰는데, 이때 이인임도 경산부(京山府)로 옮겨졌다가 곧 죽었다.

187) 유연(柳淵 : 1328~1376) : 고려 후기의 무신이다. 본관은 진주(晉州)이며, 삼사좌사(三司左使) 유지정(柳之淀)의 아들이다. 공민왕 때 형부상서(刑部尙書)로 있다가 서북면부원수가 되어 도원수 염제신(廉悌臣)과 함께 원나라의 침입을 방어하였다. 1361년(공민왕 10) 반성(潘誠)이 인솔한 홍건적이 침입할 때 병마사로서 총병관 김용(金鏞)과 더불어 황해도 금천(金川)의 금교역(金郊驛)에 나아가 홍건적의 난을 평정하고, 그 뒤 문하평리(門下評理)가 되었다. 제주도의 목호(牧胡 : 몽고 출신의 牧子)들이 명나라에 말 2,000필을 요구하는 것을 거절하므로, 명나라가 이들을 응징하기 위하여 군대를 보낼 때 양광도도순문사(楊廣道都巡問使)가 되어 방어의 책임을 맡았다. 찬성사상의(贊成事商議)에 이르러 죽었다. 시호는 정정(貞靖)이다.

하고 이어서 눈물이 비 오듯 하며 "내 눈물이 나는 것은 죽음을 무서워서가 아니라 이로 인하여 상감님이 온 천하와 후세(後世)까지도 좋지 못한 말을 들을까 두렵기 때문이다"라고 하였다.

옥관(獄官)이 이러한 사유를 왕에게 아뢰었다. 왕은 느끼고 깨달았다. 탁(濯)을 석방(釋放)하고 "이색은 목욕하고 조회(朝會)에 들어오라. 내가 말하겠다"라고 하였다. 왕은 목은을 보고 "먼저 내가 성낸 것을 혐의치 말고 다시 마땅히 마음을 다하여 도와다오"라고 하였다. 이 한 가지 일만 가지고 보아도 목은의 임금을 위하는 충성(忠誠)이 자기 목숨을 내놓고 아끼지 않는 지경까지 간 것을 알 수가 있다.

18. 인재의 등용과 유도(儒道)의 진흥(振興)

목은은 위에 기술한 바와 같이 성균관대사성으로 동방이학(東方理學)의 시조(始祖)가 될 공적을 쌓아놓았거니와 또 지공거(知貢擧)로 제1차에 윤소종(尹紹宗)[188] 등 28인을 선발하였고, 제2차로 이첨(李詹)[189] 등 7인

---

188) 윤소종(尹紹宗 : 1345~1393) : 고려 말 조선 초의 문신 , 본관은 무송(茂松). 자는 헌숙(憲叔), 호는 동정(桐亭). 조부(祖父)가 윤택(尹澤)이다. 총민하고 학문을 좋아해 20세 전에 시문에 능해 이제현(李齊賢)에게 특이하다고 보였다. 1360년(공민왕 9) 성균시에 합격했다. 이색(李穡)의 문인으로, 1365년 예부시에 을과 제1인으로 대책이 가장 뛰어나 춘추수찬(春秋修撰)을 받았다. 이어 좌정언에 있을 때 행신(幸臣) 김흥경(金興慶)과 내시 김사행(金師幸)이 병국해민(病國害民)한다고 극언하는 소를 올렸으나 뜻을 이루지 못하였다. 1381년 모친상으로 금주(錦州 : 錦山)에서 복상을 마치는 동안 남방의 학자들이 많이 와서 수학하였다. 1388년 이성계(李成桂)가 위화도에서 회군할 때에 동문 밖에 나가 영접하고 곽광전(霍光傳)을 바쳤다. 그것은 우왕을 폐하고 다른 성씨(姓氏)를 왕으로 추대할 것을 암시하기 위해서였다. 그 뒤 우사의대부(右司議大夫)로 승진하였다. 1389년 이인임(李仁任)의 죄를 논해 참관저택(斬棺瀦宅)을 청했으며, 이어 성균관대사성이 되었다. 이성계가 조준(趙浚) 등과 함께 사전(私田)을 혁파하고자 했을 때, 정도전(鄭道傳)과 함께 힘써 협력하였다. 1389년 가을 영흥군(永興君)의 옥사 때, 평소 이숭인의 높은 재능을 시기해오던 차에 친밀한 사이였던 조준에게 이숭인을 참소하여 죽이려고 하였다. 공양왕 때 대사헌 조준의 천거로 좌상시경연강독관(左常侍經筵講讀官)이 되어, 변안열(邊安烈)을 우왕(禑王) 영립(迎立)의 죄로 극론해 살해하고, 승려 찬영(粲英)을 왕사로 맞이하려는 공양왕의 계획을 반대해 중지시켰다. 그 뒤 남을 비방하는 것으로 왕의 미움을 받아 유배되었다가 풀려났으며, 다시 정몽주 일파의 간관에게 탄핵을 당해 유배되었다가 1392년 정몽주가 피살되자 비로소 유배에서 풀렸다. 조선이 개창되자 병조전서(兵曹典書)로 부름을 받아 원종공신이 되었으며, 수문관대제학(修文館大提學)을 지냈다. 경사(經史)를 두루 섭렵했고, 성리학에 더욱 정밀하였다. 시문집으로《동정집(桐亭集)》8권이 있다.

189) 이첨(李詹 : 1345~1405) 고려 말 조선 초의 문신. 본관은 신평(新平 : 지금의 충청남도 당진), 자는 중숙(中叔), 호는 쌍매당(雙梅堂), 할아버지는 보문각제학 달존(達尊)이고, 아버지는 증참찬의정부사(贈參贊議政府事) 희상(熙祥)이다. 1365년(공민

을 뽑았으며, 제3차로 유백유(柳伯濡)[190] 등 33인을 선발하였다. 또 제4차

로 명나라에 보내는 사람으로 이숭인(李崇仁), 박실(朴實),[191] 권근(權近),[192]

왕 14) 감시(監試)의 제2인으로 합격했고, 1368년 문과에 급제해 예문검열이 되고, 이듬해 우정언에 이어 1371년 지통사(知通事)로 권농방어사(勸農防禦使)를 겸하였다. 그 뒤 1375년(우왕 1) 우헌납에 올라 권신 이인임(李仁任)·지윤(池奫)을 탄핵하다가 오히려 10년간 유배되었다. 1388년 유배에서 풀려나 내부부령(內府副令)·예문응교를 거쳐 우상시(右常侍)가 되었으며, 1391년(공양왕 3) 좌대언(左代言)이 되었다. 이어 지신사(知申事)에 올라 감사를 맡았으나, 이 해에 장류(杖流)된 김진양(金震陽) 사건에 연루되어 결성(結城 : 충청남도 홍성)에 다시 유배되었다. 조선 건국 후 1398년(태조 7) 이조전서(吏曹典書)에 등용되어 동지중추원학사(同知中樞院學士)에 올랐다. 1400년(정종 2) 첨서삼군부사(簽書三軍府事)로 전위사(傳位使)가 되어 명나라에 다녀왔으며, 1402년(태종 2) 지의정부사(知議政府事)에 올라 하륜(河崙)과 함께 등극사(登極使)의 부사(副使)로서 명황제의 등극을 축하하기 위해 명에 다녀왔다. 그때 고명(誥命 : 명에서 조선의 왕을 인정하는 승인서)과 인장(印章 : 옥새)을 고쳐 주도록 주청(奏請)하였다. 뒤에 그 공로로 토지와 노비가 하사되었고 정헌대부에 올랐다. 그 해 지의정부사로서 대사헌을 겸했으며, 1403년 예문관대제학이 되었다. 문장과 글씨에 뛰어나 하륜 등과 함께 《삼국사략(三國史略)》을 찬수했고, 소설 《저생전(楮生傳)》을 지었다. 《신증동국여지승람》에 많은 시를 남기고 있으며, 유저로는 《쌍매당협장문집(雙梅堂篋藏文集)》이 있다. 시호는 문안(文安)이다.

190) 유백유(柳伯濡 : 1341~?) : 본관은 서산(瑞山). 자는 유부(濡夫), 호는 저정(樗亭), 아버지는 정숙공(靖肅公) 유방택(柳方澤)이다. 1369년(공민왕 18) 문과에 장원으로 급제하였다. 춘추관수찬으로서 박실(朴實)·김도(金濤) 등과 더불어 명나라 과거에 참여하였다. 우왕 때 판내부시사(判內府寺事)가 되었다. 창왕 때 조준(趙浚)의 전제개혁안(田制改革案)이 주장되자, 시중 이색(李穡)이 옛 법을 가벼이 고치는 것은 옳지 않다고 반대하는 데 찬성하여, 결국 신구(新舊)의 대립을 일으켰다. 1391년(공양왕 3) 판전의시사(判典儀寺事)로서 전제개혁을 비난하였기 때문에 광주(光州)로 유배되었다. 조선 왕조가 개창된 후, 1407년(태종 7)에 좌사간대부(左司諫大夫)가 되었다. 시호는 문정(文靖)이다.

191) 박실(朴實) : 박의중(朴宜中)의 초명(初名)이다. 주(註)176을 참조

192) 권근(權近 : 1352~1409) : 고려 말 조선 초의 문신·학자. 본관은 안동(安東). 초명은 권진(權晉), 자는 가원(可遠)·사숙(思叔), 호는 양촌(陽村)·소오자(小烏子). 1368년 성균시에 합격하고, 이듬해 급제해 춘추관검열·성균관직강·예문관응교

등을 역임했다. 공민왕이 죽자 정몽주(鄭夢周)·정도전(鄭道傳) 등과 함께 위험을 무릅쓰고 배원친명(排元親明)을 주장했다. 1388년 동지공거(同知貢擧)가 되어 이은(李垠) 등을 뽑았다. 이듬해 첨서밀직사사(簽書密直司事)로서 문하평리(門下評理) 윤승순(尹承順)과 함께 명나라에 다녀왔다. 그러나 명나라 예부자문(禮部咨文)을 도당(都堂)에 올리기 전에 몰래 뜯어본 죄로 우봉(牛峯)에 유배되었다. 그 뒤 영해(寧海)·흥해(興海) 등을 전전하여 유배되던 중, 1390년 이초(彝初)의 옥사에 연루되어 한때 청주 옥에 구금되기도 했다. 뒤에 다시 익주(益州)에 유배되었다가 석방되어 충주에 우거(寓居)하던 중 조선왕조의 개국을 맞았다. 그 뒤 새 왕조에 출사(出仕)하여 예문관대학사(藝文館大學士) 등을 지냈다. 1396년 이른바 표전문제(表箋問題 : 명나라에 보낸 외교문서 속에 표현된 내용으로 인한 문제)로 명나라에 다녀왔다. 이때 외교적 사명을 완수하였을 뿐 아니라, 유삼오(劉三吾)·허관(許觀) 등 명나라 학자들과 교유하면서 경사(經史)를 강론했다. 그리고 명나라 태조의 명을 받아 응제시(應製詩) 24편을 지어 중국에까지 문명을 크게 떨쳤다. 귀국한 뒤 개국원종공신(開國原從功臣)으로 화산군(花山君)에 봉군되고, 정종(定宗) 때는 정당문학(政堂文學)·참찬문하부사(參贊門下府事) 등을 역임하면서 사병제도(私兵制度)의 혁파를 건의, 단행하게 했다. 1401년(태종 1) 좌명공신(佐命功臣) 1등으로 길창군(吉昌君)에 봉군되고 찬성사(贊成事)에 올랐다. 1402년에는 지공거(知貢擧)가 되어 신효(申曉) 등을 뽑았고, 1407년에는 최초의 문과중시(文科重試)에 독권관(讀卷官)이 되어 변계량(卞季良) 등 10인을 뽑았다. 한편, 왕명을 받아 경서의 구결(口訣)을 저정(著定 : 저술하여 정리함)하고, 하륜(河崙) 등과 《동국사략(東國史略)》을 편찬하였다. 성리학자이면서도 사장(詞章)을 중시해 경학과 문학을 아울러 연마했다. 이색(李穡)을 스승으로 모시고, 그 문하에서 정몽주·박상충(朴尙衷)·이숭인(李崇仁)·정도전 등 당대 석학들과 교유하면서 성리학 연구에 정진해 고려 말의 학풍을 일신하고, 이를 새 왕조의 유학계에 계승시키는 데 크게 공헌했다. 학문적 업적은 주로 《입학도설(入學圖說)》과 《오경천견록(五經淺見錄)》으로 대표된다. 《입학도설》은 훗날 이황(李滉) 등 여러 학자에게 크게 영향을 미쳤고, 《오경천견록》 가운데 《예기천견록(禮記淺見錄)》은 태종이 관비로 편찬을 도와, 주자(鑄字)로 간행하게 하고 경연(經筵)에서 이를 진강(進講)하게까지 했다. 이밖에 정도전의 척불문자(斥佛文字)인 《불씨잡변(佛氏雜辨)》 등에 주석을 더하기도 했다. 저서에는 시문집으로 《양촌집(陽村集)》 40권을 남겼다. 시호는 문충(文忠)이다.

김도(金濤)[193] 등을 발탁하였으며 또 제5차로 김잠(金潛)[194] 등 33인을 선발하였다. 그런데 고시(考試) 방법에 있어서도 점차적으로 개량을 하였고 또 고시 과목도 경학(經學)을 치중하게 하였다. 따라서 명륜당(明倫堂)에서 공부하여 경학 시험에 급제하면 정부의 중요 직위에 등용되므로 고려

---

193) 김도(金濤 : ?~1376) : 고려 후기의 문신 자는 장원(長源). 연안부(延安府 : 지금의 황해도 연백군) 출신. 1370년(공민왕 19) 8월 박실(朴實)·유백유(柳伯濡) 등과 함께 향공으로 뽑혀 정조사(正朝使) 권균(權鈞)을 따라 명나라에 갔다. 이듬해 제과(制科)에 급제해 동창부(東昌府)구현(丘縣)의 승(丞)에 임명되었다. 그러나 중국어에 서투르고 고향에 노친이 있음을 이유로 사퇴하고 돌아왔다. 김도가 귀국하자 공민왕은 김도를 예로 맞이하고 우사간 예문관응교(右司諫藝文館應敎)에 임명하였다. 여러 관직을 거쳐 성균사예(成均司藝)에 올랐다. 우왕이 즉위하자 문하사인(門下舍人)으로서 좌사의(左舍議) 유순(柳珣), 기거사인(起居舍人) 박상진(朴尙眞), 우사의대부(右司議大夫) 안종원(安宗源) 등과 함께 환관의 정치 간여를 금지하는 내용의 글을 도당(都堂)에 올렸다. 또한 좌사의 안종원, 보궐(補闕) 임효선(林孝先), 정언(正言) 노숭(盧嵩) 등과 함께 왕에게 김흥경(金興慶)과 그 일당인 왕백(王伯)·안소(安沼)·정귀수(鄭貴壽) 등을 내쫓고 유신(維新)의 정교(政敎)를 펼 것을 상소하였다. 이에 김흥경이 언양(彦陽)으로 귀양을 갔으며, 그의 집이 몰수당하였다. 1376년(우왕 2) 12월에 좌부대언(左副代言)에 오르고, 이듬해 3월에는 지신사(知申事)로서 국자감시관(國子監試官)이 되어 정전(鄭悛) 등 99인을 뽑았으며, 곧 밀직제학(密直提學)으로 승진하였다. 이때 찬성사 홍중선(洪仲善)과 어울려 반대세력을 비판해 권신 이인임(李仁任)의 미움을 받게 되었다. 1379년 김도의 가노(家奴)가 연경궁(延慶宮) 옛 터의 돌을 훔친 일로 이인임의 탄핵을 받아 파면되었다. 환관 이득분(李得芬)의 도움으로 화는 면했으나, 같은 해 7월에 양백연(楊伯淵)의 옥사에 연루되어 효수당하였다.

194) 김잠(金潛 : ?~1373) : 고려 후기의 문신. 1371년(공민왕 20)에 과거에 급제하고 1373년에 송문중(宋文中)·권근(權近)·조신(曺信)·김진양(金震陽) 등과 함께 응거시(應擧試 : 명나라의 과거시험에 응시할 수 있는 자격시험)에 합격하였다. 그때 마침 명나라에 진정사(陳情使)·사은사로 가던 밀직부사(密直副使) 주영찬(周英贊)을 따라 명나라에 과거를 보러가는 도중, 영광(靈光)의 자은도(慈恩島) 근해에서 풍랑으로 배가 부서져 물에 빠져 죽었다.

말년의 두문동(杜門洞) 72현(賢)[195]과 같이 유교(儒敎) 의리(義理)로 높은 절개를 지킨 명인(名人)과 조선(朝鮮) 초년(初年)에 건국 경세가(經世家)와 같은 수많은 인물들이 배출(輩出)된 것이다. 이것이 목은 선생의 훈도(薰陶)[196]의 덕택(德澤)이라고 볼 수가 있다.

---

195) 두문동(杜門洞) 72현(賢) : 고려가 멸망하고 조선이 건국되자 끝까지 출사(出仕)하지 않고 충절을 지킨 고려의 유신(遺臣) 72인. 현재 72인의 성명이 모두 전하지는 않고, 임선미(林先味)·조의생(曺義生)·성사제(成思齊)·박문수(朴門壽)·민안부(閔安富)·김충한(金沖漢)·이의(李倚) 등의 성명만 전한다. 그밖에 맹(孟)씨라는 성만 전하는 자가 있다. 두문동은 경기도 개풍군 광덕면 광덕산 서쪽 기슭에 있던 옛 지명이다.

196) 훈도(薰陶) : 덕(德)으로써 사람의 품성이나 도덕 따위를 가르치고 길러 선으로 나아가게 한다는 뜻이다.

19. 공민왕의 대우(待遇)를 받다

목은은 공민왕(恭愍王)의 각별한 예우(禮遇)를 받고 또 뜨거운 사랑을
받았다. 그 일례로는 목은이 왕을 뵈려고 궁내(宮內)에 들어가면 왕은 측
근(側近) 시신(侍臣)들을 시켜서 향(香)을 사르고 자리를 깨끗하게 소제하
는 것이 상례였다. 하루는 왕이 이와 같이 하는 것을 보고 신조(神照)[197]

---

197) 신조(神照 : ?~?) : 고려 말 조선 초에 활동했던 천태종의 승려. 신조(神照)는 공민
왕과 우왕의 측근 승려였으며 후에는 이성계의 군사참모로 활동하였는데, 승려로서
는 유일하게 공신호(功臣號)를 받았다. 그는 천태종 소속 사찰인 경상남도 진주의
용암사(龍巖寺), 강원도 원주의 각림사(覺林寺), 경기도 김포의 용화사(龍華寺) 등에
서 주지로 있었다. 신조는 공민왕에게 크게 총애를 받았는데, 1370년(공민왕 19) 나
옹 혜근(懶翁惠勤)이 공부선(功夫選)을 주관할 때 출제 내용에 대하여 의문을 제기
하기도 하였다. 한때 공민왕의 시해 혐의를 받았다가 풀려나기도 하였으며, 이후 우
왕의 측근 승려로 활동하였다. 1383년(우왕 9) 신륵사의 대장각을 지을 때 전국의
불교계가 회합하였는데, 이때 신조는 천태종의 대표로 참가하였다. 1377년(우왕 3)
8월 해주의 전장에 이성계의 군사 참모로 참전하였으며, 1388년(우왕 14)에는 이성
계를 따라 요동 정벌에 참여하여 위화도에서 회군에 관한 대책을 논의하기도 하였
다. 이러한 공으로 공양왕대에 '봉복군(奉福君)'으로 책봉되었다. 1391년(공양왕 3)
1월 만의사(萬義寺)에서 7일간 소재도량을 베풀었고 이듬해인 1392년(공양왕 4) 2
월 천태종 소속 대부분의 승려들이 동참하는 법회를 개최하였다. 여기서 신조는 '화
엄삼매참의(華嚴三昧懺儀)'와 '묘법연경계환소해(妙法蓮經戒環疏解)'를 강설하였다.
조선시대에 들어와서는 태조로부터 '봉리군(奉利君)'이라는 존호를 받았다. 1394년
(태조 3)에는 석왕사를 중창하는 데 참여하였다. 이후 만의사에서 입적한 것으로 추
정되는데, 경내에 그의 부도가 있다.

라고 하는 총애를 받는 승(僧)이 왕에게 여쭈되 "상감님이 신하를 보실 때 경의(敬意)를 표하는 것도 정도가 있지 어째서 이와 같이 하십니까?" 하였다. 왕은 즉시,

"네가 무엇을 안다고 그러는가? 이색은 그 도덕이 시속 선비들에게 비할 사람이 아니다. 또 그 학문(學問)도 살과 껍질을 버리고 골수(骨髓)를 얻어서 중국(中國)에서도 그와 같은 사람을 보기가 드문 것이다. 내가 어찌 이런 사람을 교만하게 대접할 수 있는가"

라고 하였다. 그때에 왕이 이와 같이 목은을 알았기 때문에 문충보절찬화공신(文忠保節贊化功臣)이라고 하는 영광스러운 공신호(功臣號)를 목은에게 주었고 이어서 광청대부(匡請大夫) 정당문학(政堂文學) 예문관대제학(藝文館大提學) 지춘추관사(知春秋館事) 겸(兼) 판전의사사(判典儀寺事) 성균관대사성(成均館大司成) 제점서운관사(提點書雲觀事)와 같은 영예(榮譽)스러운 벼슬을 시켜서 나라 일을 보게 하였다. 그때에 왕은 또 이성계(李成桂) 장군을 지문하사(知門下事)를 시키고 근신들에게 "요새 인물에 대한 평이 어떠한가" 하고 물었다. "모두가 다 왕께서 사람을 얻으셨다"고 합니다. 왕이 웃으면서 "문무(文武)가 다 일류 인물을 써서 재상(宰相)을 삼았으니 누가 감히 말할 자 있으리요" 하고 자만(自慢)을 피웠던 것만 보아도 공민왕의 목은에 대한 두터운 예우를 알 수가 있다.

20. 목은과 이태조(李太祖)와의 친분(親分)

　이성계(李成桂) 장군이 동북면(東北面), 지금의 함경남북도에서 병마사(兵馬使)로 혁혁한 전공을 세우고 또 왜구(倭寇)를 섬멸함으로써 무장(武將)으로 둘도 없는 총애를 공민왕에게 받았고 또 목은은 도덕과 문장의 문신(文臣)으로 지극한 대우를 공민왕에게 받았기 때문에 이 두 사람 사이에는 교분이 대단히 두터웠으며 더욱이 목은은 이태조의 가장 존경하고 소중하게 여기는 친구였다. 그래서 이태조는 목은에게 자기의 자(字)와 또 그 거실(居室)의 호(號)를 지어 달라고 청하였다. 목은은 쾌히 승낙하고 "계화(桂花)는 중추(仲秋) 가을에 희고 깨끗하게 피는 것이니 자는 중결(仲潔)이라고 하고 또 계수나무의 짝은 소나무만한 것이 없고 또 소나무는 그대가 절의(節義)를 존상(尊尙)하는 의미에서 매우 좋아하니 실호(室號)는 송헌(松軒)이라"고 하라고 하였다.

　또 2남(二男)의 이름은 방과(芳果)[198]라 하라고 하였다. 그것은 3남(三

---

198) 방과(芳果) : 이방과(李芳果 : 1357~1419)이며, 조선의 2대왕 정종(定宗)다. 재위 1398~1400. 본관은 전주(全州). 이름은 경(曔)이고, 초명은 방과(芳果)이다. 자는 광원(光遠)이다. 태조의 둘째 아들이며, 어머니는 신의왕후 한씨(神懿王后 韓氏)이

男)의 이름이 방의(芳毅)[199]이기 때문에 과의(果毅)[200]는 붙은문자[201]로 무

___

다. 약관(弱冠)부터 관계에 나가 1377년(우왕 3) 5월 이성계(李成桂)를 수행해 지리
산에서 왜구를 토벌하였다. 조선왕조가 개창되자 1392년(태조 1) 영안군(永安君)
에 봉해졌다. 1398년 8월 정안군 방원(靖安君芳遠)이 주도한 제1차 왕자의 난이 성
공하면서 세자 책봉문제가 제기되었다. 방과는 "당초부터 대의를 주창하고 개국해
오늘에 이르기까지의 업적은 모두 정안군의 공로인데 내가 어찌 세자가 될 수 있느
냐?"고 하면서 완강하게 거절했으나 정안군이 양보해 세자가 되었다. 1개월 뒤 태
조의 양위를 받아 왕위에 올랐다. 그러나 태조의 양위는 자의가 아니라 타의에 의해
반강제로 이뤄진 것이 아닌가 하는 의문도 제기되고 있다. 정종은 자력에 의한 것이
아니라 정안군의 양보로 즉위했으므로 무력할 수밖에 없었다. 따라서 정종조의 정
치는 거의 정안군의 뜻에 따라 전개되었다. 왕위에서 물러난 뒤에는 상왕(仁文恭睿
上王)으로 인덕궁(仁德宮)에 거주하면서 격구·사냥·온천·연회 등으로 유유자적
한 생활을 하였다. 태종의 우애를 받으면서 천명을 다하였다.

199) 방의(芳毅) : 이방의(李芳毅: ?~1394)이다. 조선 왕조 태조 이성계의 셋째아들이고,
신의왕후 한씨(神懿王后 韓氏)의 소생으로, 이방과(李芳果 : 뒤의 정종)의 아우이며,
이방원(李芳遠 : 뒤의 태종)의 형이다. 1392년 태조가 즉위하자 익안군(益安君)에
봉해지고, 1398년(태조 7) 12월에 이방원·이방간(李芳幹)과 더불어 개국공신 1등
에 추록(追錄)되어 200결의 공신전을 받았다. 이보다 앞서 1398년 8월에 정도전(鄭
道傳)의 난이 일어났을 때 방원을 보좌하여 이해 9월에 정사공신(定社功臣) 1등에
봉해지고 200결의 공신전을 이미 받았으며, 그 달에 익안공으로서 중군절제사(中
軍節制使)가 되었다. 이때 이방간은 좌군절제사, 이방과는 우군절제사가 되어 정도
전 일파가 장악했던 병군을 회수하여 세 왕자가 병권을 분장하였다. 1399년(정종 1)
에 종친과 훈신(勳臣)으로 하여금 제도(諸道)의 군사를 나누어 관장하게 하였는데,
이방원은 강원도와 동북면을, 그는 경기도와 충청도를, 이방간은 풍해도와 서북면
의 병권을 각각 관장하였다. 1400년 2월에 방간·박포(朴苞)의 모반사건이 일어났
을 때 병으로 집에 있다가 소식을 듣고 이방간의 모반을 개탄하면서 절제사직을 사
임하여 이방원을 간접적으로 도왔다. 태종 이방원이 즉위하자 대군이 되었으며, 그
뒤 병으로 두문불출하다가 죽었다. 이성계(李成桂)의 왕자 가운데에서 가장 야심이
적어 아우 이방간과 이방원의 왕위계승 싸움에 중립을 지키고, 평소에 시사(時事)를
말하지 아니하였다. 시호는 안양(安襄)이다.

200) 과의(果毅) : 결단력이 있고 굳세다는 뜻 또는 결단성이 있고 강(强)하다는 뜻의 한
단어이다.

201) 붙은문자(文字) : 어떤 사물의 설명에 꼭 들어맞는 말이나 표현을 말한다.

장(武將)의 필수(必須) 덕목(德目)이라고 하였다.

이와 같이 목은은 이태조의 자와 호를 지어주었으며 또 그 아들의 이름 까지도 작명(作名)하여 준 것이다.

21. 목은 선생의 불우(不遇)

　목은은 44세 때에 어머니의 죽음을 당하여 슬프고 아파서 병이 될 지경이었다. 46세에 삼년상을 마침에 공민왕은 대광한산군(大匡韓山君)에 봉(封)하고 관작(官爵)을 가증(加贈)하여 우대(優待)하였다. 그러나 47세가 되던 해 9월에 공민왕이 불의(不意)의 시역(弑逆)을 당하였다. 이 왕의 죽음으로 인하여 병세가 더욱 가중해졌다. 그래서 뜨거운 지우(知遇)[202]를 받던 왕의 죽음으로 인한 비통은 7, 8년간 두문불출(杜門不出)하는 목은을 만들어 버린 것이었다.

　48세 때에 우왕(禑王)이 추충보절동덕찬화공신(推忠保節同德贊化功臣) 삼중대광한산군(三重大匡韓山君)의 공신호와 봉작(封爵)을 주고 또 전례에 의하여 예문춘추관사(藝文春秋館事)를 보고 성균관대사성(成均館大司成)을 삼았으니 우왕도 목은의 도덕 문장은 물론이요 또 국가의 중신으

---

202) 지우(知遇) : 남이 자신의 인격이나 재능을 알고 잘 대우함.

로 전왕(前王)의 예우(禮遇)가 극진하였던 것을 잘 아는 까닭으로 목은을 이처럼 중신으로 대우한 것이다. 그러나 목은은 집에 거처하여 모든 일을 보더라도 또 양식과 신수가 끊기는 때가 여러 번이었으나 조금도 걱정을 하거나 또 이것에 관심(關心)을 주는 일이 없이 편안하게 지내었다. 그래서 때로는 자경잠(自警箴)[203]을 짓고 또 때로는 《직설삼편(直說三篇)》도 저작(著作)하여 그 포부를 서술(敍述)하였다. 목은은 52세 되던 해에 '어찌 돌아가지 않으리'[204]라는 시를 지었다. 이것은 은퇴할 의사를 표시한 것이다. 그 글이 걸작(傑作)인 것은 말할 것도 없다.

원하는 사람은 《목은집》을 생각해보면 알 것이다. 손자(孫子) 맹유(盟畭)[205]와 중동(中童)[206]에게 주는 시를 지은 것도 이 시기(時期)의 일이었다. 자손에게 보여줄 글과 자탄시(自歎詩), 제자(諸子)에게 주는 글과 모든 유생(儒生)에게 경계하는 글들도 이때에 지은 것이다.

58세 때에 중국사신(中國使臣) 장부(張簿)와 주탁(周倬) 등과 회견하였는데, 이 두 사람이 고려국경(高麗國境)에 이르렀을 때에 목은의 안부를 물었을 뿐만 아니라 송도(松都)에 와서 연회석상에서 여러 사람들 가운데

---

203) 스스로를 경계하기 위하여 쓴 글을 말한다.

204) 《호불귀행(胡不歸行)》

205) 이맹유(李盟畭 : 1369~?) : 이색 선생의 맏아들 이종덕(李種德)의 장남 이맹유(李盟畭)이다. 벼슬은 사윤(司尹 : 정3품)을 지냈다.

206) 중동(中童) : 이색 선생의 둘째 아들 인제(麟齋) 이종학(李種學)의 장남인 이숙야(李叔野 : 1377~?)이다. 조선 태종 때 경기도 광주목사(光州牧使 : 정3품)를 지냈다. 여기서 중동(中童)은 이색 선생의 세 아들 중 둘째 아들의 자식을 중간(中間), 즉 둘째라는 의미의 중(中)과 그의 아이라는 의미의 아이(童)로서 중동(中童)을 말하는 것이다.

목은 선생이 계신 것을 보고 통역하는 사람에게 "저기 저 사람이 목은이 아니냐? 그분은 도덕이 있는 정수(精粹)한 사람이다"라고 하였다. "그렇다"고 대답을 듣자마자 두 사람은 곧 목은에게로 다가와 대화(對話)를 교환하면서 존경하는 태도가 사람들을 놀라게 하였다.

그리고 이 해 10월에 벽상삼한(壁上三韓) 삼중대광(三重大匡) 검교문하시중령(檢校門下侍中領) 예문춘추관사(藝文春秋館事) 상호군(上護軍) 한산부원군(韓山府院君)을 삼는 동시에 공신호는 전과 같이 제수 받았다.

목은 60세 되던 해에 시세(時勢)가 불가한 것을 보고 병들었다 핑계하고 나오지 않았다. 그 이듬해에 추충보절(推忠保節) 동덕찬화(同德贊化) 보리공신(輔理功臣) 벽상삼한(壁上三韓) 삼중대광(三重大匡) 문하시중(門下侍中) 판전이사사령(判典理司事領) 효사관서연(孝思館書延) 예문춘추관사(藝文春秋館事) 상호군(上護軍) 한산부원군(韓山府院君)이 되었다. 그러나 이때에 이성계(李成桂) 장군의 위세가 날로 증대하여 갔다.

22. 목은 선생과 위화도(威化島)[207] 반군(反軍)

이때에 명(明)나라 태조(太祖)는 원(元)을 쳐부수고 철령(鐵嶺)에다가
위소(衛所)를[208] 두고 만주와 한반도(韓半島)를 곁눈질하였다.

---

207) 위화도(威化島) : 지금의 평안북도 신의주시 상단리와 하단리 사이에 위치한 압록강
의 하중도(河中島)의 이름이다. 고려시대에는 대마도(大麻島)라 하여 국방상 요지였
다. 1388년 요동 정벌 때 우군도통사(右軍都統使) 이성계(李成桂)가 이곳에서 회군
(回軍)을 단행함으로써 조선을 여는 역사적인 계기를 이룩한 곳이다.

208) "철령(鐵嶺)에다가 위소(衛所)를" : 이것을 역사상 철령위(鐵嶺衛)문제라고 부른다.
1387년(우왕 13) 12월에 명나라는 철령 이북의 땅이 원나라에 속했던 것이므로 요
동(遼東)에 귀속시켜야 한다는 이유를 내세워 철령위의 설치를 결정하였다. 이러한
사실은 당시 명나라에 사신으로 가 있던 설장수(偰長壽)를 통해 이듬해 2월 전달되
었다. 이에 고려 조정은 유사시를 대비해 전국적으로 성을 수축하고, 서북면에 무장
들을 증파해 수비를 굳건히 하였다. 또한 밀직제학(密直提學) 박의중(朴宜中)을 사
신으로 파견해 철령 이북의 문천(文川) · 고원(高原) · 영흥(永興) · 정평(定平) · 함흥
(咸興)은 물론 그 북쪽의 공험진(公嶮鎭)까지도 원래 고려의 영토였음을 주장하면서
철령위의 설치를 철회하도록 요구했으나, 쉽게 받아들여지지 않았다. 앞서 명나라
의 후군도독부(後軍都督府)는 요동 백호(百戶) 왕득명(王得明)을 보내 철령위의 설
치를 정식으로 통보해왔다. 서북면안무사(西北面都安撫使) 최원지(崔元沚) 또한
요동의 도사(都司)가 강계(江界)에 철령위를 설치하고, 요동에서 철령까지 70개의
역참을 설치하려 한다는 사실을 보고하였다. 그러나 실제로 명나라는 강계만호 김
완가(金完哥)의 내부(來附)를 계기로 요동의 봉집현(奉集縣)에 철령위지휘사사(鐵嶺
衛指揮使司)를 설치하고, 황성(黃城)을 중심으로 민호(民戶)의 초무(招撫)에만 나서
고 있었다. 한편 고려는 전국의 정병(精兵)을 총동원하고, 최영(崔瑩) · 조민수(曺敏
修) · 이성계(李成桂)를 각각 팔도도통사(八道都統使) · 좌군도통사 · 우군도통사로
삼아 이른바 요동 정벌을 단행했으나, 이성계의 위화도회군(威化島回軍)으로 중단
되었다. 이후 명나라는 더 이상 철령위의 설치를 거론하지 않았고, 1393년(태조 2)

왕우(王禑)²⁰⁹⁾는 평양에다가 대본영(大本營)을 설치하고 만주에 있는 명 군(明軍)에 대한 토벌군(討伐軍)을 일으켰다. 총사령관은 최영(崔瑩)²¹⁰⁾

에는 봉집현의 철령위지휘사사도 현 만주의 철령으로 이전하였다.

209) 왕우(王禑 : 1365~1389) : 고려 제32대 우왕(禑王)이다. 재위 1374~1388. 어릴 때의 이름은 모니노(牟尼奴)이며, 신돈(辛旽)의 시비(侍婢)인 반야(般若)의 소생이다. 1371년(공민왕 20) 신돈이 실각하자 후사가 없던 공민왕이 시비의 소생인 그가 아들임을 밝혔다. 공민왕은 근신(近臣)에게 자기가 전에 신돈의 집에 행차해 시비와 상관해서 아들을 낳은 바 있다고 말하였다. 그 뒤 그는 신돈이 주살되자 궁중에 들어와 우(禑)라는 이름을 받고 강녕부원대군(江寧府院大君)에 봉해졌다. 우왕은 백문보(白文寶)·전녹생(田祿生)·정추(鄭樞)를 사부로 삼아 학문을 배웠다. 그리고 는 궁인 한씨(韓氏)의 소생인 것으로 발표하였다. 1374년 공민왕이 시해되자, 이인임(李仁任)·왕안덕(王安德) 등에 의해 옹립되어 10세의 어린 나이로 즉위하였다. 즉위 초부터 북원(北元)이나 명나라와 복잡한 외교 문제가 계속 발생하였다. 더욱이 왜구의 침탈이 극심해 매우 불안정한 정세를 맞이하였다. 그러나 이인임과 최영(崔瑩)이 정치적 실권을 장악한 가운데 정사를 돌보지 않고 환관 또는 악소배(惡少輩)들과 사냥이나 유희를 일삼았다. 1388년(우왕 14)에 명나라에서 철령위(鐵嶺衛)의 설치를 일방적으로 통고해 왔다. 그러자 크게 분개한 우왕은 이성계(李成桂)의 반대를 물리치고 최영의 주장에 따라 요동 정벌을 단행하였다. 그러나 우군도통사(右軍 都統使) 이성계가 위화도회군(威化島回軍)을 함으로써 요동 정벌은 수포로 돌아갔다. 또한 이성계에 의해 최영이 실각함과 동시에 폐위되어 강화도로 안치되었다. 그 뒤 여흥군(驪興郡 : 지금의 경기도 여주)으로 이치(移置)되었다. 다시 1389년 11월 김저(金佇)와 모의해 이성계를 제거하려 했다는 혐의를 받아 강릉으로 옮겨졌다. 다음 달에 그곳에서 죽임을 당하였다.

210) 최영(崔瑩 : 1316~1388) : 고려 후기의 명장. 본관은 창원(昌原). 평장사(平章事) 최유청(崔惟淸)의 5세손, 아버지는 사헌규정(司憲糾正) 최원직(崔元直)이다. 풍채가 괴걸하고 힘이 뛰어났다. 처음에 양광도도순문사(楊廣道都巡問使) 휘하에서 왜구를 토벌하는 데 많은 공을 세워 우달치(于達赤 : 司門人)가 되었다. 1352년(공민왕 1)에 안우(安祐)·최원(崔源) 등과 함께 조일신(趙日新)의 난을 평정하여 호군(護軍)이 되었고, 1354년에 대호군이 되었다. 당시 원나라에서 고려에 원병을 청하자 유탁(柳濯)·염제신(廉悌臣) 등 40여 명의 장수와 함께 군사 2,000명을 거느리고 원나라에 갔다. 그때 원나라의 승상(丞相) 탈탈(脫脫) 등을 좇아 중국 고우(高郵) 등지에서 싸웠다. 1355년에는 회안로(淮安路)에서 적을 막았으며 팔리장(八里莊)에서 싸워 용맹을 떨친 뒤 돌아왔다. 이듬해부터 고려가 배원정책(排元政策)을 쓰게 되자

서북면병마부사(西北面兵馬副使)로서 서북면 병마사 인당(印璫)과 함께 원나라에 속했던 압록강 서쪽의 8참(站)을 공격하여 파사부(婆娑府 : 九連城) 등 3참을 쳐부수었다. 1358년 양광전라도왜구체복사(楊廣全羅道倭寇體覆使)가 되어 배 400여 척으로 오예포(吾乂浦)에 침입한 왜구를 복병을 이용해 격파하였다. 1359년 홍건적 4만 명이 침입하여 서경(西京)을 함락시키자, 여러 장수와 함께 생양(生陽)·철화(鐵和)·서경·함종(咸從) 등지에서 적을 무찔렀다. 1361년 서북면도순찰사(西北面都巡察使)·좌산기상시(左散騎常侍)가 되었다. 그 해에 홍건적 10만 명이 다시 침입해 개성을 함락시키자, 이듬해 안우·이방실(李芳實) 등과 함께 이를 격퇴하여 개성을 수복하였다. 그 공으로 훈(勳) 1등에 도형벽상공신(圖形壁上功臣)이 되었고 전리판서(典理判書)에 올랐다. 1363년에는 김용(金鏞)이 공민왕을 시해하려 했던 흥왕사(興王寺)의 변(變)을 평정시켰다. 1364년 원나라에 있던 최유(崔濡)가 덕흥군(德興君 : 충선왕의 셋째아들)을 왕으로 받들고 군사 1만 명으로 압록강을 건너 선주(宣州 : 평안북도 선천)에 웅거하였다. 이에 이성계(李成桂) 등과 함께 수주(隨州 : 평안북도 정주)의 달천(獺川)에서 싸워 물리쳤다. 또 연주(延州 : 평안북도 운산)에 침입한 동녕로만호(東寧路萬戶) 박백야대(朴伯也大)를 장수를 보내 격퇴시켰다. 이듬해 교동(喬桐)·강화(江華)에 왜구가 출몰하자 동서강도지휘사(東西江都指揮使)가 되어 동강(東江)에 나가 지켰다. 이때 신돈(辛旽)의 참소로 계림윤(鷄林尹)으로 좌천되었다가 귀양길에 올랐다. 1371년 신돈이 처형되자 6년 만에 풀려나 다시 찬성사가 되었다. 1373년 육도도순찰사(六道都巡察使)로 있으면서 군호(軍戶)를 편적(編籍)하여 전함(戰艦)을 만들게 하였다. 또 나이 70세 이상인 사람들로부터 쌀을 거두어 군수(軍需)에 보충함으로써 백성들의 원망을 사기도 하였다. 1374년 육도 도순찰사 시절에 6도를 혼란스럽게 하였다는 이유로 대사헌 김속명(金續命) 등의 탄핵을 받았다. 그러나 도리어 김속명이 파면되었다. 그 해 명나라가 제주도의 말 2,000필을 요구하였는데, 제주도의 호목(胡牧)이 300필만 보내왔다. 이에 제주도를 치기로 하고, 도병마사염흥방(廉興邦)과 함께 전함 314척과 군사 2만 5,600명을 지휘, 제주도를 평정하였다. 1376년 연산(連山) 개태사(開泰寺)에 침입한 왜구에게 원수(元帥) 박인계(朴仁桂)가 패배하자, 민심이 흉흉하였다. 이때 노구를 이끌고 출정하기를 자원하여 홍산(鴻山 : 지금의 부여)에서 왜구를 크게 무찔렀다. 1377년에는 도통사가 되어 강화·통진(通津) 등지에 침입한 왜구를 격퇴하는 한편, 왕으로 하여금 교동·강화의 사전(私田)을 혁파하여 군자(軍資)에 충당하게 하였다. 1378년 왜구가 승천부(昇天府 : 지금의 황해도 개풍)에 침입하자, 이성계·양백연(楊伯淵) 등과 함께 적을 섬멸하였다. 1380년에는 해도도통사(海道都統使)가 되어 동서강(東西江)에 나가 왜구를 막다가 병에 걸렸다. 1384년 문하시중을 거쳐 판문하부사(判門下府事)에 올랐다. 1388년 다시 문하시중이 되어 왕의 밀령(密令)으로 부패와 횡포가 심하던 염

장군으로 하고 그 부하에 이성계(李成桂) 장군과 조민수(曺敏修)[211] 장군

홍방·임견미(林堅味)와 그 일당을 숙청하였다. 그 해 최영의 딸이 우왕의 비(寧妃)가 되었다. 이때 명나라가 철령위(鐵嶺衛)의 설치를 통고하고 철령 이북과 이서·이동을 요동(遼東)에 예속시키려 하였다. 이에 요동 정벌을 결심하고 팔도도통사(八道都統使)가 되어 왕과 함께 평양에 가서 군사를 독려하였다. 한편, 좌군도통사 조민수(曺敏修), 우군도통사 이성계(李成桂)로 하여금 군사 3만 8,800여 명으로 요동을 정벌하게 하였으나, 이성계가 조민수를 설득하여 위화도(威化島)에서 회군함으로써 요동 정벌은 실패로 끝나고 말았다. 이렇게 위화도회군을 단행하고 기세가 오른 이성계의 막강한 원정군을 막지 못하여 결국 도성을 점령당하고 말았다. 그리하여 강직용맹하고 청렴했던 최영은 이성계에게 잡혀 고향인 고봉현(高峯縣 : 지금의 경기도 고양)으로 유배되었다. 그 뒤 다시 합포(合浦 : 지금의 경상남도 마산)·충주로 옮겨졌다가 공료죄(攻遼罪 : 요동을 공격한 죄)로 개성에 압송되어 순군옥(巡軍獄)에 갇혔고, 그 해 12월에 참수(斬首)되었다. 이 소식을 들은 개성 사람들은 저자의 문을 닫고 슬퍼하였으며, 온 백성이 눈물을 흘렸다고 한다. 후일 이성계는 새 왕조를 세우고 나서 6년 만에 무민(武愍)이라는 시호를 내려 넋을 위로하였다. 개풍군(開豐郡) 덕물산(德物山)에 있는 최영의 무덤은 풀이 나지 않는다 하여 적분(赤墳)으로 불린다. 그 산 위에는 장군당(將軍堂)이 있어 무속인들에게 숭상의 대상이 되고 있다.

211) 조민수(曺敏修 : ?~1390) : 본관은 창녕(昌寧). 1361년(공민왕 10) 순주부사(順州府使)로 여러 장군들과 함께 홍건적의 침입을 물리치고 2등공신에 올랐다. 다음해 양광도도순문사(楊廣道都巡問使)를 거쳐 전리판서(典理判書)·동지밀직사사(同知密直司事) 등을 역임하였다. 1368년 명나라가 원나라 서울인 연경(燕京)을 포위하자 좌상시(左常侍)로서 의정주등처안무사(義靜州等處安撫使)가 되어 명나라의 위협에 대비하였으며, 충근보리공신(忠勤輔理功臣)의 호를 받았다. 우왕 초에 경상도 도순문사로 왜구를 물리쳤고, 지문하부사(知門下府事)·서북면 도체찰사에 올랐다. 1379년(우왕 5) 문하평리(門下評理), 1383년 문하시중(門下侍中)을 역임하고, 창성부원군(昌城府院君)에 봉하여졌다. 다음해 밀직부사로서 전라도조전원수(全羅道助戰元帥)를 겸임, 1385년 판문하부사(判門下府事)로서 사은사(謝恩使)가 되어 명나라에 다녀왔다. 1388년 요동 정벌군의 좌군도통사(左軍都統使)로 출정하였다가 이성계(李成桂)와 함께 위화도에서 회군, 우왕을 폐하고 창왕을 세우는 데 중요구실을 하여 충근양절선위동덕안사공신(忠勤亮節宣威同德安社功臣)에 양광전라경상서해교주도도통사(楊廣全羅慶尙西海交州道都統使)가 되었다. 1389년(창왕 1) 이성계 일파의 전제개혁을 반대하다가 조준(趙浚) 등의 탄핵으로 창녕에 유배되었다. 이 해 창왕의 생일에 특사로 풀려나왔으나, 다시 우왕의 혈통을 에워싼 논쟁으로 이성계

을 두어 진격하게 하였다.

목은이 61세 되던 해 5월에 대군이 압록강(鴨綠江) 위화도(威化島)에 진주(進駐)하였다. 때마침 더위와 장마에 부대끼는 장졸들의 집 생각나는 것을 이용(利用)하여 이성계 장군은 군사를 돌이켜 평양에서 최영 장군을 반역자(叛逆者)로 몰아 귀양 보냈다가 죽이고 또 송도에 와서는 왕우(王禑)가 공민왕의 아들이 아니고 신돈(辛旽)의 첩(妾) 반야(般若)가 낳은 신가(辛氏)라고 모략을 꾸며 마침내 왕위(王位)에서 내쫓아서 평민(平民)을 삼고 처음에는 강화도(江華島), 나중에는 여주(驪州)로 귀양을 보냈다. 이성계 장군은 고려 왕씨(王氏) 종족(宗族) 중에서 자기 비위에 맞는 사람을 택하여 왕을 삼으려고 하였으나 조민수 장군은 목은에게 와서 물었다. 목은은 서슴지 않고 "전왕의 아들을 세워야 한다[212]"라고 말하였다. 그래서 우왕(禑王)의 아들 창(昌)을 세워서 왕을 삼았다.

창왕(昌王)이 즉위(卽位)함에 백관(百官)들이 진하(進賀)하는데 목은이 장단(長湍)으로부터 입궐(入闕) 진하(進賀)함에 왕은 침전(寢殿)으로 초청(招請)하여 강개한 기색으로 목은에게 말하기를 "경(卿)은 이 몸을 도와주기를 바라노라"라고 하였다.

왕이 태묘(太廟)[213]에 고하고 남향(南向)을 사양하니 목은이 간(諫)하며

일파에 대항하다가 서인(庶人)으로 강등, 다음해에 다시 창녕으로 유배되어 그곳에서 죽었다.

212) 당립전왕지자(當立前王之子)

213) 태묘(太廟) : 역대 제왕의 위패를 모신 사당

말하기를 "이미 태묘에 고하고[214] 남향을 아니 하면 민망(民望)을 수습치 못할 것이요" 하니 왕이 남향하였다.

이때 우왕(禑王)의 모친(母親) 신주(神主)를 철폐(撤廢)하자 하니 목은이 정색(正色)하여 말하기를 "이 일이 아직 끝나지 않았으니 아직 천천히 하라[215]"라고 하였다.

이 창왕(昌王)이 목은을 문하시중(門下侍中), 지금의 국무총리(國務總理)로 삼은 것이다.

---

214) 기위고묘(旣爲告廟)

215) 차사고미종(此事姑未終), 고서지(姑徐之)

23. 목은 선생과 명(明) 태조(太祖)

그 해 10월에 명(明)의 연하정사(年賀正使)로 목은은 중국(中國) 남경 (南京)에 가게 되었다. 공민왕이 죽은 후로 명(明) 황제는 왕이나 대신급 (大臣級)이 입조(入朝)하라고 요구하였던 것이다. 창왕(昌王)과 다른 사람 들이 다 목은은 60 노인이므로 못 간다고 하였다. 또 뿐만 아니라 명나라 에서 질책(叱責)할까 무서워서 가고자 하는 사람도 없었다. 목은은,

"이때 국가 사이에 틈이 나서 곤란하니 왕이나 집정(執政) 수반 (首班)이 가지 않으면 변명을 할 수가 없고 또 왕은 어려서 갈 수가 없으니 내가 가야만 된다. 또 나는 원래가 포의(布衣)의 한사(寒士) 로 극품(極品)까지 벼슬을 하였으니 죽기를 마다 않고 국은에 보답 하여야 할 것이다. 설혹 길에서 죽는 일이 있더라도 시체로 국명을 완수한다고 하면 그 이상 더 영광이 없을 것이다"

라고 자기가 가기를 주장하였다. 이 일의 이면은 이성계 장군의 위화도 쿠데타 이후 병권(兵權)을 한 손에 잡고 왕까지 내쫓는 일을 감행하였으니 왕씨(王氏)의 왕권(王權)이 언제 어떻게 될는지 알 수 없는 것이요 명 황제는 이 틈을 타서 고려를 도모할 의도(意圖)조차 있는지 알 수 없는 시국(時局)이라 목은은 명 황제의 위력(威力)을 빌려 이성계 장군의 횡폭(橫暴)을 제재(制裁)할 심산(心算)이 있었던 것이다.

이성계 장군은 목은이 직접 가겠다는 말을 듣고 "장하다, 이 늙은이여"라고 하였다. 목은은 마침내 이숭인(李崇仁), 김사안(金士安)²¹⁶⁾을 데리고 또 이성계 장군의 다섯째 아들 방원(芳遠)으로 서장관(書狀官)을 삼아 데리고 멀리 남경(南京) 길을 떠났다. 이방원(李芳遠)을 비서(秘書)로 데리고 간 것도 이유가 있으니 그것은 곧 이성계 장군의 쿠데타 행동과 모략을 이방원이 이면에서 꾸몄기 때문에 이 사람을 두고 갔다가는 갔다 오는 사이에 또 무슨 변을 꾸며낼 지 알 수가 없었던 것이다.

목은은 남경에 이르러 명 태조(明太祖)를 만났다. 명 태조는 본래부터 목은의 이름을 잘 들어 알고 있었던 터라 서너 차례 접견하고 예우를 극진히 하였다. 그리고 "그대가 원나라에서 한림학사(翰林學士) 벼슬을 하였으니 응당 한어(漢語)를 알 것이다"라고 명 황제는 말하였다. 목은은 한어를 하지 않은지가 수십 년이 된 까닭으로 발음이 자못 난삽(難澁)하였

---

216) 김사안(金士安 : ?~1391) : 원 간섭기 세족으로 성장한 안동 김씨(安東金氏) 김방경(金方慶)의 후손으로, 우왕~공양왕 때 동지밀직사사(同知密直司事), 전라도 도관찰사(都觀察使) 등의 관직을 역임한 문신관료이다. 그에 대해서는 《고려사(高麗史)》권(卷) 104, 열전(列傳) 17, 김방경(金方慶) 부 김영후전(金永煦傳) 참조

다. 그러나 "고려왕의 친조(親朝)는 그만두고 이성계 장군을 견제하기 위하여 왕관감국(王官監國)[217]을 하여 달라"고 하였다.

명 황제가 잘 알아듣지 못하는 체하는지라 통역관이 이 뜻을 잘 말하였다. 명 황제가 웃으면서 "그대의 한어(漢語)는 꼭 몽고 사람의 것과 같다"라고 하였다.

목은은 그 후에 명 황제를 평하여 "마음속에 줏대가 없는 사람이었다. 나는 내가 말한 것을 자세히 물을 줄 알았더니 엉뚱한 소리만 물었다"고 하였다. 명 태조의 의도는 명나라 자체도 아직 안정이 되지 않았는데 어떻게 고려 일에 손을 대서 당태종(唐太宗)의 뒷바퀴를 따르랴. 다만 공물(貢物)이나 많이 요구하고 왕이야 왕가가 하든지 이가가 하든지 상관이 없지 아니하냐 하는 심산이었음으로 목은의 하는 말을 짐짓 모르는 체하고 외교적으로 핵심문제(核心問題)는 흘려버린 것으로 보는 것이 타당할 것이다.

그러나 명 황제는 목은을 극히 소중하게 대우하고, 만나보고 갈 때에는 목은 선생의 태도를 연모하여 감탄을 하였다.

---

217) 왕국감관(王官監國) : 《고려사(高麗史)》권(卷) 137 열전(列傳) 50 창왕 즉위년 10월 조에 나와 있는 기사의 한 절이다. 당시 명(明)나라에 하정사(賀正使)로 보내어 명나라에 고려의 국정 감독과 자제 입학 허락을 요청한 표이다. 즉 왕관(王官)은 명나라 관리를 말하며, 감국(監國)은 고려의 국정을 감독한다는 것이다. 다음이 그 기사의 원문이다. "遣門下侍中李穡, 簽書密直司事李崇仁, 同知密直金士安, 如京師, 賀正, 且請王官監國, 子弟入學. 請監國表曰, "保國在於事大, 綏遠在於置監, 玆彈卑忱, 庸瀆聰聽. 竊惟, 小邑邈處邊陲, 雖蒙聲敎之漸, 尚昧禮義之習. 冀王官之來莅, 惟聖化之是宣. 伏望, 陛下度擴兼容, 仁推一視, 命設員吏, 俾安要荒. 臣謹當守侯度以罔愆, 祝皇齡於有永."

24. 목은 선생과 이성계 장군과의 알력

이때에 이성계 장군은 우왕을 쫓아내고 왕씨(王氏) 종실(宗室) 중에서 자기의 의중(意中) 인물(人物)을 왕으로 내고 자기 마음대로 하려고 하였던 것이 목은의 의사(意思)대로 우왕(禑王)의 아들 창왕(昌王)을 세웠으니 속마음이 좋지 못하였고 또 명나라에 사신 갈 때에도 자기 아들을 붙잡고 갔으니 속마음이 대단히 불쾌하였을 것이다. 더욱이 그 이듬해 목은이 귀국하자마자 황려부(黃驪府)²¹⁸⁾로 가서 퇴위된 우왕(禑王)을 단독으로 만

---

218) 황려부(黃驪府) : 현재 경기도 여주이다. 원래 고구려의 골내근현(骨乃斤縣)이었는데 신라의 영토가 된 뒤 경덕왕 때 황효현(黃驍縣)이라 개칭하여 기천군(沂川郡)의 영현(領縣)으로 하였다. 940년(태조 23) 황려현(黃驪縣, 또는 黃利縣)으로 고쳤고, 1018년(현종 9) 원주(原州)에 이속시켰다가 뒤에 감무(監務)를 두었다. 고종 때는 일시 영의현(永義縣)이라고도 하였다. 1305년(충렬왕 31) 이곳이 순경왕후 김씨(順敬王后金氏)의 고향이라 하여 여흥군(驪興郡)으로 격상시켰는데, 1388년(우왕 14) 황려부(黃驪府)로 또 격상시켰다. 그러나 공양왕이 즉위하면서 다시 여흥군으로 격하시켰다. 조선시대에는 태종이 즉위하자 원경왕후(元敬王后)의 고향이라 하여 여흥부로 승격시키고, 1413년(태종 13) 충청도의 안성·양지·음죽 등을 경기도에 이속시킨 뒤 도호부로 승격시켰다. 1469년(예종 1) 여주목(驪州牧)으로 승격된 뒤 큰

나 뵈었다. 이 일도 이성계 장군 일당에게는 대단히 꺼리는 일이 된 것이다. 이 정세를 살핀 목은은 모든 관직을 그만두고 장단(長湍)²¹⁹⁾으로 하야(下野)하였다. 창왕은 중사(中使)²²⁰⁾를 보내서 안부를 묻고 또 근신(近臣)을 보내서 돌아오기를 청하였다.

그러나 목은은 편지를 올리고 사양하였다. 때마침 이숭인이 사사로이 밀무역을 하였다고 모함을 당하여 귀양을 갈 판이라 목은은 심사가 매우 편치 못하였을 것이다. 그러나 창왕(昌王)은 교서(敎書)를 내려 목은의 나라에 대한 불후(不朽)의 공적을 찬양(讚揚)하고 칼을 차고 신을 신은 채로 전(殿)에 오르게 하며 찬배(贊拜)²²¹⁾할 때 이름을 부르지 않게 하는²²²⁾ 특전(特典)을 명하고 관작을 올려주었다. 이것은 포은(圃隱) 정몽주(鄭夢周)의 청을 좇은 것이다. 이때에 포은은 목은을 추켜 내세워서 인심(人心)을

변동은 없었다.

219) 장단(長湍) : 지금의 개성직할시 장풍군

220) 중사(中使) : 고려~조선시대 궁궐 내에서 잡무를 담당한 내관(內官, 내시)을 말한다. 고려에서는 처음 국왕의 수위(守衛)와 근시(近侍)를 맡았던 내시직(內侍直)에 권문세족층의 자제 및 시문(詩文)·경문(經文)에 뛰어난 문신을 임명하였다. 그런데 의종 이후에는 환관을 임명하면서 이들 환관들이 국왕의 측근이 되어 권력을 휘둘렀다. 이러한 현상은 원나라의 간섭 이후 부원(附元) 환관들에 의해 더욱 두드러지게 되었다. 한편, 이들 세력의 성장으로 공민왕 초기에는 내첨사(內詹事)·내상시(內常侍)·내시감(內侍監)·내승직(內承直)·내급사(內給事)·궁위승(宮闈丞)·해관령(奚官令) 등과 같은 내시직이 설치되었으며, 같은 왕 5년(1356)에는 환관의 전문 관청인 내시부(內侍府)가 설치되었다. 여기서의 환시(宦寺)는 환관들의 직이나 관청을 지칭하는 것이다.

221) 찬배(贊拜) : 신하가 국왕에게 조견(朝見)할 때 집례자(執禮者)가 행례(行禮)의 절차를 알리는 것을 말한다.

222) 검리상전찬배불명(劍履上殿贊拜不名)

안정(安定)시키고 왕씨(王氏)의 왕권(王權)을 수호(守護)하려고 한 것이다. 그러나 이방원 일파의 지극한 반심을 사게 되었다. 8월에 이 일이 있자 12월에는 이성계 장군이 또 한 번 쿠데타를 일으켰으니 그것은 곧 흥국사(興國寺)[223]에 군사를 베풀어 놓고 심덕부(沈德府),[224] 지용기(池湧奇),[225]

223) 흥국사(興國寺) : 경기도 개성시 만월동(현재 황해북도 개성시 만월동)에 있었던 절. 불은사(佛恩寺)·국청사(國淸寺) 등과 더불어 고려시대에 가장 중요하였던 국찰(國刹) 가운데 하나이다.

224) 심덕부(沈德府 : 1328~1401) : 고려 말 조선 초의 문신. 본관은 청송(靑松), 자는 득지(得之), 호는 노당(蘆堂)·허당(虛堂). 아버지는 전리정랑(典理正郞) 심용(龍)이다. 고려 충숙왕 복위년 말에 음직(蔭職)으로 출사한 이후, 1385년 문하찬성사(門下贊成事)로서 동북면상원수(東北面上元帥)를 겸하여 북청(北靑)에 침략한 왜구를 토벌하는 등 이성계(李成桂)와 함께 왜구를 토벌하는 데 공을 세웠다. 1388년 이성계의 위화도회군(威化島回軍)을 도와주었다. 조선 개국 후에는 신왕조 건설의 일익을 담당하였다. 1394년에는 신도궁궐조성도감(新都宮闕造成都監)의 판사가 되어, 한양의 궁실과 종묘를 영건(營建)하는 일을 총괄하였다. 72세 때인 1399년(정종 1)에 좌의정이 되었다가 이듬해 치사하였다. 시호는 공정(恭靖)이며, 나중에 정안(定安)으로 고쳤다.

225) 지용기(池湧奇 : ?~1392) : 고려 후기의 문신. 본관은 충주(忠州). 1378년 전라도 도순문사가 되어 장흥부에 침입한 왜구를 격파하였다. 그러나 1381년에 지밀직사사로서 전라도원수(全羅道元帥)가 되어 사근내역(沙斤乃驛)에서 패퇴해 파직되었다. 이듬해 양광·전라도·경상도 조전원수(楊廣全羅慶尙道助戰元帥)로 기용되었고, 원수 이을진(李乙珍)과 함께 반남현(潘南縣)에서 왜구를 격퇴하였다. 1388년 이성계(李成桂)의 편을 들어 위화도에서 회군을 하는 데 큰 공을 세웠다. 1389년에는 이성계와 함께 공양왕을 세운 공으로 문하찬성사에 발탁되었으며, 충의군(忠義君)에 봉해졌다. 그 뒤 이·초(彝初)의 옥에 연루된 김종연(金宗衍)의 당인으로 지적되어 탄핵을 받았는데, 당시의 대사헌 김사형(金士衡) 등이 지용기의 죄를 덜어 고신과 공신녹권만 거두자고 하였다. 그러나 낭사(郎舍) 진의귀(陳義貴) 등이 역모를 꾸몄다고 하여 매 1백을 쳐서 삼척에 귀양 보냈으며, 가산은 적몰(籍沒)하였다. 1391년 처의 재종 왕익부(王益富)의 역모사건에 연루, 다시 진도로 유배되어 그곳에서 죽었다.

조준(趙浚),[226] 정도전(鄭道傳)[227] 등으로 더불어 의논하되 "창왕(昌王)은 본래 왕씨(王氏)가 아니다. 그러므로 종사(宗社)를 받을 수가 없을뿐더러 가짜를 폐하고 진짜를 세우라는 천자(天子)의 명령도 있으니 정창군(定昌君) 왕요(王瑤)는 왕실의 근친(近親)이라 응당 왕위(王位)를 계승(繼

---

226) 조준(趙浚 : 1346~1405) : 고려 말 조선 초 때 문신. 본관은 평양(平壤). 자는 명중(明仲), 호는 우재(吁齋) 또는 송당(松堂). 1374년 과거에 급제하고, 1376년 강릉도안렴사(江陵道按廉使)로 정치를 잘하여 이민(吏民)의 사랑과 존경을 받았다. 1383년 도검찰사(都檢察使)가 된 뒤 강원도에 쳐들어온 왜구를 토평하여 선위좌명공신(宣威佐命功臣)에 올랐다. 이후 이성계와 친밀히 지내었다. 1388년 위화도에서 회군한 이성계는 조준을 불러 크고 작은 일을 일일이 자문하였다. 조선 개국 후 정치적 실권이 점차 정도전에게 집중되자, 그와 정치적 의견을 달리하게 되었다. 세 자책봉에 대해 정도전은 이방석(李芳碩)을 지지했으나, 조준은 이를 반대하여 개국에 공이 많은 이방원(李芳遠)을 지지하였다. 조준의 정치적 입장은 자연히 이방원 과 가까워져서 그와 친교가 두터웠다. 1398년 제1차 왕자의 난 때 백관을 이끌고 정종이 왕위에 오르는 것을 도와 정사공신(定社功臣) 1등에 책록(策錄)되었다. 11월 이방원을 왕으로 옹립하고 좌정승·영의정부사에 승진, 평양부원군에 진봉되었다. 문집으로 《송당집(松堂集)》을 남겼다. 시호는 문충(文忠)이며, 태조의 묘정에 배향되었다.

227) 정도전(鄭道傳 : 1342~1398) : 본관은 봉화(奉化), 자(字)는 종지(宗之), 호(號)는 삼봉(三峯)이다. 부친은 밀직제학 형부 상서를 지낸 정운경(鄭云敬)이다. 목은 이색의 문하에 들어가 수학하였다. 1362년 진사시에 합격하였다. 1375년 이인임(李仁任)·경복흥(慶復興) 등의 친원파 권문세족과 정치적으로 대립하여, 공격을 받아 유배되었다. 1377년 유배를 마치고 고향 영주(榮州)에서 학문연구와 후진교육에 종사하며, 특히 주자학적 입장에서 불교 배척론(排斥論)을 체계화하였다. 1383년 함경도에 있는 동북면도지휘사(都指揮使) 이성계(李成桂)를 찾아가 그의 막료가 되었다. 1388년 이성계의 천거로 성균대사성(成均大司成)에 승진하여. 조준(趙浚)과 함께 전제개혁론을 주장하였다. 1390년 조민수(曺敏修) 등 구세력을 몰아내고 전제개혁을 단행하여 과전법(科田法)을 실시하게 함으로써 조선 개국의 정치·경제적 토대를 마련하였다. 1392년 조준·남은(南誾) 등과 함께 이성계를 추대, 조선 건국의 주역이 되었다. 1394년(태조 3) 한양천도 때는 궁궐과 종묘의 위치 및 도성의 기지를 결정하고 궁·문의 모든 칭호를 정했다. 저서에 《삼봉집(三峰集)》·《경제문감(經濟文鑑)》·《심기리편(心氣理篇)》·《불씨잡변(佛氏雜辨)》 등이 있다.

承)시켜야 한다"고 하였다.

이 회의에 참여하였던 문무 관리들은 모두 군사에 눌러서 한 사람도 반대하는 사람이 없었다. 그래서 창왕(昌王)을 강화로 쫓아내고 왕요(王瑤)[228]를 왕위(王位)에 앉혔다. 이와 같이 이성계 장군과 목은과의 사이에는 중대한 국가의 일에 대하여 의견 대립이 생기게 되었다.

---

228) 왕요(王瑤 : 1345~1394) : 고려 마지막 34대 왕(王)인 공양왕(恭讓王)이다. 이름 요(瑤). 신종(神宗)의 7대손이며, 정원부원군(定原府院君) 균(鈞)의 아들이다. 비(妃)는 창성군(昌城君) 진(稹)의 딸 순비(順妃) 노씨(盧氏)이다. 당시 중국에서는 원(元)나라에서 명(明)나라로 바뀔 때였으므로, 조정에서는 친원파(親元派)와 친명파(親明派)의 대립이 격심했으며, 친명파의 이성계(李成桂)는 위화도회군(威化島回軍) 뒤에 창왕(昌王)을 즉위하게 하였으나, 음모를 꾀했다는 이유로 창왕을 폐위시키고, 1389년 공양왕을 즉위시켰다. 공양왕은 정몽주(鄭夢周)를 중심으로 한 기존 정치세력(勢力)에 이어 새로 실권을 잡은 이성계에게 완전히 실권을 빼앗겼다가, 정몽주가 살해된 후 덕이 없고 어리석다는 이유로 폐위를 당하였다. 이로써 고려는 34대 475년만에 망하였다. 공양왕은 폐위된 뒤 원주(原州)에 추방되어 공양군(恭讓君)으로 강등되었다가 2년 뒤에 삼척(三陟)에서 살해되었다. 고려의 왕가(王家)였던 왕씨는 이성계 세력에 의해 멸족을 당했으며, 강화도로 집결하라는 명을 받아 배를 타고 강화도로 건너가던 중 배를 침몰시켜 많은 왕씨들이 수장되었다.

25. 목은 선생의 장단(長湍) 유배(流配)

왕요(王瑤)가 이렇게 하여 왕위에 오름에 목은은 국가의 중신으로 하례의 예를 행하지 않을 수가 없었다. 요왕(瑤王)은 목은을 내전(內殿)으로 불러들여 어상(御床)에서 내려서면서 모시고 "원컨대 그대는 나를 도와주시요"라고 하였다.

그리고 판문하사(判門下事) 일을 맡아달라고 간곡히 부탁하였다. 그러나 간관(諫官) 오사충(吳思忠)[229] 등은 이씨(李氏) 일파의 의사에 좇아서

---

229) 오사충(吳思忠 : 1327~1406) : 고려 말 조선 초의 문신. 1355년(공민왕 4) 문과에 급제하여 감찰규정·헌납(獻納)·집의(執義)를 역임하고, 창왕 때에는 좌사의대부로서 사전(私田)의 폐단을 상소하였다. 이 해 공양왕이 즉위하자, 사인(舍人) 조박(趙璞) 등과 함께 상소하여 우왕과 창왕을 폐하여 서인으로 만들 것을 주장하였다. 그리고 이색(李穡)·조민수(曹敏修)·이인임(李仁任)이 우왕·창왕을 옹립한 것을 탄핵하였다. 이와 같은 과격한 상소로 인하여 한때 관직을 삭탈 당하였으나, 다시 복직되어 대사성을 거쳐 판전교시사(判典校寺事)가 되었다. 1392년(태조 1) 정몽주(鄭夢周)가 이성계(李成桂) 일파를 몰아내려 할 때 함께 삭직되어 유배되었으나, 정몽주가 살해되자 풀려나와 좌상시(左常侍)가 되었다. 이 해 이성계 추대에 참여하여 개국공신 3등으로 호조전서가 되고 영성군(寧城君)에 봉해졌다. 1394년 중추원부사에 오르고, 교주강릉도관찰사(交州江陵道觀察使)로 있으면서 정도전(鄭道傳)·남은(南誾) 등과 가까운 수령·군인들이 직책을 소홀히 하거나 차례를 뛰어넘어 승진한 것 등을 엄하게 조사, 처리하였다. 1395년에 상의중추원사(商議中樞院事)가 되고, 이듬해 정당문학(政堂文學)·경기좌도관찰사가 되었으며, 1404년(태종 4) 판사평부사(判司平府事)에 이르렀다. 시호는 공희(恭僖)이다.

글을 올리며 창왕을 세운 것과 우왕을 만난 죄를 말하여서 목은은 장단으로 유배 보내고 또 목은의 둘째 아들 종학(種學)은 순천(順天)으로 귀양을 보내게 되었다. 이때에 목은은 시를 지어서 자탄하였다. 그 시에,

　　지난해(去年)에 맏자식이 죽더니,

　　금년에 둘째 자식이 바다갓골로 귀양 가네.

　　셋째 놈이 또 탄핵을 받았다 하니,

　　아이고, 하느님 이게 웬일인고,

　　세간의 영화와 질고(疾苦)는 순환하는 것 같고,

　　소나무는 푸르렀으나 찬 기운에 떨고 있네.

　　중니(仲尼)께서 아홉 괘(九卦)를 버리고 점치는 일을 비워보니,

　　흰 머리 신세가 장단(長湍)으로 가라네[230]

　라고 하였으며, 이것은 이성계 장군 일파가 목은을 박해하기를 시작한 것이다.

---

230) 거년장자입황천(去年長子入黃泉), 중씨금동적해연(仲氏今冬滴海壖), 회설삼랑방피
　　 핵(回說三郎方被劾), 내하천야내하천(奈何天也奈何天), 세간영수사순환(世間榮粹似
　　 循環), 송백창창우고한(松栢蒼蒼又苦寒), 차학중니진구괘(且學仲尼陳九卦), 백두신
　　 세부장단(白頭身世付長湍)

26. 목은 선생의 박해(迫害) 생활

목은의 63세 되던 해 4월에 오사충(吳思忠) 등이 떠들고 일어나 목은이 왕씨를 배반하고 신(辛)씨를 두둔하였으니 그 죄가 극형을 받아야 되겠다고 야단법석을 부렸다. 요왕(瑤王)은 오사충과 전시(田時)[231]를 장단으로 보내어 국문(鞫問)하여 보되 "목은을 놀라게 하고 협박하지 말라"라고 하였다. 그럼에도 불구하고 무리가 장단에 가서 옥졸(獄卒)을 시켜 곤장을 들고 목은의 좌우에 서서 때릴 듯이 협박을 하면서 밤과 낮을 가리지 않고 목은을 자백시키려고 하였다. 그러나 목은은 끝끝내 불복(不服)

---

231) 전시(田時 : ?~?) : 서성군(瑞城君)으로 봉해진 서산 유씨(瑞山柳氏) 유원정(柳爰廷)의 사위로, 공양왕~조선 정종 때 사헌규정(司憲糾正), 형조정랑(刑曹正郎), 사헌잡단(司憲雜端)을 역임하였다. 조선 왕조의 개창에 참여한 이후, 태조 때에는 왕씨의 모반사건에 연루된 왕화(王和) 등을 문초하였고, 박위(朴葳)가 그 사건에 연루되어 있다는 사실도 태조에게 보고하는 등 고려 왕조의 잔존세력을 제거하는 데 적극 활동하였다. 그러나 태조 7년(1398)에는 순경왕후(順敬王后) 박씨(朴氏)의 능인 순릉(純陵)과 경안백(敬安伯)의 능실이 너무 화려하다고 비난하다가 갑주(甲州)로 유배되었으며, 그의 장인 유원정도 순군옥(巡軍獄)에 갇히게 되었다.

하였다. 대간(臺諫)들이 또 의논하여 목은을 함창(咸昌)[232]으로 귀양 보내게 하였다.

그러나 대간들이 또 의논이 자자한지라 왕(王)이 대신으로 더불어 의논하려고 할 때에 지신사(知申事) 이행(李行)[233]이 "이런 대간의 의논이 모두 공신(功臣)들이 시킨 것이 아니냐?"라고 하였다.

이성계 장군을 위시한 일곱 공신들이 "대간들이 하는 것은 우리들이 알

---

232) 함창(咸昌) : 지금의 경상북도 상주시 함창읍

233) 이행(李行 : 1352~1432) : 고려 말 조선 초의 문신. 본관은 여주(驪州)이며, 자는 주도(周道), 호는 기우자(騎牛子)·백암거사(白巖居士)·일가도인(一可道人)이다. 충주목사 이천백(李天白)의 아들이며, 어머니는 황씨(黃氏)이다. 1371년(공민왕 20) 과거에 급제, 한림수찬이 되었다. 1386년(우왕 12) 탐라(耽羅)가 자주 반란을 일으키므로 전의부정(典醫副正)으로 탐라에 가서 성주(星主 : 제주목사의 별칭) 고신걸(高臣傑)의 아들 고봉례(高鳳禮)를 볼모로 데리고 왔다. 1389년(창왕 1) 좌간의대부(左諫議大夫)로 사전(私田)의 폐단을 논하는 상소를 올렸고, 이 해에 지신사(知申事)가 되었다. 1390년(공양왕 2) 윤이(尹彝)·이초(李初)의 옥사가 일어나자 이에 연루되어, 이색(李穡)과 함께 청주옥에 갇혔으나 수재로 석방되었다. 그 뒤 경연참찬관(經筵參贊官)·예문관대제학을 지냈고, 1392년에는 이조판서로 정몽주(鄭夢周)를 살해한 조영규(趙英珪)를 탄핵하였다. 고려가 망하자 예천동(禮泉洞)에 은거하였다. 1393년(태조 2) 고려의 사관(史官)이었을 때 이성계(李成桂)를 무서(誣書 : 글로써 무고함)한 죄가 있다 하여 사헌부의 탄핵을 받아 가산이 적몰되고, 울진에 귀양 갔다가 이듬해에 풀려났다. 시호는 문절(文節)이다.

바가 아닌데 이런 말이 생기니 이것은 신우(辛禑)[234] · 신창(辛昌)[235]의 일

당이 우리를 죽이려고 음모하는 것인즉, 우리는 다만 두고 목숨이나 보

존해야겠다" 하고 두문불출(杜門不出)함으로 대간들이 더욱 야단법석을

쳤다.

요왕(瑤王)이 "이색 등이 이미 다 귀양을 갔으니 또 다시 의논을 하지

말라"고 하였다.

그러나 그 다음날에 왕방(王肪)[236]과 조반(趙胖)[237] 등이 남경(南京)으

---

234) 신우(辛禑) : 신우(辛禑)는 곧 우왕(禑王) 왕우(王禑 : 1365~1389)이다. 당시 이성
   계 등은 우왕이 공민왕의 아들이 아니라 신돈의 아들이라고 주장하였다. 따라서 폐
   가입진(廢假立眞)이라 해 우왕과 그 아들 창왕을 폐하고 공양왕을 옹립하는 명분으
   로 삼았다. 이에 따라 《고려사(高麗史)》에서도 우왕의 세가(世家)를 열전(列傳)의 반
   역전(叛逆傳)에 편입시켜 신우전(辛禑傳)으로 다루고 있다. 그러나 이러한 '우창비왕
   설(禑昌非王說)'은 그 진위가 가려지지 않은 채, 이성계 등의 공양왕 옹립이나 조선
   건국을 합리화시키려 하는 입장을 반영하는 것으로 이해한다.

235) 신창(辛昌) : 신창(辛昌)은 창왕(昌王)으로, 이름은 왕창(王昌 : 1380~1389)이다.
   우왕의 아들이다. 위화도회군 후 이성계(李成桂)에 의해 부왕인 우왕이 강화로 추방
   되자 조민수(曺敏修)와 이색(李穡)의 추천으로 정비(定妃 : 공민왕비)의 교(敎)를 받
   아 즉위했는데, 그때 나이 9세였다. 1389년 전 대호군 김저(金佇)와 전 부령 정득후
   (鄭得厚)가 여주로 폐위된 우왕을 만나 이성계를 살해하라는 부탁을 받고 음모를 꾸
   미다 발각되어 우왕은 강릉부로 옮겨졌다. 그 뒤 이성계 등이 우왕과 창왕이 왕씨
   (王氏)가 아니고 신씨(辛氏)라 해 두 왕 모두 폐위를 당했다가 12월 우왕은 강릉에
   서, 창왕은 강화에서 각각 살해되었다.

236) 왕방(王肪 : ?~?) : 고려 후기 문신, 우왕 때 순안군(順安君)에 봉해지고, 1389년(공
   양왕 1) 11월 고주사(告奏使)로서 조반(趙胖)과 함께 명나라에 파견되어 공양왕의
   즉위를 알렸으며, 이듬해 5월 다시 돌아와 이른바 윤이(尹彝) · 이초(李初)의 음모사
   건을 보고함으로써 이성계 일파가 그 반대파를 제거하는 계기를 제공하였다.

237) 조반(趙胖 : 1341~1401) : 고려 말 조선 초의 문신으로 본관은 배천(白川), 시호 숙
   위(肅魏). 원나라 연경(燕京)에 가서 한문을 배우고, 몽골어에도 통하여 중서성역사
   (中書省譯史)로 있다가 돌아와 1382년(우왕 8) 판도판서(版圖判書)로 정조 겸 주청

로부터 돌아와서 하는 말이,

"윤이(尹彝)[238]와 이초(李初)[239]라고 하는 사람이 명(明) 황제에

사(正朝兼奏請使)가 되어 왕의 시호 및 승습(承襲)을 청하고 돌아와 밀직부사(密直副使)가 되고, 1385년 사은사(謝恩使)로 명나라에 다녀왔다. 조정에서 전횡을 일삼던 염흥방(廉興邦)의 종 이광(李光)에게 토지를 빼앗기자 이광을 죽이고 그 집을 방화하여 투옥되었으나, 최영(崔瑩)과 사전협의한 우왕의 명으로 풀려나고 염흥방 · 임견미(林堅味) 등은 사형되었다. 1389년(공양왕 1) 밀직사동지사(密直司同知事)로 왕의 즉위를 전하려고 명나라에 갔을 때 윤이(尹彝) · 이초(李初) 등의 본국에 대한 무고사실을 해명하여 명나라 황제의 의심을 풀게 했으며, 1392년(태조 1) 조선 개국에 공을 세워 개국공신 2등에 책록되고 부흥군(復興君)에 봉해졌다. 1397년 정조사로 명나라에 가던 중 등주(登州)에서 제왕(齊王)의 저지를 받아 되돌아왔다. 뒤에 중추원지사(中樞院知事) · 중추원판사(中樞院判事)를 거쳐 문하부참찬사(門下府參贊事)를 지냈다.

238) 윤이(尹彝 : ?~?) : 본관은 파평(坡平)이다. 처음 이름은 윤사강(尹思康)이다. 한때 중이 되었으나 장죄(贓罪)를 범하고 명(明)나라로 도망하여 이름을 윤이(尹彝)로 바꾸었다. 1390년(공양왕 2) 명(明)에서 이초(李初)와 함께 당시 이성계(李成桂)가 옹립한 공양왕(恭讓王)은 종실이 아니라 이성계의 인친(姻親)이라는 것과, 이성계 등이 장차 명나라를 치려한다는 것, 그리고 이색(李穡) 등 고려의 재상들이 이에 반대하였다가 유배되거나 살해되리라는 것 등을 고소하였다. 이 사실이 고려에 알려지자 고려에서는 대규모의 옥사가 일어나 이색을 비롯하여 이에 연루된 사람들이 유배되거나 국문을 당하고 옥사하였으며, 명(明)나라에서도 이를 무고(誣告)로 판정함으로써 이초(李初)와 함께 율수현(溧水縣 : 현재의 중국 남경시 율수현으로, 신라 최치원이 당에서 급제한 후 처음 부임한 곳이기도 하다)으로 유배되었다. 한편, 사건 당시 파평군(坡平君)을 자칭하였으나, 실제로 봉군(封君)된 적이 있는지는 확인되지 않는다.

239) 이초(李初 : ?~?) 고려 말의 역신(逆臣). 1390년(공양왕 2) 명나라에 있으면서 윤이(尹彝)와 함께 당시 옹립된 공양왕이 종실이 아니라 이성계(李成桂)의 인친(姻親)이라는 것과, 이성계 등이 장차 명나라를 치려한다는 것, 그리고 이색(李穡) 등 고려의 재상들이 이에 반대하다가 유배되거나 죽임을 당하게 되었으므로 자신들을 보내어 명나라에 알리도록 하였다는 것 등을 고소하였다. 이 때문에 고려에서는 대규모의 옥사가 일어나게 되었고, 곧 무고로 판정되어 윤이(尹彝)와 더불어 율수현(溧水縣)

게 말하기를 왕요는 이성계의 인척이므로 왕위에 올려 앉히고 이

성계는 명나라를 공격하려고 꾀하고 있는 것을 대신 이색(李穡) 등

이 못하게 하여서 이색 등 십여 인을 죽이고 또 우현보(禹玄寶)[240]

등 9인은 멀리 귀양을 보냈으므로 우리들을 밀사로 보내어 이 일

을 고한다"

고 하였다 하여 대간들이 또 목은을 극형(極刑)에 처하자고 하였다. 이

에 유배되었다. 사건 당시 관직이 중랑장이라고 자칭하였으나, 실제로 제수되었는
지의 여부는 확인되지 않는다.

240) 우현보(禹玄寶 : 1333~1400) 고려 말 조선 초의 문신. 본관은 단양(丹陽)이고, 자
(字)는 원공(原功)이며, 아버지는 적성군(赤城君) 우길생(禹吉生)이다. 1355년 공
민왕 때 문과에 급제하고 춘추관검열이 되었다. 이어 사헌부집의(司憲府執義)·좌
사의대부(左司議大夫)를 역임하였다. 우왕이 즉위하자 밀직사대언(密直司代言)이
되고, 곧이어 제학으로 승진하였다. 그 뒤 대사헌을 거쳐 정당문학(政堂文學)을 오
래 역임하면서 정사를 주관하고 문하찬성사(門下贊成事)에 올랐으며, 순충익대좌
리공신(純忠翊戴佐理功臣)에 봉해졌다. 1388년 이성계(李成桂)가 위화도에서 회군
하자 우왕의 명령에 따라 좌시중에 임명되어 방어하려 하였으나, 실패해 파직되었
다. 그 뒤 공양왕이 즉위하자, 인척인 관계로 단양부원군(丹陽府院君)에 봉해졌다.
1390년(공양왕 2) 판삼사사(判三司事)가 되었으나 이초(彝初 : 尹彝와 李初)의 옥
사에 연루되어 외방으로 유배되었다가 곧 석방되었다. 그러나 이듬해 대간의 탄핵
을 받아 다시 철원으로 유배되고, 곧 풀려나 단산부원군(丹山府院君)으로 다시 봉해
졌다. 1392년 이방원(李芳遠) 일파에 의해 정몽주(鄭夢周)가 살해되자, 시체를 거
둬 장례를 치렀다. 이로 인해 도평의사사(都評議使司)에 의해 다시 탄핵을 받고, 경
주에 유배되었다가 곧 석방되었다. 조선이 건국되자 광주(光州)에 다시 유배되었다
가 이듬해 석방되었다. 1398년(태조 7) 정도전(鄭道傳) 일파가 제거된 뒤 복관되었
고, 1399년 단양백(丹陽伯)에 봉해졌다. 1400년(정종 2)에 제2차 '왕자의 난' 때 문
인 이래(李來)로부터 반란의 소식을 듣고, 이를 이방원에게 알려준 공으로 추충보조
공신(推忠輔祚功臣)에 봉해졌으나 곧 병사하였다. 장손 우성범(禹成範)이 공양왕의
부마로, 왕의 재위 때 탄핵을 받았으나 곧 풀려났다. 이색(李穡)·이숭인(李崇仁)·
정몽주 등과 교분이 두터웠다. 시호는 충정(忠靖)이다.

결과 목은, 이숭인(李崇仁), 권근(權近)과 목은의 둘째 아들 종학 등을 청주(淸州) 옥(獄)에다가 가두고 국문(鞠問)하기를 시작하였는데 준엄(峻嚴)하기 짝이 없었다. 그러나 목은은 대의(大義)와 천명(天命)으로 자처(自處)하고 태연자약(泰然自若)하였다.

때마침 뇌성벼락이 치면서 소낙비가 이른 아침부터 내리기 시작하여 오시(午時)[241] 때까지 이르렀는데 냇물이 나서 청주성 남문을 파괴하고 북문으로 쏟아지니 성내는 한길 이상이나 되는 물로 수침이 되었고, 옥관(獄官)은 나무에 올라가서 목숨을 구하였다. 청주 노인들이 말하기를 "이런 물은 청주가 생긴 후로 처음 보는 일이요 이것은 아마도 목은에게 하는 국문이 부당하여 하느님을 감동시킨 것이다"라고 하였다. 옥관이 이 사유를 갖추어 정부에 보고하였다. 왕은 곧 석방을 명하고 함창에 가서 편히 쉬게 하였다.

함창은 목은의 외가요 또 외사촌 김요(金饒)[242]가 살고 있는 곳이었다.

---

241) 오시(午時) : 낮 11시~1시

242) 김요(金饒 : ?~?) : 고려 말의 문신으로 1320년 충숙왕(忠肅王) 때 문과에 급제하여 삼사(三司)의 좌윤(左尹 : 종3품)을 지냈으며, 문장(文章)과 절행(節行)으로 유명하였다. 그는 원(元)의 학사방(學士坊)에 유학하였으며, 원(元)에서도 과거 급제하여, 그의 문명(文名)은 원(元)에서도 널리 알려졌다. 1361년 공민왕 때 홍건적(紅巾賊)이 다시 침입하자 공민왕(恭愍王)이 남쪽으로 피신하자 왕을 호종(扈從)하여 함창(咸昌)까지 내려왔다. 그곳에서 홍건적을 몰아낼 계책을 꾸몄으며, 그 해 전세가 역전되어 홍건적을 몰아내자 그러한 공로로 1등공신으로 책록되고, 삼중대광(三重大匡)과 찬성사(贊成事)에 올라 함녕군(咸寧君)에 봉해졌다. 그의 아버지는 대현(大賢) 김택(金澤)이고, 매형이 가정(稼亭) 이곡(李穀) 선생이며, 조카가 목은(牧隱) 이색(李穡) 선생이다. 또한 그는 말년에 벼슬을 버리고 고향 함창(咸昌)에 은거하여 세칭(世稱) '강촌선생(江村先生)'으로도 불린다.

목은은 이 해 12월에 사면(赦免)을 받고 개성으로 돌아왔다.

27. 목은 선생의 함창 유형(流刑)

목은의 64세 되는 해 6월에 정도전(鄭道傳) 등이 또 상서를 하여 치죄하라고 함으로 목은은 다시 함창(咸昌)으로 귀양을 보냈다.

이때에 목은은 '송헌(松軒)이 나라 일을 함에 나를 유리(流離)하게 하는구나[243]'라는 시를 지었고 또 '세 번째 함창에 옴에 흥이 새롭다[244]'라고 하는 시도 지었다.

얼마 안 되어서 왕이 서울 밖에 어디든지 편할 데로 가있으라 하였다. 목은은 글을 올리어 은명(恩命)을 사례하고 충주와 여주 사이에서 목은은 병이 다시 재발하였다. 왕이 그 소식을 듣고 곧 역마(驛馬)에게 명하여 목은과 이숭인, 둘째 아들 종학을 서울로 데려왔다. 목은은 이성계 장군을 만나기 위해 그 사제(私第)로 방문(訪問)하였다. 이장군은 놀라면서 또 옛

---

243) 송헌당국아유리(松軒當國我流離)

244) 삼도함창흥갱신(三到咸昌興更新)

날의 우정으로 반가워서 목은을 모시고 술을 내어 주고받으면서 환소(歡
笑)하였다. 왕이 이 말을 듣고,

"두 분의 옛날 정이 다시 온 것을 볼 수가 있다. 전일에 대간들이
목은을 죽이자고 하였지만 공민왕께서 존경하였고 예우한 것은 물
론이요 대명(大明)의 황제(皇帝)도 예우(禮遇)를 극진히 하였으니
나 같은 사람이 어찌 감히 그를 해할 수 있는가?"

라고 하였다.

며칠 후에 목은은 이숭인과 둘째 아들을 데리고 왕의 은혜에 감사하려
고 궐내로 들어갔다. 왕은 내전으로 불러들여 술을 주고 위로하였다. 얼
마 되지 않아 다시 한산부원군(韓山府院君)에 봉(封)하고 예문관(藝文館)
과 춘추관(春秋館)의 일을 보라고 하였다.

28. 목은과 정포은(鄭圃隱)[245]

신미년이 되자 대간(臺諫)[246]에서 서로 상소하여 목은의 죄를 말하고 기어이 형벌에 처할 것을 요구하는지라 포은 정몽주(鄭夢周)가 문하시중(門下侍中)으로 상서(上書)하였다. 그 말에,

"왕씨를 세우는 것을 막고 창왕을 세운 놈은 조민수(曺敏修), 이색(李穡)이고, 신우(辛禑)를 다시 왕으로 복위시킬 음모를 한 놈도 우현보(禹玄寶), 왕안덕(王安德),[247] 이색(李穡)이요, 역적 김종연

---

245) 정포은(鄭圃隱) : 정몽주(鄭夢周)의 호(號)이다.

246) 대간(臺諫) : 고려-조선시대 감찰 임무를 맡은 대관(臺官)과 국왕에 대한 간쟁(諫諍) 임무를 맡은 간관(諫官)의 합칭

247) 왕안덕(王安德 : ?~1392) : 고려 말의 무신. 1363년(공민왕 12)에 안우(安祐) 등과 함께 홍건적을 평정한 공으로 2등공신이 되었으며, 이어 밀직부사가 되었다. 1374년(우왕 즉위년)에 공민왕이 죽자 이인임(李仁任) 등을 도와 우왕의 옹립을 주장하여 등극하게 하였다. 이어 판사사(判司事)를 거쳐 문하평리(門下評理)에 전임되었다. 1377년 양광도도원수(楊廣道都元帥)가 되어 왜구와 싸웠으나 패전하였고,

(金宗衍)[248]의 모의에 참여한 놈도 이색(李穡)이요, 윤이(尹彛)와

이초(李初)를 명나라에 보낸 놈도 이색(李穡)이라고 하니 이러한

죄가 있는지 없는지를 다시 분명히 고핵(考覈)[249]하여 보아서 죄가

1383년에 양광도조전원수(楊廣道助戰元帥), 1385년에 다시 양광도 도원수가 되어 왜구를 토벌하였다. 이 공으로 찬성사(贊成事)에 오르고, 1388년 요동 정벌을 할 때에 좌군도통사(左軍都統使) 조민수(曺敏修)의 휘하에서 양광도 도원수로 참전하였다. 이해 우왕(禑王)이 폐위되고 창왕(昌王)이 즉위하자 6도도통사(六道都統使)가 되었으며, 이듬해 도체찰사(都體察使)가 되어 양광도(楊廣道) 도둔곶(都屯串)에서 광주절제사(廣州節制使) 최운해(崔雲海), 양광도도절제사(楊廣道都節制使) 이승원(李承源)과 더불어 왜구 토멸에 나섰으나 대패하고 돌아왔다. 1389년(공양왕 1)에 판삼사사(判三司事)가 되고, 이듬해 김저(金佇)·변안열(邊安烈)의 옥사(獄事)에 연루되어 극형에 처하라는 상소를 대간(臺諫)에서 올렸으나 왕의 허락을 얻지 못하였다. 강원군(江原君)에 봉해졌으나 대간의 계속된 탄핵으로 결국 풍주(豊州)에 유배되고, 다음 달에 풀려나왔다. 낭사(郎舍) 허응(許應) 등이 거듭 탄핵할 것을 주장하였으나, 위화도회군 때의 공과 죄가 뚜렷하지 않다는 이유로 유배를 면하고 개경 밖으로 추방되었다. 이어 개경 외의 고장에서는 어디서나 원하는 곳에 거주할 수 있는 특전이 내려졌다. 시호는 정양(貞襄)이다.

248) 김종연(金宗衍 : ?~1390) 고려 말의 장군. 본관은 광산(光山)이며, 아버지는 밀직부사(密直副使)를 지낸 김정(金精)이다. 아버지가 신돈(辛旽)을 죽이려고 모의하다가 발각되어 살해당하자 피신하였다가, 신돈이 주살된 뒤에 나와서 원수(元帥)로 왜구와의 싸움에 참가하였다. 1388년(우왕 14) 7월 전라도 부원수로서 광주(光州)에 침입한 왜구를 격퇴시킨 것을 비롯하여 전라도 도절제사·전라도 원수 등으로서 왜구와의 싸움에 나아가 구례 등지에서 크게 승리하였다. 그러나 1390년 윤이(尹彛)·이초(李初)의 옥사에 연루되어 봉주(鳳州)에 숨어 있다가 붙잡혔으나, 다음 날 다시 도망하여 포위를 뚫고 평양에 이르러 전 판사 권충(權忠)의 집에 피신하였다. 이때 이방춘(李芳春)·김식(金軾)·이중화(李仲和) 및 서경천호(西京千戶) 윤구택(尹龜澤) 등과 이성계(李成桂)를 죽일 모의를 꾀하다가 윤구택의 밀고로 발각되자 다시 도망하여 곡주(谷州)의 숲속에 숨었다. 그러나 추위와 굶주림으로 지친 끝에 순군진무(巡軍鎭撫) 임순영(任純永)에게 붙잡혀 심문을 받다가 죽었다.

249) 고핵(考覈) : 사실을 고찰하여 자세히 밝혀냄. 나아가 연구하여 고증한다는 뜻으로도 쓰인다. 유사어로는 고핵(考劾)·추핵(推覈)·핵실(覈實) 등이 있다.

있으면 처벌하고 없으면 이러한 말을 꾸며가지고 이 세상에서 큰
선비(大儒)를 모함하려 하는 자들을 엄벌(嚴罰)하는 것이 국가의
법령(法令)이 서고 공도(公道)가 시행되어 인심(人心)이 열복(悅服)
할 것이다"

라고 하였다. 왕은 이 말을 좇아 "목은을 걸어서 다시 말하지 말라"고
명령하였다.

본래 포은은 목은을 선생님으로 섬겼는데 그의 시에 "함장(函丈)[250]께
서 일찍이 학해(學海)를 널리 보시었다[251]" 또 "목은 선생은 예의 격식이
너그럽다[252]"라고 한 것만 보아도 알 수가 있다.[253] 또 목은이 명륜당(明
倫堂)에서 경의(經義)를 강도(講道) 해석할 때에도 포은을 칭찬하여 "달가
(達可)[254]의 횡설수설(橫說竪說)이 이치(理致)에 맞지 않는 것이 없다" 한
것만 보아도 이 두 선생의 친교는 잘 알 수가 있다. 그러므로 이때에 이성
계 장군의 세력에 아부(阿附)하는 무리들이 목은을 해치려고 하는 음모를
깨부수기 위하여 이와 같이 상서를 한 것이다.

---

250) 함장(函丈) : 《禮記》의 '곡례(曲禮)에 "席間函丈", 즉 스승과 제자 사이는 일장(一丈)
　　의 간격을 두어야 한다 하여 스승을 이르는 말이다.

251) 함장증규학해관(函丈曾窺學海寬)

252) 목은선생예수관(牧隱先生禮數寬)

253) 이 두 절구(絶句)는 포은선생문집(圃隱先生文集) 권 2의 차목은선생시운(次牧隱先生
　　詩韻). 칠석유안화사(七夕遊女和寺) 삼수(三首)에 있다.

254) 달가(達可) : 포은(圃隱) 정몽주(鄭夢周)의 자(字)이다.

목은이 56세 되는 4월 달에 간관(諫官) 김진양(金震陽)[255]과 이확(李擴)[256]

등이 조준(趙浚), 정도전(鄭道傳), 남은(南誾),[257] 남재(南在), 윤소종(尹紹

---

255) 김진양(金辰陽 : ?~1392) : 고려 말의 문신. 자(字)는 자정(子靜), 호(號)는 초려(草廬)이다. 성품이 강개하며 출중하였다. 어려서 고아가 되었으나 학문에 힘써서 공민왕 때 과거에 급제하여 예문검열(藝文檢閱)이 되었다. 그 뒤 여러 청환직(淸宦職)을 거쳐, 서해도안렴사(西海道按廉使)와 문하사인을 지내고, 1390년(공양왕 2)에 좌우사의(左右司議)가 되었다. 그러나 곧 이초(彝初)의 옥이 일어나자, 그 중대함을 논하다가 이를 경솔히 누설하였다 하여 헌사(憲司)의 탄핵을 받아 파면되었다. 이듬해 다시 기용되어 우산기상시가 되었다가 이어 좌상시로 옮겼다. 우상시 이확(李擴) 등과 함께 소를 올려 조준(趙浚)·정도전(鄭道傳)·남은(南誾)·윤소종(尹紹宗)·남재(南在)·조박(趙璞) 등이 변란을 꾸며 민심이 흉흉하다고 탄핵하여 유배시켰다. 이때 이성계(李成桂)가 해주에서 낙마하여 병이 위독하게 되자 당시 간관(諫官)으로, 정몽주(鄭夢周)의 지시를 받아 이성계의 일파인 조준과 정도전 등을 탄핵하여 살해한 뒤 이어 이성계를 제거하려고 하였다. 그러나 정몽주가 피살됨에 따라 실패로 돌아갔다. 국문을 받자 정몽주 외에 우현보(禹玄寶)·이색(李穡) 등이 지시했음을 실토했다. 이에 장 1백을 맞고 먼 지방으로 유배되었다가 그곳에서 죽었다.

256) 이확(李擴 : ?~1392) : 고려 말의 문신. 1390년(공양왕 2) 5월 우사의(右司議)로서 양광도도관찰사(楊廣道都觀察使) 유구(柳玽)와 함께 이색(李穡) 등을 청주에서 국문하였다. 이듬해 우산기상시(右散騎常侍)를 역임하였다. 1392년에 왕이 경연(經筵) 석상에서 이성계(李成桂)가 말에서 떨어졌다는 말을 듣고 의원을 보내고 약을 주니, 강독관(講讀官)으로서 말하기를 "제군사(諸軍事 : 이성계)는 나라의 장성(長城)이니 말달리고 사냥하다가 만약에 상잔(傷殘)함이 있으면 나라의 복(福)이 아니외다"라고 하니 왕이 책을 덮고 답하지 아니하였다. 1392년 4월 간관으로서 김진양(金震陽) 등과 함께 삼사좌사(三司左使) 조준(趙浚), 전정당문학(前政堂文學) 정도전(鄭道傳) 등이 나라의 질서를 어지럽힌다고 논핵하였다. 시중(侍中) 정몽주(鄭夢周)가 살해되자 그 일파로 몰려 서인(庶人)으로 강등되어 양광도로 유배 후 장살(杖殺)되었다.

257) 남은(南誾 : 1354~1398) : 고려 말 조선 초의 문신. 본관은 의령(宜寧). 할아버지는 지영광군사(知靈光郡事) 남천로(南天老)이고, 아버지는 검교시중(檢校侍中) 남을번(南乙蕃), 형은 영의정 남재(南在), 아우는 우상절도사(右廂節度使) 남지(南贄)이다. 1374년(공민왕 23) 성균시에 급제, 1380년 사직단직(社稷壇直)이 되고 이어서 삼척지군사(三陟知郡事)가 되어 왜구를 격퇴, 사복시정에 올랐다. 정도전(鄭道傳) 등과 함께 조정의 신진 사류로서 이성계(李成桂) 일파의 중심인물이 되어 구세력과 대립했으며, 요동 정벌을 반대했다. 1388년 요동 정벌 때 이성계를 따라 종군했으며,

宗), 조박(趙璞), 오사충(吳思忠) 등의 죄(罪)를 탄핵(彈劾)하여 다 먼 곳으로 귀양을 보내기로 하였다. 그때에 이 사람들이 이성계 장군에게 붙어서 왕씨의 왕권(王權)을 뺏고 새로 이씨(李氏)의 나라를 만들려고 하자 이목은, 정포은, 우현보, 이종학[258] 등 왕씨 왕권에 충성을 다하는 사람들을

조인옥(趙仁沃) 등과 이성계에게 회군할 것을 진언했고, 회군 뒤 이성계의 왕위 추대 계획에 참여했다. 1391년 정몽주(鄭夢周)에 의해 조준(趙浚)·윤소종(尹紹宗)·조박(趙璞)·정도전 등과 함께 탄핵을 받고 멀리 유배되었다. 이듬해 정몽주가 살해되자 풀려나 동지밀직사사(同知密直司事)가 되어 정도전·조준·조인옥 등 52인과 함께 이성계를 왕위에 추대, 조선의 개국에 공을 세웠다. 조선 건국 뒤 판중추원사의흥친군위동지절제사(判中樞院事義興親軍衛同知節制使)가 되고, 개국공신 1등에 책록, 의령군(宜寧君)에 봉해졌으며, 전(田) 200결과 노비 25구를 하사받았다. 1393년(태조 2) 경상도에 파견되어 왜구를 방비하고 군적(軍籍)을 새로 작성했으며, 지문하부사(知門下府事)가 되었다. 이듬해 참찬문하부사(參贊門下府事)를 거쳐 삼사좌복야(三司左僕射)가 되어 새 도읍지인 한양의 종묘와 궁궐 터 등을 정했다. 1395년 부친상을 당했으나, 형인 남재와 함께 기복(起復)되어 이듬해 참찬문하부사 겸 판상서사사(參贊門下府事兼判尙瑞司事)가 되었다. 이때 정조사(正朝使)의 표문(表文)이 명나라 태조의 비위를 건드린 일로 사신 정총(鄭摠)이 살해되고 글의 초안자인 정도전을 명나라에 압송하라는 압력이 가해 왔다. 이에 정도전과 은밀히 의논, 군량을 비축하고 진도(陣圖)를 작성하는 등 요동 정벌을 계획하기도 했다. 태조를 도와 이방석(李芳碩)을 세자로 책봉하는 데 적극 간여했다가, 1398년 제1차 왕자의 난 때 정도전·심효생(沈孝生) 및 아우 남지와 함께 살해당했다. 좌의정에 추증되고, 1421년(세종 3) 태조의 묘정에 배향되었다. 시호는 강무(剛武)이다.

258) 이종학(李種學 : 1361~1392) : 자가 중문(仲文), 호가 인재(麟齋)이고, 한산 이씨(韓山李氏) 이색(李穡)의 둘째 아들이다. 공양왕 때까지 장흥고사(長興庫使), 지신사(知申事), 우대언(右代言), 첨서밀직사사(簽書密直司事)를 역임하였다. 공민왕 23년(1374)에 국자시(國子試)에 급제하였다가 우왕 2년(1376) 6월에는 지공거 홍중선(洪仲宣)과 동지공거 한수(韓脩)가 주관한 과거에 정총(鄭摠)·양수생(楊首生)·성석용(成石瑢) 등과 함께 선발되었다. 공양왕 때에는 아버지 이색이 탄핵되자 함께 벼슬에서 쫓겨났으며, 윤이(尹彛)·이초(李初)의 옥사에 연루되어 청주(淸州), 지금의 충청북도 청주시에서 체포되었다가 사면되었다. 정몽주(鄭夢周)가 살해된 이후에는 이숭인(李崇仁) 등과 함께 탄핵을 받아 함창(咸昌, 지금의 경상북도 상주시 함창읍)으로 유배되었다가 장사현(長沙縣, 지금의 전라북도 고창군 무장면)으로 옮기

죽이고 귀양을 보내어 없애려고 꾀하였다. 그래서 김진양과 이학은 왕씨

왕권을 위하는 이목은과 정포은에 대해 이와 같이 탄핵(彈劾)을 하였다.

때마침 이성계 장군은 해주(海州)로 사냥을 갔다가 낙마(落馬)하여 중태

(重態)로 자기 사저(私邸)에 누워있었다. 정포은은 문병을 가서 무슨 변이

있는가를 보고 돌아오는 길에 조영규(趙英奎)²⁵⁹⁾ 등 4, 5인의 장사가 다

리 밑에 매복(埋伏)하였다가 느닷없이 나와 철퇴로 포은을 때려죽이고 말

았는데 이 다리의 이름을 선죽교(善竹橋)라 하고 또 혈흔(血痕)도 유전(遺

는 도중 정도전(鄭道傳) 등의 사주를 받은 손흥종(孫興宗)에 의해 무촌역(茂村驛)에
서 살해되었다. 저서로는 《인재유고(麟齋遺稿)》가 있다. 어머니는 밀직(密直)을 지
낸 안동 권씨(安東權氏) 권중달(權仲達)의 딸이며, 아들이 이숙야(李叔野) · 이숙휴
(李叔畦) · 이숙당(李叔當) · 이숙묘(李叔畝) · 이숙복(李叔福) · 이숙치(李叔時)이다.

259) 조영규(趙英奎 : ?~1395) : 고려 말 조선 초의 무신. 본관은 신창(新昌). 신창 조씨
(新昌趙氏)의 시조. 초명은 조평(趙評). 조상의 가계가 불분명하고 자나 호를 가지지
않은 것으로 보아 일반 평민 출신으로 추측된다. 고려 말 명족의 하나인 연안차씨
(延安車氏) 차견질(車堅質)의 첩녀를 아내로 맞이하였다. 차견질의 형 차원부(車原
頵)는 명유로서 두문동 72현의 한 사람이었으나, 1398년(태조 7)에 하륜(河崙)이 보
낸 자객에게 타살되었다. 정몽주(鄭夢周)가 차원부의 대고모의 외손자로서 조영규
와 인척관계에 있다. 일찍이 이성계(李成桂)의 사병(私兵)으로서 천거로 벼슬에 올
라, 1385년(우왕 11)에 판위위시사(判衛尉寺事)가 되어 함주 일대에 창궐하는 왜구
를 토벌하기 위하여 이성계의 휘하에 종군, 전공을 세웠다. 그 뒤 여러 차례 왜구 토
벌에 참전하여 공을 세웠다. 1392년(공양왕 4)에 이방원(李芳遠)과 모의하여 이성
계의 문병을 마치고 돌아가는 정몽주를 선죽교(善竹橋)에서 격살하는 데 주동적인
역할을 하였다. 이 해 정도전(鄭道傳) 등과 함께 이성계를 추대하여 개국공신 2등에
책록되고 예조전서에 올랐다가 1395년 병으로 죽었으며, 참찬문하부사(參贊門下府
事)에 추증되었다. 조영규와 함께 개국공신대열에 오른 정도전 · 함부림(咸傅霖),
그리고 차씨(車氏) 일족을 타살한 하륜 역시 연안 차씨(車氏)의 외척 서얼 족속인
데, 그들의 혈통이 차씨와 유씨의 족보인 《차류보(車柳譜)》에 실려 있는 것에 분한
을 품고 해주의 신광사(神光寺)에 보관중인 보판(譜板)을 하륜이 불살라 버렸다고
전해진다.

傳)한다고 하는 곳이다. 이 포은의 암살(暗殺) 계획(計劃)은 이방원(李芳遠)이 한 것으로, 이성계 장군은 그 아들의 이러한 음모를 몰랐다. 그러나 이씨(李氏) 일문이 멸망하느냐 흥하느냐 하는 찰나(刹那)라 이성계 장군은 국무총리격의 나라 중신이 피살된 데 대하여 도리어 "포은 일파가 조준, 정도전 일파를 없애려고 김진양 등을 시켜서 탄핵 무고(誣告)한 것이라고" 함으로써 이성계 장군에게 아부하는 무리들이 목은과 이숭인, 이종학, 이종선,[260] 정과[261] 등을 죽이자는 의논이 일어났다.

이성계 장군이 "내가 사람 죽이기를 좋아하지 아니하니 그 사람들의 고신(告身)[262]을 빼앗으라"고 하였다. 왕은 목은에게 "그대의 두 아들이 다

---

260) 이종선(李種善 : 1368~1438) : 자가 경부(慶夫)이고, 이색(李穡)의 셋째아들이다. 우왕 8년(1382) 5월 안종원(安宗源) · 윤진(尹珍)이 주관한 과거에 유량(柳亮) · 장자숭(張子崇) 등과 함께 급제한 후 공양왕 때까지 정랑(正郎) 및 순창(淳昌, 지금의 전라북도 순창군) · 배천(白川, 지금의 황해남도 배천군) · 여흥(驪興, 지금의 경기도 여주시)의 수령을 거쳐 조선 세종 때까지 병조참의(兵曹參議) · 좌사간대부(左司諫大夫) · 한성부윤(漢城府尹) · 중추원사(中樞院事) 등을 역임하였다. 공양왕 4년(1392)에는 그의 형 이종학(李種學) 등과 함께 정몽주(鄭夢周) 세력으로 지목되어 폐서인되었으나, 조선 태조 때에 복직되었다. 세종 때에는 진전사(進箋使)로 명나라에 다녀왔고, 진하부사(進賀副使)로 북경(北京)에 가기도 하였다. 부친상을 당하자 3년 동안 여묘(廬墓)하여 효자비(孝子碑)와 정문(旌門)이 내려졌다. 시호를 양경(良景)이라 하였다. 처는 안동 권씨 권근(權近)의 딸이며, 아들로 이계치(李季時) · 이계린(李季疄) · 이계전(李季甸) · 이계원(李季睕) · 이계정(李季町)이 있다.

261) 정과(鄭過 : ?~?) 고려 후기의 문신 포은(圃隱) 정몽주(鄭夢周)의 동생이다. 정몽주는 모두 3명의 동생이 있었는데 바로 정과(鄭過), 정후(鄭厚), 정도(鄭蹈)이다. 정과는 예조판서를 지냈다. 조선 건국 후 먼 곳으로 방치(放置)되었다.

262) 고신(告身) : 관원에게 품계와 관직을 임명할 때 주는 임명장이다. 사령장(辭令狀) · 사첩(謝帖) · 직첩(職牒 · 職帖) · 관교(官教) · 교첩(教牒) 등으로도 불린다. 고려와 조선 양 시대의 고신 서식이 약간 다르다. 조선시대에는 문무관 4품 이상 고신과 문무관 5품 이하 고신의 서식이 서로 다른데, 4품 이상의 고신은 교지(教旨)로 발급되

죄를 지었으니 그대는 갈지어다. 양강(兩江)[263] 밖에는 어디든지 좋다"라
고 하였다. 그래서 금주(衿州)[264]로 귀양을 갔었다. 그 해 6월에 다시 여
주(驪州)로 귀양을 옮기었고 또 그 다음달 7월에 이성계 장군이 왕요를
공양왕(恭讓王)이라고 하여 왕위에서 내쫓아 버리고 수창궁(壽昌宮)[265]에

며 시명지보(施命之寶)를 찍었다. 5품 이하의 고신은, 문관은 이조, 무관은 병조에
서 왕명(王命)을 받아 발급되었으며, '이조지인(吏曹之印)' 또는 '병조지인(兵曹之印)'
을 찍었다. 당상관처(堂上官妻)의 고신과 당하관처(堂下官妻)의 고신 서식도 서로
달랐다. 고신은 그 가문의 명예와 관계되는 것이므로 고문서 가운데 가장 많이 전
해지며, 현재 전하는 조선 최고(最古)의 고신은 1392년 10월에 도응(都膺)에게 발
급한 왕지이며, 1894년 갑오개혁으로 문서의 개혁이 이루어지기 전까지 계속 발급
되었다.

263) 양강(兩江) : 임진강과 예성강을 말한다.

264) 금주(衿州) : 고려시대 광명시 지역에 설치된 행정구역이다. 고구려시대에는 잉벌노
현(仍伐奴縣)이었고, 신라의 영토가 된 후 경덕왕(景德王)이 곡양현(穀壤縣)으로 고
쳐 율진군(栗津郡) 관할의 영현(領縣)으로 삼았다. 고려시대 940년(태조 23) 금주(衿
州)로 고치고, 성종 때 단련사(團練使)를 두었으나 목종 때 폐지하였다. 1018년(현
종 9) 안남도호부(安南都護府)에 이속시켰다. 금주는 달리 금주(黔州)라고도 하였
다. 이곳은 원래 금천강씨(衿川姜氏) 시조(始祖)인 강궁진(姜弓珍)의 근거지였다. 강
궁진은 고려 전기에 이 지역의 유력한 호족으로 태조(太祖) 왕건(王建)이 후삼국을
통일하는 데 큰 공을 세워 삼한벽상공신(三韓壁上功臣)에 임명되었다. 강궁진의 활
약에 힘입어 성종(成宗) 때에는 시흥(始興)이라는 별호를 갖게 되었다. 1019년(현종
10) 요(遼)나라 소배압(蕭排押)의 10만 대군을 물리친 귀주대첩(龜州大捷)의 주인공
강감찬(姜邯贊)이 강궁진의 아들이다. 1069년(문종 23) 이전에는 양광도(楊廣道)에,
이후에는 경기(京畿)에 속하였으며, 1172년(명종 2) 감무(監務)를 두었다. 1390년
(공양왕 2) 경기를 좌우로 나누었는데, 이때 금주는 경기좌도(京畿左道)에 예속되어
도관찰출척사(都觀察黜陟士)의 지휘를 받았다. 1414년(태종 14) 이웃 과천(果川)과
합쳐 금과현(衿果縣)이 되기도 하였으나 곧 폐지되고, 양천과 병합하여 금양현(衿陽
縣)을 두었으나 또 폐지되고, 1416년 금천현(衿川縣)이 되었으나 후일 1795년(정조
19) 시흥현(始興縣)으로 개칭되었고, 1895년(고종 32)에는 지방제도 개정으로 시흥
군(始興郡)이 되었다.

265) 수창궁(壽昌宮) : 몽고침입 때 강화천도(江華遷都)로 폐허가 되었다가 우왕 때 다시

서 왕위(王位)에 올라 이씨조선(李氏朝鮮)을 창건(創建)하였다. 목은은 여주 귀양살이에서 백의(白衣)에 초립(草笠)을 쓰는 상복(喪服)을 입고 다시 붓을 들지 않았다. 장흥부(長興府)[266]로 이첩(移牒) 되었는데 그때에 혁명(革命)이 일어남에 목은을 죽이고자 하는 사람이 이태조(李太祖)에게 죽이자고 하였다는 말을 듣고 목은은 "내가 평생에 헛말을 한 일이 없다. 어찌 무복(誣服)[267]을 할 수가 있을까? 한 번 죽어 직언(直言)하는 귀신(鬼神)이 되겠다"고 말하였다. 이태조는 목은의 충성과 다른 모함들도 모두 다 잘 아는지라 특별히 살려서 장흥부로 귀양을 가게 하였다.

창건한 이궁(離宮)이다. 개경(開京)의 중심부 근처에 있던 수창궁(壽昌宮)은 본 궐을 대신하여 국왕의 거처 · 향연 · 사신 접대의 장소로 활용되었다.

266) 장흥부(長興府) : 전라남도 장흥군의 고려시대 행정구역 명칭이다. 장흥부(長興府)는 원래 백제의 오차현(烏次縣)이었는데, 신라 경덕왕 때에 오아현(烏兒縣)으로 고쳐 보성군(寶城郡)의 영현(領縣)으로 삼았다. 고려시대에는 정안현(定安縣)이 되었다. 정안현은 영암(靈巖) 임내(任內)에 소속되었는데, 고려 인종 때에 이르러 공예태후(恭睿太后) 임씨(任氏)의 관향(貫鄕)이라 하여 장흥부로 승격시키고, 지장흥부사(知長興府事)를 두었다. 그 후 원종 6년(1265)에는 다시 회주목(懷州牧)으로 승격되었다가 충선왕 2년(1310)에 다시 장흥부로 강등되었다. 장흥부의 별호는 정주(定州) 또는 관산(冠山)이었고, 수령현(遂寧縣) · 회령현(會寧縣) · 장택현(長澤縣) · 탐진현(耽津縣)의 4현이 소속되어 있었다. 조선시대에는 장흥도호부(長興都護府)로 승격되었다.

267) 무복(誣服) : 강요에 의하여 하지 않은 것을 거짓 자백함.

29. 목은 선생과 혁명 후의 정세

이 해 8월에 목은의 둘째 아들 종학이 장사(長沙)[268]로 귀양을 가는 도
중 거창(居昌) 무촌역(茂村驛)[269]에서 조선 태종(太宗)의 밀명을 받은 체
복사(體覆使)[270] 손흥종(孫興宗)[271]에게 목매여 죽임을 당하니 그때 종학
은 32세의 청년이었다. 목은의 찢어지는 심정은 이 일로만 가지고도 넉넉
히 추측할 수가 있다. 그 해 10월에 사면(赦免)을 받아 한산으로 돌아갔

---

268) 장사(長沙) : 현재 전라북도 고창지역에 고대부터 조선 전기까지 설치되었던 장사현
  (長沙縣)이다. 1415년(태종 15년)에 무송현(茂松縣)과 장사현을 무장현(茂長縣)으로
  통합하였다.

269) 거창 무촌역(居昌 茂村驛) : 현재의 경상남도 거창군 남상면 무촌리(武村理)이다.

270) 체복사(體覆使) : 고려시대 임금의 명령을 받고 지방에 가서 벼슬아치들의 군무(軍
  務)에 관한 범죄 사실을 조사하는 임시 벼슬아치

271) 손흥종(孫興宗 : ?~?) : 고려 말 조선 초의 무신이다. 군호는 이천군(伊川君)이다.
  1392년 조선 개국에 참여하여 개국공신 3등에 녹훈되었다. 거제도에서 왕씨들을
  바다에 빠뜨릴 때 참가하였다 1409년 동생 손효종(孫孝宗)의 반역죄에 연루되어
  황해도 신은(新恩)에 부처되었는데, 이때 이숭인(李崇仁)과 이종학(李種學)을 죽인
  혐의로 폐서인되고, 가산이 적몰되고, 녹권을 추탈 당했다.

다. 그때 어떤 사람에게 편지를 보냈는데 "나라 일이 이에 이르렀으니, 통곡밖에 무슨 말이 있는가. 한때에 죽어버리지 못한 것이 한일세. 이 몸이 이 지경에 이르렀으니 백이숙제(伯夷叔齊)와 더불어 수양산(首陽山) 고사리나 캐어 먹을까? …… 나라를 잃어버린 죄인 이름 없는 자[272]"라고 하였다.

그 후 3년 동안 두문불출(杜門不出)하고 한산에 있다가 68세 5월에 여강(驪江)으로 갔다. 그때 문인(門人) 한 사람이 찾아보러 왔다. 목은은 이 사람을 데리고 산 속 깊숙이 들어갔다. 종일(終日)토록 통곡(痛哭)을 하고 그 문인을 데리고 나오면서 시를 읊고 "에— 오늘은 내 가슴이 조금 시원하다" 하였다.

그 시에,

"소리가 없으면 내 가슴이 갑갑하고

소리가 나면 남의 귀에 들린다.

두 가지 생각이 다 못쓰겠으니,

깊은 산속에 들어

우는 것만 같지 못하네.

……

창자가 끊어지고 눈이 길게 지친다.

---

272) 국사지차(國事至此), 통곡하언(痛哭何言), 한부득일시병사(恨不得一時並死), 차신기지어차(此身旣至於此), 지욕여백이숙제(只欲與伯夷叔齊), 채미어수양산(採薇於首陽山) …… 망국죄인불명(亡國罪人不名)

꿈속인들 이런 일을 보겠는가"[273]

라고 하였다. 그 해 가을에 관동(關東) 오대산(五臺山)으로 들어가서 오랫동안 기거(寄居)할 계획을 세웠다.

---

273) 무성번아심(無聲煩我心), 유성낙인이(有聲落人耳), 양사무일가(兩思無一可), 불여주입산(不如走入山), 거성종일곡(擧聲終日哭) …… 징촌단안장극(腸寸斷眼長極), 몽리증견차사무(夢裡曾見此事無)

30. 목은 선생의 역책(易簀)[274]

목은 선생은 69세 봄에 오대산을 나와 서울로 왔다. 전해 겨울부터 이태조(李太祖)가 친서(親書)를 누차 보내고 한 번 보기를 원하였기 때문이다. 목은 선생은 생각다 못하여 교자(轎子)를 타고 서울로 왔다. 이태조는 중문 밖까지 나와서 목은 선생을 맞아들였다. 목은 선생은 장읍(長揖)을 하고 절을 하지 않았다. 이태조는 친구간의 예로 대접하고, 문안인사[275]가 끝난 다음 이태조는 입을 열고 "가르치고 일러주시오. 내가 비록 우매(愚昧)하다고 할지라도 버리지 말고 도와주시요"라고 하였다.

목은 선생은 "망국(亡國)의 대부(大夫)는 살 수가 없는 것인즉 죽여주시오. 그리고 해골(骸骨)이나 고향(故鄕) 산(山)에 돌아가 묻히게 하여 주시

---

274) 역책(易簀) : 침대를 바꾸다. 즉, 잠자리를 바꾼다는 뜻으로 죽음을 말하는 것이다.

275) 원문에는 한훤(寒暄)으로 되어 있다. 한훤(寒暄)은 일기(日氣)의 춥고 더움을 물어보는 것으로, 편지 허두(虛頭)에 쓰는 절후(節候)의 문안(文案)이다. 곧 서로의 안부를 묻는 것을 말한다.

요”라고 대답하였다.

이태조는 목은 선생을 벼슬시킬 수가 없는 것을 알았다. 조금 있다가 남은(南誾), 정도전(鄭道傳) 등 신하들이 들어오는지라 이태조는 용상(龍床)으로 올라앉았다.

목은 선생은 이 꼴을 보고 “늙은 사람은 앉을 곳이 없다[276]” 하고 문밖으로 나왔다.

이태조는 중문까지 바래주며 “잘 가시오” 하고 다시 들어갔다.

정도전이 화가 나서 이태조에게 “저런 망측한 늙은이가 전하(殿下)의 위엄(威嚴)을 알지 못하고 무례하기 짝이 없으니 참형(斬刑)에 처합시다”라고 하였다.

이태조는 손을 들어 휘두르며 “너희 무리는 다시 말을 마라”고 하였다.

그날 밤에 영의정 남재(南在)[277]가 목은의 사저(私邸)로 찾아와서 “시세

---

276) 노부무좌처(老夫無座處)

277) 남재(南在 : 1351~1419) : 고려 말 조선 초의 문신. 본관은 의령(宜寧), 초명은 남겸(南謙), 자는 경지(敬之), 호는 구정(龜亭). 할아버지는 지영광군사(知靈光郡事) 남천로(南天老)이고, 아버지는 검교시중(檢校侍中) 남을번(南乙蕃), 어머니는 최강(崔茳)의 딸이다. 그리고 남은(南誾)의 형이다. 1371년(공민왕 20) 진사시에 5등으로 합격했다. 아우 남은과 함께 이성계(李成桂)의 세력에 가담해 고려 조정의 신진 사류로서 구세력과 대립했다. 1389년(공양왕 즉위년) 우사의(右司議)가 되었다. 1390년 판전교시사 겸 집의(判典校寺事兼執義)가 되어 이성계가 위화도에서 회군하자 윤소종(尹紹宗)과 함께 비록 행군에는 참여하지 않았으나, 사직(社稷)의 대계(大計)를 의논하고 계책을 도왔다. 그 공으로 회군공신(回軍功臣)에 봉해지고, 곧 철원부사로 나갔다가 염문계정사(廉問計定使)로서 양광도(楊廣道)로 파견되어 민정을 살폈다. 조선이 개국되자 개국공신 1등에 녹훈되고 전지(田地) 170결(結)과 노비 20구를 하사받았다. 1392년 중추원학사로 대사헌을 겸했고 의성군(義城君)에 봉해졌다. 1393년(태조 2) 주문사(奏聞使)가 되어 사이가 좋지 않던 조선과 명나라와의 관계

가 대단히 험악하니 서울에 있지 말고 피신하는 것이 좋을 것이라"고 말하였다.

목은 선생은 태연자약하게 있다가 그 해 5월에 피서(避暑)를 겸하여 신륵사(神勒寺)로 갈 계획을 세우고 여강(驪江)[278]으로 향하였다.

여주 신륵사는 목은과 교분이 두텁고 공민왕의 국사(國師)였던 고승(高僧) 나옹(懶翁)[279]이 거처하던 곳이요 또 일찍이 목은이 가정(稼亭)의 유

를 개선해 명나라 태조로부터 3년에 한 차례씩 조공할 것을 허락받았다. 그 공으로 판중추원사(判中樞院事)가 되고, 다음 해 참찬문하부사(參贊門下府事)가 되었다. 이 해에 다시 진주사의 부사로 명에 다녀왔다. 1395년 아버지의 상을 당해 은거하니, 동생 남은과 함께 기복(起復)되어 삼사좌복야(三司左僕射)에 임용되고, 노비변정도감(奴婢辨正都監)의 판사를 맡았다. 1396년 예문관춘추관태학사(藝文館春秋館太學士)로서 도병마사가 되어 도통처치사(都統處置使) 김사형(金士衡)을 따라 이키도(壹岐島)·대마도를 정벌했다. 1398년 정당문학(政堂文學)이 되어 하륜(河崙)과 함께 정안군이 왕위에 오르는 데 큰 공을 세웠다. 태종이 즉위하자 세자의 서연관(書筵官)에 빈객(賓客)이 되었다. 1403년(태종 3) 경상도 도관찰사가 되어 시무를 조정에 보고하니 그대로 시행했고, 1404년 찬성사(贊成事)에 임명되었다. 1408년 대사헌이 되었다가, 1414년 우의정·의령부원군(宜寧府院君)에 제배(除拜)되고, 감춘추관사(監春秋館事)로서 과거를 관장해 권도(權蹈)·성개(成槩) 등을 시취(試取)했다. 또 하륜(河崙)과 함께《고려사(高麗史)》를 개수했다. 그해 좌의정에 임명되었다가 1415년 좌의정에서 물러나고 수문전대제학 겸 세자부(修文殿大提學兼世子傅)가 되었다. 1416년 영의정에 임명되었다가 사면했다. 1419년 12월 14일에 죽으니, 나라에서 조회(朝會)를 정지하고 부의를 내리고 세종이 직접 조문하였다. 성품이 활달하고 도량이 넓었으며, 마음가짐을 지극히 삼가면서도 바깥 형식에 거리낌이 없었다. 문장이 평정(平正)하고 아름다웠으며,《국조인물고(國朝人物考)》·《약천집(藥泉集)》 등에 의하면 산술에 능하였으므로 '남산(南算)'이라는 별명이 있었다고 한다. 조선 태조의 묘정(廟庭)에 추가 배향되었다. 저서로는《구정유고(龜亭遺稿)》가 있으며, 시호는 충경(忠景)이다.

278) 여강(驪江) : 남한강, 특히 여주시를 흐르는 강을 말한다.

279) 나옹(懶翁 : 1320~1370) : 속명은 아원혜(牙元惠), 법명은 혜근(惠勤), 또는 혜근(彗勤). 호는 나옹(懶翁) 또는 강월헌(江月軒). 아버지는 선관서영(善官署令) 아서구

(牙瑞具)이다. 중국의 지공(指空)·평산처림(平山處林)에게 인가를 받고 무학(無學)에게 법을 전하여, 조선시대 불교의 초석을 세웠다. 21세 때 친구의 죽음으로 인하여, 공덕산 묘적암(妙寂庵)에 있는 요연선사(了然禪師)에게 출가하였다. 그 뒤 전국의 이름 있는 사찰을 편력하면서 정진하다가 1344년(충혜왕 5) 양주 천보산 회암사(檜巖寺)에서 대오(大悟)하고, 석옹(石翁)에게 깨달음을 인가받았다. 1347년 원나라 연경(燕京) 법원사(法源寺)에서 인도승 지공(指空)의 지도를 받으며 4년 동안 지내다가 다시 자선사(慈禪寺)의 평산처림(平山處林)을 참견(參見)하여 그의 법을 이었다. 이듬해 명주(溟州)의 보타락가산(補陀洛伽山)에서 관음보살을 친견하고, 육왕사(育王寺)에서 석가모니상을 예배하였다. 그곳에서 무상(無相)과 고목영(枯木榮) 등의 승려를 만나 법론(法論)을 벌였고, 1352년에는 복룡산(伏龍山)의 천암장(千巖長)을 찾았다. 원나라 순제(順帝)는 그를 연경의 광제선사(廣濟禪寺) 주지로 임명하였고, 1356년 10월 15일에는 개당법회(開堂法會)를 가졌다. 순제의 만류를 무릅쓰고 주지의 직을 내놓은 뒤 다시 지공(指空)을 찾아갔다가 1358년에 귀국하였다. 귀국 후 오대산 상두암(象頭庵)에 은신하였으나 공민왕과 태후의 청으로 잠시 신광사(神光寺)에 머무르면서 설법과 참선으로 후학들을 지도하던 중, 홍건적으로부터 신광사를 수호하였다. 그 뒤 공부선(功夫選)의 시관(試官)이 되었고, 1361년부터 용문산·원적산·금강산 등지를 순력한 뒤 회암사의 주지가 되었다. 1371년 왕사대조계종사선교도총섭근수본지중흥조풍복국우세보제존자(王師大曹溪宗師禪敎都摠攝勤修本智重興祖風福國祐世普濟尊者)에 봉해졌다. 그 뒤 송광사에 있다가 다시 회암사 주지가 되어 절을 중수하였으며, 1376년에는 문수회(文殊會)를 열어 크게 법명을 떨쳤다. 왕명으로 밀성(密城 : 밀양) 영원사(塋源寺)로 옮겨가던 중, 1376년(우왕 2) 5월 15일 여주 신륵사에서 입적하였다. 나이 56세, 법랍 37세였다. 그는 참선과 교학을 같이 닦음으로써 성불의 가능성을 보여준 고승으로, 고려 말의 선풍을 새롭게 선양하였다. 그가 법을 전해 받은 지공의 선풍이 공(空)의 이치를 통해 해탈한다는 입장이었음에도 불구하고 나옹은 전통적인 간화선(看話禪)의 입장을 취하였다. 그는 종래의 구산선문(九山禪門)이나 조계종과는 다른 임제(臨濟)의 선풍을 도입하여 침체된 불교계에 새로운 바람을 불러일으켰다. 또한 그의 《귀의자심삼보(歸依自心三寶)》의 주장과 '염불은 곧 참선'이라고 한 것은 이후의 우리나라 선종에서 계속 전승되었다. 계율관(戒律觀)에서도 삼귀의(三歸依)가 아닌 사귀의를 주장하고 있는데, 수정신사귀의(受淨信四歸依)·참제제삼업죄(懺除諸三業罪)·발홍서육대원(發弘誓六大願)·최상승무생계(最上乘無生戒) 등이다. 또 적극적인 사회참여와 중생 제도의 보살도를 강조하기 위하여 육대서원(六大誓願)을 세우기도 하였다. 제자로는 자초(自超)·지천(智泉) 등 2,000여 명이 있으며, 저서로는 《나옹화상어록(懶翁和尚語錄)》 1권과 《가송(歌頌)》 1권이 전한다. 시호는 선각(禪覺)이다. 이색(李穡)이

지를 받들어 장경각(藏經閣)을 짓는다고 하자 거승 남공(南公)이 누차 간청하여 통문(通文)을 지어주었다. 또 기부금을 모집할 때에 왕우(王禑)가 듣고 어향(御香)까지 하사(下賜)하였으며, 또 공민왕의 명(命)으로 나옹선사(懶翁禪師) 사리탑명(舍利塔銘)도 지어준 일이 있는 인연 깊은 곳이었다. 또 경치가 좋아서 목은이 "물을 막는 공이 크니 마암 돌이요, 하늘을 꿰뚫어 뾰족이 섰으니 용문산이로구나[280]"라고 하였으며 귀양도 갔었던 곳이다. 그러므로 이번에도 여강으로 가게 된 것이었다.

초사흘 날에 여강벽란도(驪江碧瀾渡)[281]에서 배를 타고 강물을 거슬러 올라가기를 시작하였다. 그때에 경기감사(京畿監司)가 쫓아와서 이태조가 보낸 술이라고 선온례(宣醞禮)[282]를 행하러왔다고 하였다.

글을 지어 세운 비와 부도가 회암사와 신륵사에 있다.

280) 한수공고마암석(捍水功高馬岩石), 마천용립용문산(摩天聳立龍門山)

281) 원문의 '여강벽란도(驪江碧瀾渡)'는 여강벽사도(驪江碧寺渡)를 잘못 표기한 듯하다. 벽란도(碧瀾渡)는 예성강(禮成江) 하류의 벽란도를 가리키는 말이다. 여주 신륵사에는 벽돌로 쌓은 다층 전탑(塼塔)이 있어 신륵사를 일명 여주 벽사(碧寺)라고도 민간에 전하였으며, 그 탑 근처에 나루(渡)가 있었다고 한다. 따라서 여강벽사도(驪江碧寺渡)의 잘못된 표기인 듯하다.

282) 선온(宣醞) : 임금이 신하에게 내려주는 술이다. 나라에 경사가 있거나 신하의 노고를 치하할 때, 또는 상을 당한 신하를 위로할 때 어주(御酒)를 내렸다. 때로는 술뿐만 아니라 함께 내리는 음식 전체를 선온이라 부르기도 한다. 선온을 전할 때에는 선온례(宣醞禮)라고 하는 의식이 행해졌다.

초7일에 청심루(淸心樓)²⁸³⁾ 밑 연자탄(燕子灘)²⁸⁴⁾에 이르렀다. 목은 선생은 이태조가 보냈다는 술을 마시려고 할 때에 같이 탔던 신륵사 중이 "그 술은 잡수시지 않는 것이 좋겠습니다"라고 말하였다.

목은 선생은 손을 들어 내두르며 "죽고 사는 것이 명이 있으니 걱정할 것이 없다" 하고 술병마개를 하였던 죽엽(竹葉)을 빼어들고 "내가 만일 충성(忠誠)이 있다면 이 댓잎이 살 것이요 없다면 죽을 것이다" 하고 그 댓잎을 강안에 던지고 술을 마시자마자 갑자기 배안에서 돌아갔다.

이태조가 부고를 듣고 경기감사를 불러 물은즉 태종의 명을 받들어 정도전이 보낸 술인 것이 판명되었다. 이태조는 화가 났으나 태종이 정도전을 아껴서 어찌할 수 없으므로 경기 감사를 왕명(王命) 위조(僞造) 죄로 참형(斬刑)에 처하여 버리고, 3일 철선(撤膳)²⁸⁵⁾에 부의(賻儀)의 예(禮)를 후하게 내리고, 또 시호(諡號)를 문정(文靖)이라고 주었다. 그 해 11월에 셋째 아들 종선(種善)이 영구(靈柩)를 모시고 한산으로 돌아와서 가지원(加智原, 지금 영모암(永慕庵)) 뒷산 기린봉(麒麟峰) 밑에 장례(葬禮)를 행

---

283) 청심루(淸心樓) : 여주 8경의 하나로 신륵사 맞은 편 강기슭에 있는 누정(樓亭)이다. 원래는 여주 관아의 부속 건물이었으며, 해방된 그 해에도 존재하였으나 바로 그해 1945년 8월 22일 군수의 관사화재로 인하여 청심루(淸心樓)도 소실되었다고 한다. 현재에는 청심루터 비(碑)만 존재한다.

284) 연자탄(燕子灘) : 청심루(淸心樓) 아래의 강으로 물살이 세고 휘돌아 흘러가는 것이 마치 제비가 공중에서 휘돌며 빠르게 나는 모양과 같다 하여 붙여진 물살의 이름이다. 그 물살이 어찌나 센지 돛단배도 돌려보낸다고 한다. 다른 말로 '제비울'이라 한다.

285) 철선(撤膳) : 나라에 변고가 있을 때 임금이 근신하는 뜻으로 수라상을 들지 않는 일을 이르는 말이다.

하였다.

　이리하여 희대의 문호(文豪)요 또 이학(理學)의 비조(鼻祖)로 절세(絶世)의 위인 이색(李穡) 목은(牧隱) 선생은 충절(忠節)의 최후를 마친 것이다. 그때에 내세웠던 대의가 이식(移植)이 되어 오가는 사람들에게 충절을 표시하는 이적(異蹟)[286]으로 찬미되었다고 한다.

---

286) 이적(異蹟) : 상식으로는 생각할 수 없는 기이한 일을 말한다.

31. 목은 선생과 그 문집(文集)

목은 선생은 앞에서 누누이 말한 바와 같이 정주(程朱)의 성리(性理) 학설을 동방(東邦)에 펼쳐놓아 조선 500년 유자(儒者)의 비조(鼻祖)가 되었다. 후일에 권양촌(權陽村)[287] 같은 이는 "성학(聖學)의 정미(精微)함을 궁구(窮究)하다"[288]라고 말하였고, 또 동방(東邦) 이학(理學)의 비조(鼻祖)로 추대를 받아서 유교의 연원(淵源)을 대면 전부 목은에게 귀일(歸一)이 되는 것 외에도 문장(文章)으로 세상을 울린 분이라 그 문집에 시(詩) 35권과 문(文) 20권이 있다. 그런데 조선 태종(太宗)은 《목은집》[289] 제15권을

---

287) 양촌(陽村) : 권근(權近)의 호(號)이다.

288) 원문에는 궁성학지정미(窮聖學之精微)로 되어 있다.

289) 《목은집(牧隱集)》 55권 : 이색(李穡)의 시문집으로 조선 태종 4년(1404), 그의 아들 이종선(李種善)이 간행한 목판본이다. 70권이라는 기록도 남아있다. 이후 이 책은 시와 문을 분류하여 따로 간행되었고, 임진왜란 이후에는 그 후손 이덕수(李德洙)가 《목우집》을 다시 간행하였으며, 숙종 때에는 대구(大邱)에서 활자본으로 간행한 바 있다. 이 책은 시문류와 산문류를 엄격히 구분해 편집한 특징을 가지고 있다. 권수(卷首)에는 권근(權近)·이첨(李詹)의 서문, 연보·교서(敎書)·행장·신도비명(神

찾아서 불사른[290] 부분이 있고, 명(明)나라 문사(文士) 진련(陳璉)[291]의 묘지명(墓誌銘)도 지석(誌石)[292]에 새기어 묘소에 묻은 것을 태종의 명으로

道碑銘) 등이 수록되어 있으며, 시고목록(詩稿目錄)과 문고목록(文稿目錄)이 별책으로 구분·정리되어 있다. 시고 권 1~35까지는 사(辭)·조(操)·소부(小賦) 그리고 8,000여 수의 방대한 시가 수록되어 있다. 시에서는 근체·고체·오언·칠언 등 각 체를 자유자재로 구사하고 있으며, 악부체(樂賦體)도 뒷사람들이 미치지 못할 만큼 절묘하게 구성하고 있다. 문고 권 1~6에는 기(記) 75편, 권 7~9에는 서(序) 39편, 권 10에는 설(說) 21편, 권 11~13에는 표(表) 22편, 찬(讚) 11편, 잠(箴)·전(箋)·변(辨)·작(作)·후(後)·발(跋) 등 33편, 권 14~20에는 비(碑)·명(銘)·전(傳) 등 35편이 수록되어 있다. 이색은 육경(六經)과 제자서(諸子書)를 두루 구사·원용했으며, 변려문(騈儷文)보다는 산체(散體)를 잘 지었다. 문고 권 20의 기·서·표·전 등은 당시 이색이 교우한 지식인과 정치 담당자들의 전기가 대부분이다. 특히 많은 사찰기·승려들의 비문 등은 이색의 불교계와의 교류관계를 이해할 수 있는 자료가 된다.

290) 《목은집(牧隱集)》 제15권을 찾아서 불사른' : 이 사실은 태종 17년 각종 비기도참서 (圖讖書)를 거두어 태우라는 명(命)을 예조(禮曹)에 내렸는데 이때 《목은집》 제15권에 태조의 부친 환조(桓祖)의 신도비문이 실린 이유인 것으로 말미암은 것으로 함께 수거되어 불사르게 되었다는 일이다.

291) 진련(陳璉 : 1369~1454) : 자(字)는 정기(廷器), 호(號)는 금헌(琴軒)으로 중국의 광동(廣東) 동완(東莞)사람이다. 홍무(洪武) 23년(1390년)에 거인(擧人)이 되어 처음 계림부(桂林府)의 고수로 임명되었다. 건문(建文) 3년(1401년)에 국자조교(國子助敎)로 승진되었다. 그는 문장도 뛰어나지만 치리(治理)의 재능을 인정받아 허주지주(許州知州)가 되고 다시 영락(永樂) 3년(1405년)에 저주지주(滁州知州)가 되었다. 이때 백성들은 그를 '소구양(小毆陽)'으로 불렀을 정도로 문장이 빼어났다. 후일 영락(永樂) 14년(1419년) 남경통정사(南京通政使)로 임명되어 국자감(國子監)의 모든 일을 관장하였으며, 전국의 교육을 관리하였다. 그는 시문등 문재가 출중하여 많은 이들이 그에게 비명(碑銘), 서(序), 시(詩), 부(賦) 등 여러 가지 문장이나 글을 받으려 줄을 이었다고 한다. 그는 70세에 관직을 사직(辭職)하고 고향으로 돌아가 여생을 보내다 향년 85세의 나이로 생을 마감하였다.

292) 지석(誌石)은 죽은 사람의 인적사항이나 무덤의 소재를 기록하여 묻은 판석이나 도판이다. 조상의 계보, 생일과 죽은 날, 평생의 행적, 가족 관계, 무덤의 소재와 방향 등이 기록되며 무덤 앞이나 옆에 묻혀 있다.

목은 묘를 파헤치고 찾아서 파쇄(破碎)하여 버렸다. 이런 일은 태종이 조선을 찬탈(簒奪)한 사실이 사실대로 기록된 문서를 전부 말살하여 없애버리고 왕씨(王氏)를 신씨(辛氏)라고 정도전이 만들어낸 것을 사실처럼 꾸미려는 마음[293]에서 또 자기 과실을 엄폐(掩蔽)하려는 곳에 있었다. 진련(陳璉)의 묘지명을 찾아보기 위하여 본 필자는 북경에 갔을 때에 북경대학교 도서관에서 《사고전서(四庫全書)》[294]를 위시하여 널리 수색하여 보

---

293) 원문에는 혼담(魂膽)이라고 되었다. 혼담(魂膽)은 혼백(魂魄)과 간담(肝膽)이니, 즉 넋 혹은 마음을 말하는 것이다.

294) 사고전서(四庫全書) : 중국 역사상 가장 방대한 총서로 청(淸) 건륭(乾隆) 37년 (1772) 황제의 명으로 편찬이 시작되어 약 10년 만인 건륭(乾隆) 46년(1781) 첫 한 벌이 완성되었다. 사고전서는 모두 3,503종의 고적(古籍)을 수록하여 79,337권, 36,304책, 약 230만 페이지로 글자 수는 약 8억 자이다. 수록된 내용은 선진(先秦)에서 청 건륭 연간 이전에 쓰인 중요한 고적(古籍)을 모두 포함하여 고대 중국의 모든 학술영역을 모두 포함하고 있다. 사고전서는 경(经), 사(史), 자(子), 집(集)의 4부(四部), 44류(类)로 구분하였으며 조선, 일본, 월남, 인도 및 유럽에서 온 선교사의 저작까지 수록되어 있어 중국고대문화연구에 있어 풍부한 문헌적 자료를 제공하고 있다. 건륭 38년(1773) 2월 조정은 사고전서관(四库全书馆)을 설립하고 사고전서의 편찬을 담당하도록 하였으며 건륭제의 6번째 아들인 영용(永瑢)으로 하여금 책임자로 하며 내각대학사(内阁大学士) 우민중(于敏中)을 총재(总裁), 대학사 및 6부 상서(六部尚书), 시랑(侍郎)을 부총재로 임명하고 저명한 학자인 기윤(纪昀, 기효람)을 총찬관(总纂官)으로 초빙하였고 육석웅(陆锡熊), 손사의(孙士毅), 대진(戴震), 주영년(周永年), 소진함(邵晋涵) 등 기타 학자가 편찬에 참여하였다. 이외에도 정식으로 참여한 학자가 3,600여 명에 달하며 원문을 베끼는 인원만도 3,800여 명이었다. 사고전서는 미관과 식별의 편의를 위해 색깔을 달리하여 경부(经部)는 녹색(綠色), 사부(史部)는 홍색(紅色), 자부(子部)는 월백색(月白色) 또는 옅은 남색(淺藍色), 집부(集部)는 회색(灰色)으로 장정을 하였다. 이 색깔의 선정은 춘하추동(春夏秋冬) 사계(四季)의 변화를 반영한 것이며, 사고전서총목(四库全书总目)은 황색(黃色)을 택했다. 이후 건륭(乾隆) 49년(1784) 네 종류의 책이 계속하여 완성되자 모두 7부씩 각각 자금성 황궁(紫禁城皇宫)의 문연각(文淵閣), 원명원(圓明園)의 문원각(文源閣), 봉천고궁(奉天故宮)의 문소각(文溯閣), 열하피서산장(熱河避暑山莊)의 문진각(文津

았으나 불행히도 발견하지 못하였다.

閣) 등 내정4각(內廷四閣)에 각각 보관하였으며 또한 민간의 열람용으로 진장(鎭江) 금산사(金山寺)의 문종각(文宗閣), 양주(揚州) 대관당(大觀堂)의 문안각(文匯閣), 항 주서호(抗州西湖) 행궁(行宮) 고산(孤山) 성인사(聖因寺)의 문란각(文瀾閣) 등의 강 절3각(江浙三閣)에 각각 1질 씩을 보관하고 부본(副本)은 경사한림원(京師翰林院)에 두었다. 이 중 문연각본(文淵閣本)이 가장 먼저 완성되었으며 더 정확하고 글자체 가 정밀하다. 이후 아편전쟁, 영불 연합군의 북경침공, 태평천국의 난등으로 소실되 기도 하여 현존하는 것은 문진각본이 북경도서관, 문연각본은 대만국립고궁박물원, 문소각본은 감숙성도서관, 문란각본이 절강성도서관에 모두 4부가 전해지고 있다. 사고전서는 서적의 복원 및 발굴에 큰 기여를 하였으나 정리 과정에서 통치에 불리 한 내용은 수정되거나 금서, 분서 등의 서적 파괴가 발생하였다.

32. 목은 선생의 영정(影幀)

목은 선생의 영정(影幀)이 처음 그려진 연대(年代)는 알 수가 없다. 그러나 벽상삼한(壁上三韓)의 공신(功臣)으로 공민왕(恭愍王) 때부터 목은 선생의 화상은 공신각(功臣閣) 같은 벽에 걸려 있었을 것이다. 그러나 화상찬(畫像贊)은 권양촌(權陽村)의 작(作)으로 영락(永樂)[295] 갑신(甲申) 구월(九月) 하한(下澣)이라고 기록되어 있는, 즉 목은 선생의 영정은 태종 4년 이전에 이미 어떤 화백의 손으로 그려졌던 것만은 틀림이 없다. 또 덕산(德山)[296]에서 살던 자손인 이기태(李基泰) 씨 집 장본(藏本)에는 정덕(正德) 갑술(甲戌)[297]이라고 적혀 있었다. 태종 4년으로부터 정덕 갑술

---

295) 영락(永樂) : 명(明)의 3대 황제 성조(成祖) 주체(朱棣)의 연호(年號)로 1404~1424
    년간 사용되었다.

296) 덕산(德山) : 현재 충청남도 예산군 덕산면이다.

297) 정덕(正德) : 명(明) 무종(武宗) 주후조(朱厚照)의 연호(年號)이며, 제위 기간은 16년
    간이다. 즉, 1506~1521년이다. 따라서 정덕갑술(正德甲戌)은 명(明) 무종(武宗) 9
    년인 1514년이 된다.

년까지는 110년이나 되었으니, 이 덕산 화본은 태종 4년 이전에 원본에서 모사(模寫)한 것이 될 듯하다. 좌우간에 이 원본은 서울 제용감(濟用監)[298] 뒤에 있던 목은의 큰 아들 둘째 손자 맹진(孟畛)공(公)[299]의 가묘(家廟)[300]에 봉안되었던 것으로 그 후 자손들에 의하여 전하여 오다가 임진왜란(壬辰倭亂) 때 왜장(倭將)에게 약탈(掠奪)되어 멀리 일본(日本)에도(江戶)까지 갔던 것이다. 그래서 후일 목은 선생의 외예손(外裔孫)인 부산첨사(釜山僉使) 여우길(呂祐吉)[301]이 통신사(通信使)로 에도(江戶)에 갔

---

298) 제용감(濟用監) : 조선시대(朝鮮時代)에 궁중(宮中)에서 사용되는 모시, 피물(皮物), 마포(麻布), 인삼(人蔘)의 진헌(進獻) 및 의복(衣服)과 사(紗), 나(羅), 능(綾) 단(緞)의 사여(賜與)와 포화(布貨)의 염직(染織)을 맡아보던 관청(官廳)이다.

299) 이맹진(李孟畛, 1374~1456) : 이색(李穡)의 손자이며, 목은(牧隱)의 큰아들 종덕(種德)의 둘째 아들이다. 호(號)는 청허재(淸虛齋)이다. 조선 전기의 문신으로 호조참판, 전라도 관찰사, 함경도 관찰사, 판중추원사 등을 지냈다. 그러나 둘째 아들 유기(裕基)가 단종(端宗) 복위사건에 가담하여 능지처참을 당하고 일가족이 노비로 전락하였다. 그러나 이맹진은 세조의 특명으로 연좌에서 풀려났지만 아들과 손자가 죽임을 당하고 며느리와 손녀딸이 노비로 전락한 데 충격을 받아 그 해 세상을 떠났다. 청렴하고 경서(經書)와 학문에 조예가 깊었다. 그의 접대를 받은 중국 사신들은 '동방의 문장(文章)'이라고 칭송하여 공경한 태도를 보였다는 일화가 전하기도 한다.

300) 현재 서울 수송동(壽松洞)의 이색 선생의 사당이 있는 곳

301) 여우길(呂祐吉, 1567~1632) : 조선 후기의 문신이다. 본관은 함양(咸陽)이고, 자는 상부(尙夫), 호는 치계(稚溪) 혹은 치계(痴溪)이다. 조부(祖父)는 여숙(呂淑)이며, 부(父)는 영의정을 지낸 여순원(呂順原)이다. 모(母)는 사인(舍人) 이영(李瑛)의 딸이다. 1591년(선조 24년) 별시문과 을과로 급제하였다. 1596년 사신일행으로 명(明)에 다녀와 이후 병조정랑, 평안도 도사, 사간원 정언 등을 지냈다. 1603년 밀양부사를 거쳐 첨지중추부사(僉知中樞府事)를 지냈는데, 임진왜란이 끝나고 전쟁을 마무리 짓는 사신으로 일본에 내왕하여, 포로 교환 등에 공이 많았다. 후일 평안도 안무사(安撫使), 광해군 6년(1614)에는 진위사(陳慰使)로 명(明)에 다녀왔다. 강원도 관찰사를 거쳐 공홍도(公洪道, 충청도의 옛 이름) 관찰사를 역임하였다. 그는 탁월한 외교가로서 전란 이후의 처리를 담당하였을 뿐만 아니라 지방관으로서도 선정을 베

을 때 이 화상을 발견하고 가지고 돌아왔다. 이 일을 허미수(許眉叟)[302]가 말한 바와 같이 귀신이 한 것이요 인사에 속하는 일이 아니었다.

효종(孝宗) 5년에 후손 단(亶) 등이 김명국(金明國)[303] 화백을 시켜 구본

풀었다.

302) 허미수(許眉叟) : 미수(眉叟)는 허목(許穆)의 호(號)이다. 허목(許穆 : 1595~1682)은 조선 중기의 학자 겸 문신이다. 그는 송시열과 예송(禮訟)에 대해 논쟁한 남인의 핵심이자 남인이 청남(淸南)과 탁남(濁南)으로 분립되었을 때는 청남의 영수로서, 조선 후기 정계와 사상계를 이끌어간 인물이다. 송시열과 예송논쟁으로 삼척으로 좌천되었으나 후일 숙종이 그의 이론을 중시하여 나이 80에 영의정이 된다. 학문적으로도 독특한 개성을 보인 인물이었다. 주자성리학을 중시하던 17세기 당시의 시대 분위기와 달리, 원시유학(原始儒學)인 육경학(六經學)에 관심을 두면서 고학(古學)의 경지를 개척하였다. 도가적(道家的)인 성향도 깊이 드러냈으며, 불교에도 개방적인 태도를 보였다. 문집 《기언(記言)》, 역사서 《동사(東事)》 등을 편집하였다.

303) 김명국(金明國 : ?~?) : 조선 후기의 화가. 본관은 안산(安山), 일명 명국(鳴國). 자는 천여(天汝), 호는 연담(蓮潭) 또는 취옹(醉翁). 도화서(圖畵署)의 화원(畵員)으로 교수를 지냈으며, 1636년과 1643년 두 차례에 걸쳐 통신사를 따라 일본에 다녀왔다. 1647년 창경궁 중수 공사 때는 화원 6명과 화승 66명을 데리고 책임 화원으로 일하였다. 그리고 1651년에는 한시각(韓時覺) 등과 함께 현종명성후(顯宗明聖后) 《가례도감의궤(嘉禮都監儀軌)》의 제작에 참여하였다. 정내교(鄭來僑)의 《완암집(浣巖集)》에 의하면 "김명국은 성격이 호방하고 해학에 능했으며, 술을 좋아하여 몹시 취해야만 그림을 그리는 버릇이 있어서 대부분의 그림들이 취한 뒤에 그려진 것이다"라고 했다. 이와 같은 기질은 힘차고도 자유분방한 필치로 처리된 그의 작품들에서도 엿볼 수 있다. 현재 남아 있는 그의 유작들은 안견파(安堅派)의 화풍을 따른 것도 있으나 대부분 절파(浙派 : 중국 명대 절강(浙江)지역의 대진(戴進)을 중심으로 이루어진 화파) 후기의 광태사학파(狂態邪學派 : 거칠고 농담의 대비가 강렬한 필묵법을 사용한 그림의 경향) 화풍의 작품들이다. 즉 굳세고도 몹시 거친 필치와 흑백 대비가 심한 묵법(墨法), 분방하게 가해진 준찰(皴擦), 날카롭게 각이 진 윤곽선 등으로 특징지어지는 그의 화풍은 국립중앙박물관 소장의 '산수도'와 '설중귀려도(雪中歸驢圖)'에서 전형적으로 찾아볼 수 있다. 그리고 '심산행려도(深山行旅圖)'·'기려인물도(騎驢人物圖)'·'관폭도(觀瀑圖)'·'투기도(鬪碁圖)' 등의 작품들에서도 얼마간의 차이를 드러내며 나타나 있다. 이와 같이 그의 근간을 이루었으며, 조선 중기를 풍미했던 절파화풍도 그를 정점으로 하여 쇠퇴하였다. 그는 절파풍의 산수 인물

이 오래 되어서 하반신(下半身)이 없는 것을 잘라내어서 두 본을 모사하여 한 본은 지금 수송동 영당, 또 한 본은 한산의 서원(書院)으로 봉안하였다. 영조(英祖) 32년에 후손 수옥(秀玉) 등이 한산 서원의 구본을 가지고 화백 변상벽(卞尙壁),[304] 정선(鄭敾),[305] 조영우(趙榮祐)[306] 등으로 하

화 이외에도 대담하고 힘찬 감필(減筆)로 처리된 선종화를 잘 그렸다. '달마도(達磨圖)'·'은사도(隱士圖)'·'수로예구도(壽老曳龜圖)' 등을 대표작으로 하는 그의 선종화들은 한두 번의 간결한 붓질로 대상의 내면적 정신세계를 표출하면서 강렬한 느낌을 자아낸다. 이러한 선종화에서 내보이는 필치는 그의 산수 인물화풍과 상통하는 것으로서, 그를 우리나라 화가 중 제일 거칠고 호방한 필법을 구사했던 인물로 손꼽히게 한다. 그의 화풍을 이어받은 대표적인 인물로는 조세걸(曹世杰)이 있으나 그의 수준에는 미치지 못했다.

304) 변상벽(卞相璧 : ?~?) : 조선 후기의 화가. 자(字)는 완보(完甫), 호(號)는 화재(和齋), 본관은 밀양이며, 현감을 지냈다. 영모(翎毛), 동물, 인물초상을 잘 그렸다. 그 중에서도 특히 고양이 그림을 잘 그려 '변고양(卞古羊)' 또는 '변괴양(卞怪羊)'이라는 별명이 붙을 정도였다고 한다. 그의 고양이 그림은 일상생활 속에서 이루어진 동물에 대한 깊은 애정과 면밀한 관찰을 바탕으로 한 세밀하고도 빈틈이 없는 묘사를 특징으로 하고 있다. 그가 보여주는 동물화의 뛰어난 사실성은 결과적으로 그의 인물초상화 능력과 관계가 있었다. 도화서 화원(圖畫署畫員)으로서 그가 특기를 발휘한 분야는 초상화였던 것이다. 장지연의 《진휘속고(震彙續攷)》에 의하면 "화재는 고양이를 잘 그려서 별명이 변고양이였다. 초상화 솜씨가 대단해서 당대의 국수(國手)라고 일컬었다. 그가 그린 초상화는 백(百)을 넘게 헤아린다"라고 하였다. 오세창의 《근역서화징(槿域書畫徵)》에 변상벽(卞相璧)이 윤급의 초상화를 그렸다는 '화재화정(和齋畫幀)'의 기록에 근거하여 국립중앙박물관 소장 '윤급초상(尹汲肖像)'이 변상벽의 그림으로 추정되고 있다. 그의 대표작으로 손꼽히는 영모화로는 '묘작도(猫雀圖)'(국립중앙박물관 소장)를 들 수 있다. 희롱하는 한 쌍의 고양이와 다급해서 지저귀는 참새 떼의 모습을 섬세한 필치로 실감나게 묘사했다. 아울러 새순이 돋은 고목의 연초록 나뭇잎 먹을 듬뿍 찍은 윤필(潤筆)로 멋지게 그려내어 동물들의 섬세한 묘사와는 대조적인 문기(文氣)를 곁들였다. 이밖에 대표작으로는 '계자도(鷄子圖)'(국립중앙박물관 소장), '자웅장추(雌雄將雛)'(간송미술관 소장) 등이 전한다.

305) 정선(鄭敾 : 1676~1759) : 조선 후기의 화가이다. 본관은 광주(光州)이나 서울 출생이다. 자(字)는 원백(元伯), 호(號)는 겸재(謙齋)·난곡(蘭谷)이다. 양반 가문이지

여금 두 본을 이모(移模)[307]하여 한 본은 수송동 영당, 또 한 본은 한산 영당에 봉안하였다.

지금으로부터 20년 전에 필자가 이원규(李元珪), 이조원(李祖遠) 씨와 건사하여 새로 3본을 모사하여 한 본은 해주(海州) 영귀정영당(詠歸亭影堂), 한 본은 덕산(德山) 누산영당(樓山影堂), 또 한 본은 서울 수송동 영

만 몇 대에 걸쳐 과거를 통하여 출사(出仕)하지 못한 한미한 집안에서 태어나 13세에 아버지를 여의고 어머니 슬하에서 자랐다. 고조부 때부터 서울의 서교(西郊) 약관에 김창집(金昌集)의 천거로 도화서(圖畵署)의 화원(畵員)이 되었다고도 하는데, 40세 이전의 경력을 확실하게 입증할 만한 자료는 남아 있지 않다. 양반으로서 중인(中人)들이 일하는 도화서 화원이 되었을 리 없으며, 41세 때인 1716년(숙종 42) 종6품의 관상감(觀象監) 천문학 겸 교수(天文學兼敎授)로 첫 관직에 올랐다는 것이 통설이다. 어려서부터 그림에 뛰어났고, 처음에는 중국 남화(南畵)에서 출발하였으나 30세를 전후하여 조선 산수화(山水畵)의 독자적인 특징을 살린 사생(寫生)의 진경화(眞景畵)로 전환하였으며 여행을 즐겨 전국의 명승을 찾아다니면서 그림을 그렸고, 후일 조선 후기 제일의 진경화가로 추앙되었다. 심사정(沈師正)·조영석(趙榮祏)과 함께 삼재(三齋)로 불리었다. 강한 농담(濃淡)의 대조 위에 청색을 주조로 하여 암벽의 면과 질감을 나타낸 새로운 경지를 개척하였으나 후계자가 없어 그의 화풍은 단절되었다. 문재(文才)가 없었으므로 다만 서명과 한두 개의 낙관만이 화폭의 구석에 있을 뿐 화제(畵題)가 없다. 저서에 《도설경해(圖說經解)》가 있으나 전해지지 않으며, 작품으로는 '인왕산제색도(仁王山霽色圖)'·'금강전도(金剛全圖)'·'입암도(立巖圖)'·'인곡유거(仁谷幽居)'·'여산폭포도(廬山瀑布圖)'·'노송영지(老松靈芝)' 등이 있다.

306) 조영우(趙榮祏 : 1686~1761) : 조영석(趙榮祏)이라고도 한다. 조선 후기의 화가이다. 자(字)는 종보(宗甫), 호(號)는 관아재(觀我齋), 석계산인(石溪山人), 본관은 함안(咸安)이다. 1713년(숙종 39) 진사에 합격, 내외 벼슬을 거쳐 첨지중추부사(僉知中樞府事), 돈령부 도정(都正)에 이르렀다. 산수(山水), 인물(人物)을 잘 그려 예조(禮曹)로부터 숙종의 초상을 그리도록 명(命)을 받았으나 "그러면 화사(畵師)와 무엇이 다르랴? 왕명이 아니면 부름에 가지 않는 것이 고도(古道)"라고 모두 거절하여 예술인의 고결을 지켰다. 겸재(謙齋), 현재(玄齋)와 더불어 세칭(世稱) 삼재(三齋)로 알려졌으며 문장, 서화(書畵)에 모두 뛰어나 삼절(三絶)이라 불리었다.

307) 이모(移模) : 원본의 초상을 똑같이 베껴 그린 그림이다.

당에 봉안하였다. 영당의 소재지로 말하면 서울, 장단(長湍), 해주(海州), 한산(韓山), 덕산(德山), 마전(麻田),[308] 회양(淮陽),[309] 경성(鏡城),[310] 주성(酒城),[311] 안동(安東), 횡성(橫城), 상주(尙州), 하동(河東), 대전(大田) 등 각지에 있다. 이러한 각 영당의 화본은 대개가 서울 수송 영당의 본을 이모(移模)하여 간 것이다.

또 한 벌의 화상이 있었는데 이 화상은 백의초립(白衣草笠)으로 상중(喪中)에 거처하는 복장을 하고 있어 고려가 망한 후에 그려진 화본이 분명하다. 그러나 이 화본은 임진왜란 때 없어졌는지 간옹(艮翁)은[312] 그 당대에도 이미 볼 수가 없었다고 하였다.

---

308) 마전(麻田) : 현재 경기도 연천 지역의 옛 지명이다.

309) 회양(淮陽) : 강원도 회양군(淮陽郡)이다. 현재는 북한지역이며, 금강산이 이에 속한다. 비로봉에 오르면 서쪽의 내금강은 회양군이고, 동쪽의 외금강은 고성군에 속한다.

310) 경성(鏡城) : 함경도 경성군이다. 동쪽은 동해와 접하고, 서쪽은 무산군, 남쪽은 길주군이며, 북쪽은 부령군과 접한다.

311) 주성(酒城) : 충청북도 청주(淸州)시의 옛 지명이다.

312) 간옹(艮翁) : 조선 선조(宣祖) 때의 문신(文臣) 이익(李瀷)의 호이다. 이익(李瀷 : 1579~1624) : 본관은 경주(慶州)이며, 호(號)는 간옹(艮翁)·옥포(玉浦)이다. 광해군 4년(1612)에 사마시에 합격하고, 그 해 을과로 급제하였다. 곧 검열(檢閱)에 등용되었고, 광해군 7년(1615)에 전적에 승직되었다. 그 후 예조정랑, 병조정랑 등을 거쳐 직강(直講)을 역임하였다. 광해군 10년(1618) 인목대비(仁穆大妃) 폐위 논의가 일어나자 이에 반대하는 소를 올렸다. 심한 문초를 받았으나 끝내 주장을 굽히지 않았다. 다행이 기자헌(奇自獻)의 도움으로 죽음을 면하고 제주로 안치되었다. 인조 1년(1623) 인조반정이 일어나 사예와 장령에 임용되었으나 나가지 않았다. 다음 해 '이괄(李适)의 난'이 일어나자 왕을 호종하지 못하여 고향으로 돌아갔다. 전한(典翰)에 추증되었다.

33. 목은 선생의 숭고한 인격(人格)

　목은 선생은 타고난 자질(資質)이 극히 현명(賢明)한데다가 일을 처리하고 해결할 때에는 대단히 자세하고 밝았다. 그뿐이랴. 학문(學問)이 정밀(精密)하고 해박(該博)하였으며, 마음가짐을 너그럽고 넓게 하며 가부(可否)를 의논(議論)할 때에는 명백(明白)하고도 간절(簡切)한데 반드시 충후(忠厚)를 주장하였다. 사람을 대할 때에는 겸손하고 예도가 있어서 온화한 기운이 충만하면서도 위엄이 있어서 감히 범치 못할 기풍(氣風)이 돌았다. 재상(宰相)이 되어서는 힘써 이루어진 법규(法規)를 좇아나가고 어지럽게 고치는 것313)을 좋아하지 아니하였다. 또 충군애친(忠君愛親)의 생각은 일생을 통하여 일관한 정신으로 말과 행실로 실천(實踐)하였으며, 그 읊은 시(詩)나 지은 문(文)에 항상 충만(充滿)314)하게 표현되어 있다.

---

313) 원문의 분경(紛更)을 풀어 쓴 것이다.

314) 원문의 왕일(汪溢)을 풀어 쓴 것이다.

박람박식(博覽博識)으로 모르는 서적(書籍)이 없을 지경에 이르렀고 더욱이 이학(理學)에 조예(造詣)가 깊어서 후학(後學)을 알아듣도록 타이를 [315] 때에는 반드시 윤리(倫理)로써 주장을 하였다. 글을 쓸 때에는 아무리 어려운 것도 붓을 들으면 써 나가는데 그 기세는 바람이 부는 것이나 물이 흐르는 것과 같아서 조금도 막히고 지체하는 것이 없으면서도 할 말을 다 하여서 남긴 것이 없고 규격마저 그 고상(高尙)하고 고아(古雅)한 기품은 도저히 당할 수가 없는 것이 마치 큰 강물이 바다에 몰아 들어가는 것 같았다. 그래서 고려가 낳은 대문호(大文豪)로서 동시대에 동양(東洋) 전체에 그를 따를 사람이 없을 뿐 아니라 후세에서도 그 싹을 볼 수가 없는 것이다.

공양왕은 목은 선생을 지극히 사랑하고 존경하였다. 그러나 그 말하는 것과 헌책(獻策)하는 것을 다 써주지 못한 것은 천고(千古)의 한스러운 일 [316]이 아닐 수가 없다. 더욱이 믿고 의지하던 친구가 왕권(王權)을 찬탈(簒奪)하려고 갖은 고초(苦楚)와 형벌(刑罰)을 당하게 하는 역경(逆境)에 처하여서도 태연자약(泰然自若)한 큰 금도(襟度)는 그가 읊은바 시문(詩文)과 공술(供述)한 기록을 통하여 볼 수가 있다.

목은 선생은 일평생을 통하여 가산(家産)을 다스리지 아니하였다. 집안이 텅텅 비어서 끼니가 간 데 없어도 걱정을 하거나 근심을 하는 일이 없는 청빈주의(淸貧主義者)로 국무총리와 같은 고관(高官) 자리에 있으면서

---

315) 원문의 권면(勸勉)을 풀어 쓴 것이다.
316) 원문의 한사(恨事)를 풀어 쓴 것이다.

도 집에는 끼니꺼리가 없을 때가 많았던 청렴(淸廉)하고 결백(潔白)한 분으로 만세후일(萬世後日)의 소위 탐관오리(貪官汚吏)들에게 정문일침(頂門一針)[317]을 주는 사표(師表)이자 훌륭한 모범이 되었다.

목은 선생은 일평생을 통해서 기쁘고 성낸 것이 얼굴빛에 나타나는 법이 없으며 또 빨리 말하거나 황급한 태도가 전혀 나타나 보이지 않았다. 가인(家人)이나 부리는 사람들이 잘못하는 일이 있을 때 꾸지람으로 책망을 하는 일이 없고 반드시 천천히 이치로써 타일러서 깨닫게 하였다. 그래서 평생 말과 동작이 조용하여 규각(圭角)[318]을 노출(露出)하는 일이 없었다. 그러므로 접(接)하는 사람들에게 한 덩이의 화기(和氣)를 느끼게 하였다.

목은 선생은 평생에 고관대작(高官大爵)이 영광(榮光)이 되지 않았고 또 감옥(監獄)과 형벌(刑罰)이 욕(辱)되는 것이 아니었다. 지조(志操)와 절의(節義)가 확고(確固)하게 서있어서 위세(威勢)와 무력(武力)으로 구부릴 수 없었고 생사(生死)로써 변하거나 고칠 수가 없었다. 실로 위대(偉大)하고 숭고(崇高)한 인격(人格)을 완성한 분이었다.

목은 선생은 종교사상(宗敎思想)에 있어서도 공부자(孔夫子)를 존숭(尊崇)하는 정주(程朱)의 학설(學說)로 유교(儒敎)를 조선(朝鮮) 500년의 국교로 만드는 데 절대의 공로와 공헌을 하여, 후세(後世) 유림(儒林)의 비

---

317) 정문일침(頂門一針)은 정수리에 침을 한 대 놓는다는 뜻으로, 따끔한 충고나 교훈을 말한다.

318) 규각(圭角) : 위가 뾰족하고 밑이 네모난 벽옥(璧玉)이 규(圭)이고, 이 벽옥의 뾰족한 모서리가 각(角)이다. 즉, 말이나 뜻, 행동이 서로 맞지 않는 것이다.

조(鼻祖)가 된 것은 두 말할 필요도 없는 것이다. 그와 같이 불교(佛敎)에 대하여도 그 가진 바의 사상이 "부처(佛)는 대성인(大聖人)[319]"이라고 하였다. 이것을 두고 부처에 아첨하였다고 조롱[320]하는 학식이 얕고 미천한 무리들에 비하여 보면 불교에 대한 학문의 이치가 깊고 오묘함[321]이 더한층 깊었던 것을 알 수가 있다. 후세의 논자(論者)들이 "고려 때에 불교가 국교로써 왕실(王室)을 위시하여 귀현권세가(貴顯權勢家)가 많이 숭봉(崇奉)하는 터이라 목은인들 어찌 시대에 배치할 수가 있으랴" 하는 말로 목은 선생의 불교에 대한 일면을 엄호(掩護)하려고 하는 것은 당치 아니한 것이다. 석가모니(釋迦牟尼)가 공자(孔子)와 같이 대성인(大聖人)인 것은 오늘날도 누구나가 부인(否認)할 수 없는 것인데 목은 선생이 먼저 본 것이다. 이 점에 있어서 목은 선생의 진실로 위대(偉大)함을 발견할 수가 있다.

---

319) 원문의 불대성(佛大聖)을 풀어 쓴 것이다.
320) 원문의 영불지기(佞佛之譏)를 풀어 쓴 것이다.
321) 원문의 온오(蘊奧)를 풀어 쓴 것이다.

부록(附錄)

목은 선생에 관한 문헌(文獻)은 굉장히 많다. 그러므로 그 문헌을 일일이 다 기록할 수는 도저히 없다. 더욱이 이러한 문헌의 대부분이 다 한문(漢文)으로 되어 있기 때문에 일일이 번역을 붙이지 않으면 알 수도 없는 경우도 많을 것이다. 그 대부분은 다 생략하여 버리고 이곳에는 사승(史乘)[322]에 기록되어 있는 몇 가지만을 원문(原文) 그대로 게재(揭載)하기로 하여둔다.

1.《高麗史列傳》

李穡字穎叔贊成事穀之子生而聰慧異常讀書輒誦年十四中成均試已有聲穀仕元爲中瑞司典簿穡以朝官子補國子監生員在學三年穀在本國卒自元奔喪恭愍元年穡服中上書曰草土臣穡言臣聞當國家無事之時公卿之言輕於鴻

---

322) 사승(史乘) : 역사적 사실을 적은 책으로, 사서(史書), 사적(史籍), 사책(史册)과 동의어이다.

毛及國家有事之後匹夫之言重於太山臣以匹夫之賤冒進敢言狂妄之罪宜在
不宥然涓埃之微高深所資葑菲之言聖人所取倘蒙殿下曲賜採擇宗廟幸甚社
稷幸甚臣聞經界之正井地之均治人之先務也 洪惟我祖宗創垂之制持守之規
無所不至四百餘年末流之弊幾盡無有而田制尤甚經界不正豪强兼并鵲之巢
而鳩之居者皆是也有司雖以公文朱筆先後定其賓主甲若有力乙便無理而況
公文朱筆又多魚目混述者乎然此受田之家皆王之臣陳力之餘所以代耕彼雖
失之此乃得之是猶楚人失弓楚人得弓猶之可也至於民之所天者惟在於田數
畝之田終歲勤動父母妻子之養猶且未贍而收租者已至若其田之主一則幸矣
或有三四家者或有七八家者苟力焉而相侔勢焉而相敵孰肯讓哉以是供其租
而不足則又稱貸而益之於何而養其父母於何而育其妻子民之窮困職此之由
詩不云乎哿矣富人哀此惸獨殿下卽位之初首以田制爲務繼降宥旨眷眷於此
深謀遠慮出自聖心猗歟偉哉愚以爲羨魚不如結網膠柱何能調瑟不更其法難
祛其弊乞以甲寅柱案爲主叅以公文朱筆爭奪者因而正之新墾若從而量之稅
新墾之地減濫賜之田則國入增正爭奪之田安耕種之民則人心悅人心之悅國
入之增爲理之君所大欲也殿下何憚而不爲或曰富人之田難以函奪積年之弊
難以遽革此則庸君所行非所望於殿下也若其施爲之方潤色之事輔相大臣必
有運籌者矣豈新進小生所能妄議然其行與不行惟在殿下試與不試耳近年倭
寇侵疆至貽聖上宵旰之憂世臣老德相與謀猷其所以處之之方俱得其要然臣
以父憂居濱海之地謀於野者熟矣今之爲計不過有二曰陸守曰海戰車不可濟
川舟不可行陸人性亦猶是也胡貉之人其性耐寒楊粵之人其性耐暑今夫平居
之民不習水故足未蹈船而精神已昏一遇風波則左顚右倒相與枕籍乎舟中之
不暇欲其坐作進退以與敵人賈勇難矣臣以爲陸守則發平居之民利其器械屯

其要害盛軍容謹烽火以眩倭人之目此則按廉郡守足任之都詢問使何所用之
折辱守令糜費供億如是而已海戰之術則臣以爲本國三邊控海島居之民無慮
百萬方之泳之是其長技其人又不以耕桑爲事而以漁鹽爲利比因此賊離其居
失其利怨之之心比之陸居豈止十倍馳一騎奉條畫沿江召募必其賞賚數千之
衆一朝可得以所長之技敵其所怨之人其有不勝者乎況殺敵得賞不猶愈於魚
鹽之利乎又以追捕使領之常在船上則州郡得便盜賊可敗矣 二者禦寇之要道
也盖陸守而不海戰則彼以我爲愞其來未可量也海戰而不陸守則所以固我也
海戰所以威彼如此則不兩得乎文武不可偏廢文經武緯天地之道也唐虞三代
遐邈乎且以兩漢言之高祖之與楚角也有如蕭何者運籌而無汗馬之功此文也
有如韓信者分兵而有攻戰之勞此武也光武中興之時投戈講藝息馬論道則其
文武並用經緯俱張而爲後世之不可及也由是觀之雖當戰鬪之時不廢講論之
道況當昇平之時可忘戰守之備乎是以先王知其然立官設職崇文重武未嘗舉
此而遺彼焉我國家熙洽漸磨加以東漸昇平百年民不知兵萬戶之府係皇朝所
立旣是虛額諸衛之職爲膏粱所占又且無軍以今准古雖曰重武而無用武之實
矣近以倭賊中外騷然幾不土著又聞中原之民頗染賊腥尙賴皇天眷顧我元之
深意吾皇涵養生民之洪恩今且宴安不至顚沛然居安思危則雖滿不溢思患預
防何憂難圖苟欲因循一朝有緩急將何以備之乎楚國失猿禍逮林木城門失火
殃及池魚其果安然坐視乎況我國東有日本北有女眞南通浙江之船止有朝天
之路西走燕山倭賊之來旣而蒼黃失措至請甲兵江浙之賊萬一帆船而來女眞
之人萬麾其騎則荷來之民其遽爲干城之卒歘若變起倉猝人皆踡躅無以爲社
稷扶君王矣每慮及此窃自寒心臣願設武擧之科令充諸衛之士試以武勇而習
其藝賜以爵祿而作其氣國足精兵人樂爲用庶幾無他日噬臍之患矣昔賈誼當

文帝無事之時太息痛哭况今薪火已然猶寢其上乎寧使微臣獲妖言之罪不使
聖朝有無備之譏臣之願也孔子之道大而遠非臣所能贊揚古今崇奉廟學規模
亦非臣之所能悉論國家內立成均十二徒東西學堂外薄州郡亦各有學規模宏
遠節目緻密觀祖宗之意所以崇重儒道者深且切矣盖國學乃風化之源人材是
政教之本不有以培其本未必固不有以濬之其源未必清古之帝王有令名於
天下者亦致意於斯耳殿下以生知之資夙慕聖人之道痛學校之廢遂下修葺之
令非惟吾儒之幸實生民之福也然其朋徒解散齋舍傾頹有由然矣臣請言之古
之學者將以作聖今之學者將以干祿誦詩讀書嗜道未深而繁華之戰已勝彫章
琢句用心太過而誠正之工安在或變而之他誇其投筆或老而無成歎其誤身其
中英邁傑出爲儒之宗匠爲國之柱石者幾何人哉詩云愷弟君子何不作人作人
之妙實在王化士類之弊如此則在上之人庸得辭其責乎又况登仕者不必由及
第及第者不必由國學孰肯棄捷徑而兹岐道哉朋徒解散齋舍傾頹良以此夫臣
伏乞明降條制外而鄉校內而學堂考其材而陞諸十二徒二徒又摠而考之陞至
成均限以日月程其德藝貢之禮部中者給出身之階除在官而未舉者其餘非國
學生不得與試則昔之招不來者今則麾不去矣臣將見人才輩出陛下用之不竭
矣佛氏入中國王公士庶尊而奉之自漢迄今日新月盛肆我太祖化家爲國佛刹
民居參伍錯綜中世以降其徒益繁五教兩宗爲利之窟川傍山谷無處非寺浮屠
之徒浸以卑陋亦是國家之民多於遊食識者每痛心焉佛大聖人也好惡必與人
同安知已逝之靈不恥其徒之如此也哉臣伏乞明降條禁已爲僧者亦與度牒無
度牒者卽充軍伍新創之寺並令撤去而不撤者卽罪守令庶使良民不盡髡緇臣
聞殿下奉事之誠尤篤於列聖其所以祈永國祚者甚盛甚休然以臣之愚窃惟佛
者至聖至公奉之極美不以爲喜待之甚薄不以爲怒况其經中分明有說布施功

德不及持經聽政之餘怡神之暇注目方等留心頓法無所不可但爲上者人所則

效虛費者財所耗竭防微杜漸不可不愼孔子曰敬鬼神而遠之臣願於佛亦宜如

此臣亦知逆鱗必至於碎首但恐濫觴或至於滔天故冒萬死不惜一言臣又復思

惟盛衰相仍理之必然我國家再世幼冲陪臣執權紀綱失墜人思其治以殿下以

聰明寬毅可以有爲之時當亂極思治可以有爲之時宜渴於用賢矣未見束帛戔

戔宜急於聽政矣而未見庭燎晰晰賢能豈盡登庸奸邪豈盡屏退未聞一政之行

徒缺百姓之望如此而望其治是猶却步而圖前南轅而適燕臣甚爲殿下耻之易

曰天行健君子以自强不息修心之要出治之方無過於此惟殿下留心焉二年擢

魁科授肅雍府丞中征東省鄉試第一名充書狀官如元應擧明年赴連試讀卷官

叅知政事杜秉彛翰林承旨歐陽玄見穡對策大加稱賞逐擢第二甲第二名 勑授

應奉翰林文字承仕郎同知制誥兼國史院編修官尋還國王授典理正郎藝文應

敎四年陞內書舍人又如元禮任翰林院權經歷五年以母老棄官東歸上書言時

政八事其一罷政房復吏‧兵部選也王嘉納逐以穡爲吏部侍郎兼兵部郎中以

掌文武之選六年就國子祭酒遷右諫議大夫請行三年喪從之七年以言事忤權

貴一時諫官皆左遷擬穡尙州其夜命以穡爲樞密院右副承宣翰林學士謂宰相

曰李穡才德出衆非他人比用舍不如此無以伏人心自是叅掌機密凡七年十年

紅賊陷京王南幸扈從錄功爲一等十一年王聽佛護寺僧言賜田會穡奉御寶印

監試榜王遣宦官命幷印賜僧牌穡白曰此事宜議諸大臣不可輕易王怒甚穡恐

卽印牌王怒猶未解命停印榜知都僉議柳淑諫曰僧以非理干黷聖政穡爭之誠

是殿下聽非理而罪爭臣於理何王怒稍霽乃印榜穡上箋辭職曰臨事徑情反激

怒雷霆之下撫躬對影若難容天地之閒王不允十二年元授征東行中書省儒學

提擧本國授密直提學同知春秋館事賜端誠輔理功臣號自是與國政雖在罷閑

有大政則必就問焉十四年簽書密直司事十六年重營成均館以穡判開城府事
兼成均大司成增置生員擇經術之士金九容鄭夢周朴尚衷朴宜中李崇仁皆以
他官兼教官先是館生不過數十穡更定學式每日坐明倫堂分經授業講畢相與
論難忘倦於是學者盆集相觀感程朱性理之學始興元授征東行中書省左右司
郎中十七年侍中柳濯等上書諫馬岩影殿之役王大怒下濯等獄使穡鞫之王欲
以事誅濯命穡制諭衆文穡請濯罪名王曰久爲首相多行不義致天大旱一也奪
演福寺田二也公主之薨三日闕祭三也其葬降用永和公主之例四也不忠不義
孰大於此穡曰此皆既往事也近日濯等請寢影殿之役雖以四事歸罪國人皆以
爲上書之故且此四事皆非可殺之罪願更思之王益怒趣益急穡俯伏曰臣寧得
罪安敢爲文以成其罪且上書之事非獨濯領都僉議亦知之矣時辛旽爲領都僉
議方在王側不得已乃曰老臣亦知之但以上怒不敢告耳王命侍中李春富封御
寶俛伏不敢進旽曰宜令言者封之乃命穡穡恐王益怒乃封之書曰臣穡謹封王
曰以予否德不從予言持此求有德者我太祖初豈王孫哉予避位矣乃移御定妃
宮不許進膳翌日旽欲解王怒啓王下穡獄使贊成事李仁任知都僉議柳淵訊之
坐以不從王命穡曰臣自布衣謬蒙上眷不有戰功不經吏職但以文墨小才驟至
宰相上恩深重圖報無由嘗謂苟可以有益上德者不惜身命力言之以補萬一今
柳侍中在縲絏穡爲問事官不敢盡言者欲王動心省悟不濫殺大臣也因泣曰穡
之泣非爲見恤於獄官非敢望達於上聽又非畏死也但恐因此一失主上之名不
美於天下後世也仁任等以聞王遂感悟放濯等命穡曰沐浴而朝予將與之言明
日穡進謝王曰無嫌前怒宜更盡心十八年改三司右使二十年拜政堂文學加文
忠保節贊化功臣號我太祖爲知門下府事王謂近臣曰近日物議何如對曰皆言
國家得人王笑曰文武皆用第一流以爲宰相誰敢議之王每召見穡及李仁復必

令左右洒掃焚香幸僧神照白王曰君見臣何必致敬如此王曰爾何知此二公道
德非庸儒且穡學問舍肌膚得骨髓雖中國亦罕比烏敢慢哉尋丁母憂起復仍舊
職二十二年辭免封韓山君辛禑三年加推忠保節同德賛化功臣號禑以穡爲師
傅穡追父穀志成大藏經禑聞之命知申事盧嵩降香八年判三司事稱病不視事
明年復封韓山君尋復判三司事十年以病辭進封韓山府院君帝遣張溥周倬等
來傳等至境問穡安否禑以穡稱爲判三司事出迎誥命十一年上書乞退禑不聽
尋檢校門下侍中十二年知貢擧以舊例享禑于花園禑以師傅敬重之親執手引
入欲對榻坐穡固辭禑親牽內廐馬賜之命作詩穡書云聖主開興運愚臣荷異恩
科場分命桂畀食特羅尊當面山光滴臨身日色溫經筵糸小技茂握似乾坤禑修
西普通塔命穡作記其略曰我太祖刱業垂統弘揚佛法以保子孫者非前世帝王
之所可及先王能體太祖之心歸崇三寶今殿下修塔如此殿下之心上合於太祖
又可知矣鳴呼周雖舊邦其命維新將不在於今日乎識者譏其諂主佞佛十四年
我太祖回軍擇立宗室曹敏修謀立昌以穡爲時名儒欲藉其言密問於穡穡亦欲
立昌乃曰當立前王之子遂立昌昌起穡拜門下侍中賜推忠保節同德賛化輔理
號賜馬一匹王大妃亦遣宦官饋酒果自恭愍薨帝每徵執政大臣入朝皆畏懼不
敢行及穡爲相曰今國家有釁非王及執政親朝無以辨之王幼不能行是老臣之
責也卽自請入朝我太祖稱之曰慷慨哉是翁昌及國人皆以穡老且病固止之穡
曰臣以布衣位至極品常欲以死報之今得死所矣設死道路以屍將命苟得達國
命於天子雖死猶生遂與李崇仁金士安如京師賀正且請王官監國穡以我太祖
威德日盛中外歸心恐其未還有變乃請一子從行太祖以我太宗爲書狀官及入
朝帝素聞穡名引見數四禮待甚厚從容賜語曰汝在元朝爲翰林應解漢語穡乃
以漢語遽對曰請親朝帝未曉語甚麼禮部官傳奏之穡久不入朝語頗艱澀帝笑

日汝之漢語正似納哈出穡還語人曰今皇帝心無所主之主也我意帝必問此事則帝不之問帝之所問皆非我意時論譏之曰大聖人度量俗儒可得譏乎時田制大壞我太祖與大司憲趙浚欲革私田都評議使司議田制穡以爲不可輕改舊法持其議不從穡謁禑于黃驪府未幾乞解職舉李琳自代昌以穡爲判門下府事穡嘗與洪永通李茂方等設白蓮會於南神寺佛者以儒藉口益肆其說又久典文衡以其子種學再掌試種學素不能文士林頗譏穡私其子昌命穡琳及我太祖劍履上殿贊拜不名各賜銀五十兩彩段十匹馬匹下教獎諭初崇仁副穡赴京至是崇仁以買賣事被劾流竄穡不自安上書乞退昌不聽命中官賜酒懇諭猶不出昌趣令視事又命贊成事禹仁烈賜酒茅穡又上書乞退昌不聽蓋穡嘗愛崇仁文章其再上書意欲救之也穡遂歸長湍別業昌遣中使李匡存問又遣知申事李行賜酒敦諭請還穡不起恭讓卽位穡自長湍還詣闕賀王召入內下床而待乃曰平生閑遊不意今日得此也卿補之復以爲判門下府事王親祼太廟告卽位將事之夕有司請撤禑母神主穡曰此事未保其終姑徐之左司議吳思忠門下舍人趙璞等上疏曰判門下李穡事我玄陵以儒宗位輔相及玄陵薨無嗣權臣李仁任自欲擅權貪立幼主而穡助議立禑諸將回軍議立王氏之際大將曹敏修以仁任姻親欲立子昌以繼其邪謀問計於穡穡亦嘗以昌爲心遂定議立之其子種學宣言於外戚曰群臣議立宗室卒立世子吾父之力也穡之回自京師也與李崇仁金士安等相期謁禑於驪興而穡先期獨見其獨見之際所言公歟私歟是未可知也穡世仕王氏受恭愍罔極之恩附仁任則立辛禑而絕王氏諸將議立王氏則附敏修黜禑而立昌忠臣義士議復王氏則附安烈黜昌而迎禑其在禑昌亦爲反側之臣矣然此不足論也世爲王氏之臣謟附賊臣使王氏之宗祀永絕其爲罪惡天地宗社之所不容也又以奉昌朝見迎立辛禑之計未遂托李崇仁被劾歸于長湍觀望事變及

殿下卽位公然而來受判門下之職立於百官之上了無怍色曲學阿世飾詐釣名
請下攸司論穡父子及敏修之罪以戒後世爲人臣而不忠者王命罷穡種學奪敏
修告身思忠等復上疏論劾流穡于長湍種學于順天遣科正田時鞫敏修于昌寧
時欲以敏修立昌之謀出於穡取辭敏修不服曰立昌之罪豫固獨當穡實無與焉
累日逼之乃服二年憲司上疏請治穡敏修立昌又欲迎禑之罪諫官又上疏請下
穡敏修于憲司嚴加鞫問置之極刑命削穡職與敏修徙遠地左常侍尹紹宗以穡
門生不署名臺諫復請穡罪王遣思忠時及執義李皋鞫穡于長湍命之曰毋令穡
驚動若不服當更稟旨穡果不服曰倡立辛昌非穡所知穡若妄言上天監臨請穡
與敏修對辨思忠遣時以聞王命加栲訊時還宣旨使獄卒立左右竟日通夜示敏
修昌寧獄辭穡曰回軍議立之際敏修問穡宗親與子昌孰當時敏修以主將領兵
還且與昌外祖李琳爲族同心穡不敢違以禑立已久當立子昌爲對無首勸擅立
之語思忠等取辭乃還穡語人曰昔晉元帝入繼大統致堂胡氏以爲元帝姓牛而
冒續晉族東晉群臣何以安之而不革也必以胡鞨交侵江左微弱若不憑依興業
安能係屬人心舍而創造難易絕矣此亦乘勢就革不得已而爲之者也穡於立辛
氏不敢有異議者亦此意也臺諫再論穡敏修罪不報交章復論遂移穡于咸昌王
昉趙胖還自京師曰禮部召臣等曰爾國人有坡平居尹彝中郞將李初者來訴于
帝言高麗李侍中立王瑤爲主瑤非宗室乃李侍中姻親也瑤與李侍中謀動兵將
犯上國宰相李穡等以爲不可卽將李穡曹敏修李琳邊安烈權仲和張夏李崇仁
權近李種學李貴生等殺害將禹玄寶禹仁烈鄭地金宗衍尹有麟洪仁桂陳乙瑞
慶補李仁敏等遠流其在貶宰相等潛遣我等來告天子仍請親王動天下兵來討
乃出彝初所記穡敏修等姓名以示之胖與彝等對辨彝初愕然失色於是臺諫相繼
上疏請鞫彝初之黨逮繫穡琳仁烈仁敏地崇仁近種學貴生等于淸州獄諸囚皆

不服忽雷雨大作前川暴漲毀城南門直衝北門城中水深丈餘漂沒官舍民居殆盡獄官蒼黃攀樹木以免王以水災下敎釋之仍安置咸昌尋宥穡許從便三年憲府請復治穡種學不從憲府復論穡罪王勉從之流于咸昌諫臣又論種學流遠地俄許京外從便穡上書謝曰臣以不才幸遇殿下入繼正統卽於初政叨受判門下事滿溢是懼愈兢惕未夾旬日遽被彈劾連章累牘請置極刑閱歲三改益峻不衰臣之性命在於朝夕苟非殿下好生之德與天同功臣豈能得至今日以沐聖上作解之澤哉臣聞命之日急於謝恩卽離乏所踰嶺而北蒙犯風雪忠驪之閒宿疾發動難於跋涉致此淹留未得遄造闕庭伏望憐臣衰憊永示好生之德王覽書卽命驛召穡及崇仁種學穡還京謁我太祖于私第太祖驚喜迎之上座跪進酒請穡立飲穡不讓人皆非之極歡而罷王聞之曰此二公疇昔之情好也王嘗謂左右曰向者省憲數上疏請誅穡子以爲穡嘗事玄陵言事忤旨雖怒甚猶待以禮又爲朝奉使大明帝寵待優渥召待便殿屢賜宴慰天下想望其爲人以玄陵之睿鑑皇帝之威靈禮貌如彼況如寡人其敢害之居數日穡與李崇仁種學詣闕謝恩召入內殿賜酒慰之命還告身復封韓山府院君領藝文春秋館事四年宴群臣于壽昌宮穡醉發聲大笑近侍大護軍金鼎卿止之穡惶恐趨出鄭夢周柳曼殊等醉輒喧呼是日削職蓋懲於李括使酒得罪也誅夢周鞫諫官金震陽等辭連穡種學種善于外王使謂穡曰卿之二子得罪於朝卿其去矣兩江之外惟卿所適穡憮然曰臣顧無田宅果安歸乎遂貶衿川尋徙驪興入本朝封韓山伯卒年六十九賜祭賻禮葬之諡文靖穡天資明敏博覽群書爲詩文操筆卽書略無礙滯勉進後學以興起斯文爲己任學者皆仰慕掌國文翰數十年累見稱中國平生無疾言遽色不露圭角不治生産雖至屢空不以爲意與鄭夢周同心終始不變臣節可不謂忠然乎然志節不固無大建白學問不純崇信佛法爲世所譏有牧隱集五十五卷行于世

2. 李時中傳載列國詩集外國內編纂牧齋所著圃隱傳可以參見

李時中穡天資明敏博通群籍爲詩文操筆立就平生無疾言遽色不治生産雖至屢空泊如也恭愍二年擢元朝制科第二甲第二名授應奉翰林文字承仕郎同知制誥兼國史編修官六年爲諫官十六年判開成府事兼大司成以興起斯文爲己任增置生徒選經術之士鄭夢周李崇仁等爲學官更定學式日坐明倫堂分業執經論難不倦于是學者坌集十七年都簽議侍中柳濯等極諫影殿之役下巡軍獄將殺之命穡製教文諭衆穡請罪名而不奉教頑大怒並下獄穡抗對不屈頑感悟命釋濯等二十年爲政堂文學掌詞翰數十年屢見稱于中國王禑十三年以韓山府院君掌貢舉用舊例享禑于花園禑以師傅敬穡親執手入命對榻坐穡固辭禑親牽廏馬賜之十四年判三司事李成桂廢禑立昌穡爲門下侍中成桂爲守侍中當遣使入賀正請王官監國大臣皆畏懼穡爲相自請行成桂威權日盛恐行後有內變請以其子爲從行成桂益忌之成桂放昌立瑤將圖篡立諫官希其旨劾李崇仁權近等流之穡乃乞解職歸長湍臺諫復上疏請治穡等議立昌又欲迎還禑之罪郎訊于長湍穡占對不少屈使臣趙胖等還自京師出禮部所示陪臣李彝等籍記穡等姓名逮穡繫清川獄鞫之時雷雨忽大作暴漲衝南北城漂沒官署獄官蒼黃攀樹木以免用鄭夢周言宥穡等任便居住鄭道傳擁戴李氏上書都堂請誅穡臺諫交章助之乃流穡于咸昌省憲刑曹論列未凶夢周欲倚穡以謀成桂言于瑤著令日復有論劾者以誣告論未幾召還李穡及李崇仁成桂殺夢周再放穡于韓州瑤遣使謂穡日兩州之外惟卿所適穡憮然日臣顧無田宅果安歸乎遂貶衿州尋徙驪興高麗自玄陵不君政歸李氏穡與夢周立昌擁禑思奪社稷於成桂之手而延王氏一線之緒東史稱穡與夢周終始不變臣節可不謂忠乎成桂之放弑以辛氏爲口實而東史亦日宋儒謂元帝本非馬宗東晉大臣以國勢有歸不得已

安之穡於立昌不敢異議亦此故也李氏專政有年國論在手建國二百餘年皆其

臣子悠悠千古誰與辨牛馬之是非乎定哀多微詞東史有焉學在四夷詎不然乎

大明學士錢謙益職號牧齋又蒙叟字受之虞山人

3. 朝鮮牧隱先生李文靖公行狀

公諱穡字穎叔號牧隱忠清道韓州人曾祖追封奉翊大夫版圖判書昌世祖宣

贈奉訓大夫祕書監丞本國追封匡靖大夫都僉議贊成事自成考宣授奉議大夫

征東行中書省左右司郎中本國文匡靖大夫都僉議贊成事右文館大提學監春

秋館事上護軍謚文孝公穀中元朝元統癸酉制科號稼亭有文集二十卷行于世

妣宣封遼陽縣君本國咸昌郡夫人金氏以天曆戊辰五月辛未生公聰慧異常自

知讀書見輒成誦至正辛巳公年甫十四中本國成均試嶄然已有聲始冠將婚一

時高門望族擇東床者皆欲歸其女至婚夕猶爭乃娶安東權氏宣授明威將軍諸

軍萬戶府萬戶本國重大匡花原君仲達之女元朝朝列大夫太子左贊善本國三

重大匡都僉議右政丞漢功之孫也戊子稼亭先生在元朝爲中瑞司典簿公以朝

官子補國子監生員在學三年得受中國淵源之學切磨涵漬益大以進尤邃於性

理之書辛卯正月稼亭還本國卒奔喪終制癸巳夏五月恭愍王開科試士公爲魁

授肅雍府丞秋爲征東行省解尤仍充進奉使書狀官赴京甲午二月翰林學士承

旨歐陽玄禮部尙書王思誠同掌會試公又得中三月對策殿庭擢中第二甲第二

名讀卷官參知政事杜秉彝翰林承旨歐陽玄諸公大加稱賞勅授應奉翰林文字

承仕郎同知製誥兼國史院編修官東歸須次恭愍王就加通直郎典理正郎藝文

應教知製教兼春秋館編修官乙未春爲王府必闍赤掌書批目儒林榮選也陞授

奉善大夫試內史舍人知製教兼春秋館編修官夏又充書狀官奉表如京八月禮

仕翰林院冬權經歷丙申正月以母老棄官東歸蓋知天下將亂也秋本國官制行
改中散大夫吏部侍郎翰林直學士知製誥兼春秋館編修官兼兵部郎中以掌文
武之選初公上言時政八事皆蒙施行其一罷政房復吏兵部選也故有是命丁酉
試國子祭酒知閤門階中大夫爲知印尚書是必闍赤之長也其選尤榮七月遷右
諫議大夫階加大中自後凡除授皆帶館職戊戌以言事忤權貴一時諫官皆左遷
擬公尙州公理裝待曉將發其夜命下獨公進拜通議大夫樞密院右副承宣知工
部事王謂宰相曰李穡才德出衆非他人之比用舍不如此以無伏人心由是昵居
喉舌參掌機密凡七年陳謨啓沃裨益弘多辛丑十一月紅賊陷王京乘輿播越臣
僚倉卒多潰散公從王不離側一心扞衛參謀協贊洪濟多艱弼成克復之功策勳
一等賜以鐵券田一百結奴婢二十口癸卯宣授奉訓大夫征東行中書省儒學提
舉冬拜本國端誠輔理功臣奉翊大夫密直提學同知春秋館事上護軍自是與聞
國政二十餘年雖在罷閑每有大政必就問焉乙巳同知貢舉取尹紹宗等二十八
人丁未冬宣授朝列大夫征東行中書省左右司郎中以本國判開城兼成均大司
成初自辛丑經兵之後學校廢馳王欲復興改創成均于崇文館之舊址以講授員
少擇一時經術之士若永嘉金九容烏川鄭夢周潘陽朴宜中京山李崇仁等皆以
他官兼學官以公爲之長兼大司成自公始也明年戊申春四方學者坌集諸公分
經授業每日講畢相與論難疑義各臻其極公怡然中處辨析折衷必務合於程朱
之旨竟夕忘倦於是東方性理之學大興學者去其記誦詞章之習而窮身心性命
之理知宗斯道而不惑於異端欲正其義而不謀於功利儒風學術煥然一新皆先
生教誨之力也夏四月王幸九齋親試諸生經義命公讀卷取李詹等七人賜及第
己酉夏同知貢舉取柳伯濡等三十三人始用中朝科學易書通考之法初恭愍王
爲魯國公主構影殿于王輪寺之東窮奢極麗數年不就更相地於馬巖之西尤極

宏壯勞費鉅萬侍中柳濯謂同知密直安克仁簽書密直鄭思道曰馬巖之役非止
勞民傷財術士有言營作于此不利於國子以不才濫長百官不憂社稷可乎寧以
死諫乃上書極言不可王大怒下濯等獄欲以事誅之命公製諭衆文公請罪名王
曰久爲首相多行不義致天大旱一也奪演福寺田二也魯國之薨三日闕祭三也
其葬降用永和公主之例四也不忠不義孰大於此公對曰此皆既往事也近日濯
等上書請停影殿之役雖以四事罪之國人皆以爲上書之故且此四事皆非可殺
之罪也願更思之王益怒促愈急公伏曰臣寧得罪安敢爲文以成其罪上書之事
領都僉議亦知之時辛旽爲領都僉議極寵幸用事方在王側旽不得已乃曰老臣
亦知之但以王怒不敢告耳王命侍中李春富封國印春富俛伏不敢進旽曰宜令
言者封之乃命公公恐王益怒乃書封曰臣穡謹封王曰以子否德不從予言持此
求有德者事之我太祖初豈王孫哉子避位矣乃移居定妃宮不許進膳翌日旽欲
解王怒啓王下公獄責問坐以不從王命公曰臣自布衣濫蒙主知驟至宰相謂有
可以益上德者至死力言之以報萬一今柳侍中在縲絏臣敢盡言無死罪者欲王
動心省悟以不濫殺大臣也因泣下曰臣之泣非畏死但恐因此一失王之名不美
於後世也獄官具以聞王遂感悟放濯等出使公沐浴而朝辛亥知貢舉取金潛等
三十三人秋拜政堂文學加文忠保節贊化功臣之號 時我太上王爲知門下事恭
愍王謂近臣曰近日物議如何對曰皆言國家得人王笑曰文武皆用第一流以爲
宰相誰敢議之蓋自多同日竝用兩賢也王每召公及星山李仁復入內必令左右
洒掃焚香倖僧神照白王曰君見臣何必致敬如此王曰爾何知此二公道德非庸
儒且穡學問舍肌膚而得骨髓者也雖中國亦罕比烏敢慢之哉蓋王嘗入侍帝庭
聞朝中縉紳稱譽公有素故云然九月丁丑遼陽縣君憂明年壬子六月王命起復
政堂文學以疾辭癸丑冬封韓山君階大匡甲寅秋恭愍王薨公自遼陽之逝哀毀

成疾中惡嘔泄聞王薨愈篤杜門臥者七八年間奉旨事指空懶翁二和尙浮屠其
徒因多往來于門凡求詩文和者輒應頗有侫佛之譏公聞之曰彼謂追福君親予
不敢拒也丁巳加推忠保節同德贊化功臣之號領藝文春秋館事壬戌拜三重大
匡判三司事癸亥復封韓山君甲子加封韓山府院君乙丑拜壁上三韓三重大匡
檢校門下侍中丙寅知貢舉取孟思誠等三十三人戊辰朝廷欲置鐵嶺衛侍中崔
瑩當國用事舉兵謀攻遼我太上王舉義回軍執退瑩起公爲門下公曰今國家有
寡非王及執政親朝無以辨之王不能行是老夫之責也卽自請如京王及國人皆
以公老且病固止之稱曰臣以布衣位至極品常欲以死報之今得死所矣設死道
路以屍將命苟得達國命於天子雖死猶生入朝于京師高皇帝嘉賓有加優禮以
遣己巳還國秋請退拜判門下府事冬恭讓君立忌公者劾貶長湍庚午四月貶咸
昌五月誣以遣彝初于上國逮繫公等數十人于淸州鞫問甚峻事叵測公曰死生
天也當順義命耳處之自若也後數日黎明始雨未及日中山崩水湧壞城門漲入
屋舍皆沒問事官漂溺攀樹木僅免驛聞于國釋不問自有是州未嘗有水災如此
之劇皆以謂公忠誠所感也時王素知公無他累次召還爲忌公者所劾輒見斥逐
人有譏公往來不憚煩者又有爲公危之欲其稱疾毋行者辛未冬又自咸昌被召
而來門人權近亦貶忠州路見公以所聞於人者告之公曰是則詐也人臣之道唯
君所命召之則來揮之卽去死且不避往來何恤焉旣至復封韓山府院君壬申四
月復貶衿州六月徙驪興七月我太上王卽位忌公者欲加極刑公曰吾平生不妄
語敢誣服乎雖死吾爲直鬼也語聞王察其情特原之移置長興府賴公專活者多
冬宥歸韓州自恭讓初年忌公者屢以計必欲置之死地王輒救之得全及是忌公
者不敢復施其計乙亥秋游關東入五臺山因留居之王遣使召迎復封韓山伯進
見得退送至中門待以故舊之禮丙子公年六十九夏五月請往驪江避暑將登舟

疾作召男種善于京城初七日疾革有僧進語其道公舉手揮之日死生之理吾無
疑矣言訖而卒訃聞王悼甚輟膳停朝三日遣使弔祭賻贈有加謚文靖公十月子
孫奉柩歸于韓州十一月甲寅葬于加智之原公天資明睿學問精博處事詳明秉
心寬恕議論可否明白簡切而必主於忠厚待人接物謙恭愷悌和氣油然而凜乎
不可犯其爲宰相務遵成憲不喜紛更而持大體忠君愛親之念至老不衰每形於
辭色現於詩文勉進後學必以倫理爲主孶孶不倦博覽群書尤深於理學凡爲文
章操筆卽書如風行水流略無凝滯而辭義精到格律高古浩浩滔滔如江河注海
有集詩三十五卷文二十卷自元季至正癸巳至皇朝洪武己巳數十年間掌國文
翰多更變故險難之際能修詞命屢見嘉嘆及公貶斥忌公者典文始以表辭見責
於帝則公之文章智識有補於世如此惜恭愍徒知致敬而不能盡用其言後長百
僚而未幾罷免遂見詆娸經濟之學卒莫大施天也爲家不問有無費雖至屢空不
以動心平生無疾言遽色家人僕隸或有失必徐以理曉譬之未嘗加以怒言尊俎
之間油油然而處亦不及亂襟懷洒落言動從容喜怒不形圭角不露渾是一團和
氣久居寵利而不見其驕盈晚遭屯難而不見其隕穫縷緤非辱圭組非榮公之操
存守履亦可謂確乎不拔者矣公産三男長日種德推誠翊衛功臣奉翊大夫知密
直司事次日種學奉翊大夫簽書密直司事丙辰進士戊辰掌成均試己巳知貢舉
皆先公卒次日種善中正大夫典校令知製敎壬戌進士密直男四長日孟畴中顯
大夫監門衛大護軍日孟畇承奉郎考功佐郎乙丑進士日孟畯壬申進士日孟畛
仁德宮司涓女二長適通政大夫承樞府右副代言柳沂次適中訓大夫宗簿令河
久簽書男六長日叔野朝奉大夫司宰少監日叔畦成均生員日叔當虎勇巡衛司
副司直日叔畝朝散大夫司水少監日叔福成均生員日叔疇幼女二長適正尹李
漸次幼典校男一日季疇曾孫男七人女九人門人純忠翊戴佐命功臣正憲大夫

參贊議政府事判刑曹事寶文閣大提學知經筵春秋成均館事世子左賓客吉昌
君權近編

4. 有明朝鮮國元宣授朝列大夫征東行中書省左右司郎中本國特進輔國崇祿大夫韓山伯諡文靖公李公神道碑並序今改以有元高麗國牧隱李先生神道碑銘並序書之

中朝進士以理學唱鳴東方位至王國上相者曰韓山牧隱先生李文靖公而已
至正乙巳秋公與星山樵隱先生李文忠公同掌禮闈崙以不才幸而中試執摳衣
之禮者三十餘年公之卒也乃緣職事不得往哭于位迄今悲不能已今其季子種
善以陽村權近所撰行狀來囑碑銘崙誠恐不足以形容德美然揆諸義不敢辭謹
按公諱穡字穎叔號牧隱世居忠清道韓州曾祖諱昌世贈版圖判書祖諱自成元
朝贈祕書監丞本國贈都僉議贊成事考諱穀元朝征東行中書省左右司郎中本
國都僉議贊成事右文館大提學監春秋館事號稼亭諡文孝公中元朝元統癸酉
制科詩與文高一時有集行于世妣金氏元朝遼陽縣君本國咸昌郡夫人以天曆
戊辰五月辛未生公自幼穎悟絕倫讀書輒成誦至正辛巳中本國成均試年十四
戊子稼亭先生在元朝爲中瑞司典簿公以例補國子監生員學益進庚寅稼亭還
本國明年正月卒公奔喪終制癸巳夏魁本國禮闈試授肅雍府丞秋中征東行中
書省鄉試第一甲午春會試京師對策殿庭大爲讀卷官稱賞中第二名及第勅授
應奉翰林文字同知製誥兼國史院編修官歸本國須次王待以殊禮就加典理正
郎藝文應敎知製敎兼春秋館編修官乙未春爲王府必闍赤陞內史舍人知製敎
兼春秋館編修官自此本國除授皆兼館職夏如京師禮任本院冬權經歷公見天
下將亂托以母老棄官東歸丙申秋本國改官制授吏部侍郎兼兵部郎中以參文

武之選公嘗上言時政八事其一罷政房復吏兵部選故有是命丁酉試國子祭酒
知閣門爲王府知印遷右諫議大夫戊戌同僚皆以言事忤權貴左遷王謂宰相曰
穡非衆人比進拜樞密院右副承宣累遷至左承宣自是參掌機密凡七年啓沃弘
多辛丑冬紅寇陷王京王南幸公從王捍衛協贊克成收復之功策勳一等賜以鐵
券癸卯元朝授征東行中書省儒學提舉本國授密直提學同知春秋館事賜端誠
輔理功臣之號自是與聞國政乙巳同知貢舉請行搜挾易書之法丁未元朝授征
東行中書省左右司郎中戊申以判開城兼成均大司成王欲興復學校改創成均
館擇一時之有經術者分授生徒皆以他官兼學官公每日與諸學官分授畢相與
討論辨析竟日忘倦學者得以變其舊習儒風一新夏王試九齋生六經義賜及第
七人命公讀卷己酉又知貢舉請行三場通考之法初王搆魯國公主影殿于王輪
寺東岡俠小其地更欲於馬巖西相地尤極宏壯侍中柳濯等上書諫止之王怒下
濯等獄欲誅之命公製諭衆文公請罪名王數四罪公對曰此皆旣往之事又法不
應死近日濯等上書請停影殿之役雖以此罪之國人必謂上書之故願王思之王
益怒趣製愈急公俯伏曰臣安敢爲文以成其罪王怒益甚乃移居定妃宮不許進
膳翌日幸臣辛旽欲解王怒請王下公獄欲坐以不從王命公曰臣濫蒙上知自布
衣驟至達官嘗謂有可以補上德者必陳無隱今王欲誅柳侍中臣敢盡言者第恐
王之名不美於天下後世也獄官具以聞王遂感悟放濯等出使謂公曰明日沐浴
而朝子將謝之厥後王益敬憚辛亥知貢舉秋拜政堂文學加功臣號曰文忠保節
贊化王每召公見必洒掃焚香曰穡之學問中國亦罕其比烏敢不敬九月丁遼陽
縣君憂明年六月王命起復本職公力辭癸丑冬就封韓山君甲寅秋王薨公自遼
陽之逝哀毀成疾聞王薨杜門不出者七年丁巳加推忠保節同德贊化之號領藝
文春秋館事壬戌拜判三司事癸亥復封韓山君甲子加府院乙丑拜檢校門下侍

中丙寅又知貢舉公凡五掌試多知名士戊辰朝廷欲置鐵嶺衛武臣崔瑩挾僞主
欲舉兵攻遼軍至鴨綠江我太上王舉義回軍執退瑩等起公爲門下侍中公曰今
國家有釁王幼不能親朝執政者當行老臣敢自請王及國人皆以公老且病固止
之公曰臣受國恩至厚常欲以死報之苟得達國命於天子雖死猶生遂入朝敷奏
詳明高皇帝優禮待之寵賚遣還己巳夏還國秋以疾請解繁務乃拜判門下府事
冬恭讓王立有忌公不付己者劾置長湍縣庚午四月移咸昌五月尹彝李初之獄
作繫公等數十人于淸州將用峻法鍛鍊成罪事回測而公以義命自處不爲之動
天忽大雨自朝至于日中山崩水湧城門壞館舍盡沒問事官攀樹木僅免驛聞于
國許皆放還淸之父老相謂曰有州來未有水災如此之劇此殆公等所感也王素
知公無他累次召還忌公者輒斥之辛未冬公自咸昌被召還復封韓山府院君壬
申四月復貶衿州六月徙驪興七月我太上王卽位忌公者誣公以罪欲加極刑公
曰吾平生不妄語安敢誣服死爲直鬼亦無嫌矣語聞王原之移置長興府同時見
貶者多賴公得全冬放歸韓州乙亥秋遊關東入五臺山因留止王遣使迎致仍封
韓山伯待以故舊之禮公進見而退必送至中門丙子夏五月公請往驪江避暑初
七日疾革有僧至欲語以其道公揮之曰死生之理吾無疑矣言訖而卒年六十九
訃聞王輟膳停朝三日遣使致祭賻葬以禮諡曰文靖十月男種善等奉柩歸韓州
十一月甲寅葬于加智原公稟資淸粹學問精敏蚤承家訓入嵗辟雍博文篤行務
盡性理之學及還本國勉進後生以興起斯文爲己任學者仰之如山斗掌國辭命
數十年恒見稱於朝廷爲詩文操筆卽書辭理精到妙絕一時有集五十五卷樵隱
博學有鑑識尙論前輩亦少許可獨於公稱嘆不置曰牧隱眞天才也平居待人接
物渾是一段和氣當官處事論議切至確乎不可拔及至爲相務持大體略無近名
之累平生不治生產雖至屢空不以爲意晚年居閑往往遊山水間以自消遣方外

之人有欲從遊者不拒有求詩文者不靳然以公達理之明豈不知幻妄之說爲不
足信哉觀其易簀一語則可知已夫人永嘉權氏元朝明威將軍本國花原君仲達
之女元朝大子左贊善本國都僉議右政丞漢功之孫有賢行能執婦道不以有無
溷公生三男長種德推誠翊衛功臣知密直司事次種學簽書密直司事登丙辰科
己巳同知貢舉皆先公卒次種善司憲執義登壬戌科知密直男四長孟畭判軍器
監事次孟昀藝文直提學登乙丑科次孟畯登壬申科次孟畛司僕直長女二長適
瑞寧君柳沂次適僉摠制河久簽書男六長叔野司宰少監次叔畦司水注簿次叔
當副司直次叔畝工曹議郎次叔福次叔時女適正尹李漸執義男三長季疇二幼
銘曰.

　維韓之英有翼稼亭瓊琚厥辭射策帝庭於赫文靖實維傳經蚤入辟雍大播其
馨聯中乙科繼踵玉堂厥鳴益大國家之光斂而東歸師範一方義理精微上接程
張文辭高古下視蘇黃道積厥躬處事安詳德與齒尊位冠巖廊奉使專對見禮天
王歸來乞閑進退其臧維時多囏天意杳茫狼尾之畫國人心傷泰山之頹行路涕
滂嗚呼先生德音不忘子孫其承福祿未央我銘不諛用示攸長門人奮忠仗義靖
亂定社佐命功臣大匡輔國崇祿大夫議政府左政丞判吏曹事兼判尙瑞司事修
文殿大提學監春秋館事領經筵書雲觀事晉山府院君河崙撰集賢殿大學士孔
俯書 篆 失名于改立後

5. 碑陰記

　先祖韓山伯神道碑門人河文忠公永樂乙酉冬所撰也今夏始得貞石而鑴刻
至秋乃畢叔父留後公命孟昀記山來坐向書諸碑陰又曰余觀碑文自授肅雍府
丞至封韓山伯竝不書散官蓋簡其文也然年譜在可攷也其碑文所載子孫今皆

成立陞秩至於顯達者寔多後生親孫若曾玄男女亦衆矣不可不錄示後裔也其
悉記之併載碑陰孟昀不敢辭謹記之先祖墓在韓山郡麒麟峯之南麓丑艮之山
癸坐丁向東南距郡治五里謹稽山來自鴻山之永興山折而東南三十餘里崒然
停峙是爲麒麟峯原其所自實出於長白山也峯之下加智之原龍虎與案蜿蜒環
擁佳氣沖融嗚呼天慳地祕以待賢哲之吉兆歟卽墓之巽方三十三步樹立豐碑
以記德美昭示無窮又序次子孫之名具列如左長男吾先君知密直司事諱種德
娶門下評理柳惠孫之女生四男二女長孟畦仁寧府司尹次孟昀次孟畯別將早
亡季孟畛漢城府尹女長適瑞寧柳沂次適都摠制河久府尹三男三女長衍基司
憲監察次裕基次保基讀書女長適敦寧府判官李厚次適司瞻直長李椅次適都
染錄事金自行監察二男三女長澍次淨皆幼瑞寧二男長方善次方敬仲男簽書
密直司事諱種學娶門下侍中李春富之女生六男一女長叔野光州牧使次叔畦
晉州牧使次叔當右軍僉摠制今皆云亡次叔畝同知中樞院事次叔福及第季叔
時工曹參判女適全州府君李漸光牧一男二女男蓄戶曹正郎女長適漢城判官
安崇信次適書雲副正李元根正郎一男一女皆幼晉牧五女長適監牧官柳諍次
適陵直郭汾次適幼學全克敬次適幼學李思南次幼僉摠制三男長思司譯院注
簿次畏陵直次異東部錄事注簿一男二女皆幼陵直一女幼錄事一男一女幼同
知二男四女長菑原平都護府副使次畲司憲監察女長適宜寧監務河孟晊次適
工曹佐郎安崇孝次適通禮門奉禮金理次幼副使二男二女長壽垠餘幼監察二
男二女長仁堅次義堅皆幼及第二男二女長文埤次文彊女長適軍資錄事尹濱
次適幼學柳仲諲文埤一男幼參判一女適典農直長李敬賢府尹一男一女男義
山司正女適集賢殿正字金文孝季男開城留後司留後諱種善娶參贊門下府事
致仕權鈞之女生一男季疇戶曹正郎後娶吉昌君權近之女生四男二女長季疄

判司譯院事次季甸集賢殿修撰中丁未年親試次季畹殿直中壬子年成均試次
季町讀書女長適江華都護府副使李伯常次適陵直金崇老正郎一男四女男堤
女長適幼學李徽次適幼學李賁然餘幼判事四男二女長塾次壎次垓次坰皆幼
修撰二男三女長垍次堨皆幼殿直一男一女男堧皆幼陵直一男一女皆幼外玄
孫男女共五十餘文繁不悉書名氏婚姻有姓李者皆非一李也子孫衆多而突世
簪纓致位通顯至於孟昀之不肖亦得濫歷中外至參廊廟豈非積德流慶之所及
也古人云德厚者流光本深者末茂信哉且洪武乙丑秋大明國子學錄張溥典簿
周倬奉使而來望見我祖於稠人之中問諸譯者曰彼立第幾者精粹有道人也不
是李先生某耶譯者答曰是卽前相語甚敬歲戊辰以明年賀正使赴京師高皇帝
一見知其賢賜語移時及退目送之日堪畫蓋美其風度也永樂癸未太僕少卿祝
孟獻奉使到國以事久留間求見牧隱文集嘆服無已又素閱行狀亦甚景慕因賦
詩以表景仰之心時在旁者請曰大人嘆服景慕如此之切幸作序以冠卷首祝君
曰吾豈敢爲當俟還朝請於縉紳之能文者製送其後乃送國子助教羊城陳璉所
撰墓誌銘其序事則本於陽村先生所撰行狀而欲變措辭有致失實處然論德行
則亦本陽村之辭而小加損益至於論文章則曰爲文辭典實豐腴興致本乎風雅
言論迪乎德義和平之音正大之氣藹然見於編帙之間銘一句云惟公製作華袞
之章又云使公獲仕天朝必能大推所蘊受知天子建立勳名垂輝竹帛則岡俾王
思禮專美於有唐矣惜乎仕止一國未究厥施可勝惜哉觀此總結之語則陽村之
所未道也必也見其文集知其爲人而不敢以外國人下視之稱揚讚美至於如此
其誠服也無疑矣我祖道德之崇文章之盛不唯東方之人仰之如山斗以高皇帝
之明一見知賢又若張學錄周典簿中朝聞人也亦且甚敬必有盛德光輝接於人
者故也祝少卿陳助教之嘆服讚美豈非文章之妙脗合於風雅也耶故併著云宣

德八年八月下澣正憲大夫議政府參贊集賢殿大提學兼成均大司成孫孟旳謹記

6. 改立神道碑陰記

不佞每讀麗史至鄭道傳論牧隱先生之罪未嘗不掩卷太息也嗚呼當禑廢黜先生謁禑於驪又嘗以迎禑爲請又嘗以立前王子爲言道傳執言蓋爲此也嗚呼孔子曰知我者其惟春秋乎罪我者其惟春秋乎吾於先生亦云耳其後論先生者接跡而起故先生流離困躓無所不至而國亦亡矣先生旣歿皇朝陳學士璉撰其墓誌有言其所書多有不可書者故其神道之銘則本朝晉山君河崙所作也噫彼旣不足以銘先生則又其可書而不書者無惑而至以先生係爲本朝之人則其誣甚矣河固不足言而權吉昌近撰先生行狀亦復如是史亦云麗亡入我朝何其罪先生者多而知先生者少也又按史云李翺鞫先生于長湍先生供曰立辛昌非某所知又云先生語人曰胡致堂以爲元帝姓牛而東晉群臣安而不革者必以胡羯交侵若不憑依舊業安能係屬人心某於辛氏不敢有異議者亦此意也此二者似涉曲筆豈當時佐命諸公欲藉先生重以成廢昌之爲正也歟信如史氏所言則直道傳之同浴爾何以爲先生哉孟子曰盡信書則不如無書在三古猶然況叔季之時乎況革除之際乎最是先生以戊辰自請朝京也皇帝引見數四從容賜語則其時先生所以爲麗朝計者宜無不至而今見於史者只請親朝一句而已及彝初之事亦將以有爲也而吉昌之狀只言忌公者誣以遣彝初于上國其事首尾又無以考焉又我太祖卽位召先生至闕先生以布衣自坐一處曰老夫無座古人有言曰非了陵不能成光武之大非光武不能遂了陵之高此非獨先生之高我聖祖天地之量可見於此而諸書皆不表而出之何也蓋我聖祖舉義除亂無愧殷周古語云

伯夷餓死首陽而文武不以其故貶王縱使先生採薇而枯死何足以病我聖祖而秉史筆述銘狀者乃反婥嫛回互似說不說至於請行三年喪禁絕僧徒而明伊洛之學皆有可據之實而亦復隱沒獨使佞佛之言起後生之疑而專圖隱之美豈亦載筆之徒私好惡而欺今後哉然晦菴夫子嘗論熙寧日錄曰天下有自然不易之公論蓋以惠卿等自爲是錄極其誣悖而眞是非亦因而自見也向非攻先生者肆其詆斥觝排而作史者盡載其說則先生之志之節未必著見於世如今昭昭也又非記先生者任其低昂遷就以見其縫罅則亦未必使人破綻剖碎以發其隱微如今鑿鑿也然則其所以罪我者乃所以知我者乎獨其係本朝官爵則是強引先生爲我人似若以是爲我朝之重者然此非獨誣先生而實所以少我之德也豈所謂童觀者歟昔蘇子容訟其父草頭木脚之冤而神祖許改國史況先生受誣有累於世道也不少誠不可放過而但已也今先生後承蓋多子容之賢吾知其終刊祕史並洗碑狀之謬而拜手于先生之墓也不遠也噫今去先生殆三百年而薦紳章甫誦慕彌深杖屨曁莫不俎豆而致敬焉可見公論之難泯而人心之不死也然則知罪先生者果孰爲多乎嗚呼是可與俗人言乎哉崇祿大夫議政府右贊成兼元子輔養官成均館祭酒宋時烈撰.

　歲癸巳韓山宗人來言我先祖牧隱先生墓刻燬於兵燹今將六十年矣盍謀重建乎弘淵聞而樂之卽以書走通于宗長李尙書基祚尙書方任北臬復書曰碑燬之後吾宗中長老諸公豈晉須臾忘此第恨舊碑文字不能直書其時事到今重刻豈無歉於子孫之心乎遷就至此意實有在然亦何能更俟無窮湏商議善處弘淵旣聞此言每欲一就博雅君子謁文而叙於後則於復舊雪誣斯爲兩得近世俞學士棨裒集麗史訂其訛謬而嘗言勝國時自靖得其中正無如牧隱先生而於其碑後之文則輒推重於尤齋宋公弘淵於數年前忝守湖臬從宗人意求得尤齋所著

陰記則二百年宜晣者粲然復明於世豈特子孫之幸亦係斯文盛事耳謹巳通議
于京外宗黨然後入石而河之文雖有不盡焉者亦其勢自有所不應不爾者必須
刻其文於前面乃可見陰記之不得不作於今日也舊碑陰子孫錄旣載於族譜今
不必再刻獨其下洪武乙丑秋一段似不當終沒故併刻而低一字以別之同宗諸
君子以弘淵菅幹是役熟譜事始末不可不錄其梗槩故不揆僣謹書如右云後孫
弘淵謹識.

十二代孫權知承文院副正字宣敎郞壽慶書資憲大夫吏曹判書兼弘文館大
提學藝文館大提學知春秋館成均館事同知經延事金壽恒篆篆曰高麗門下侍
中牧隱先生李公神道碑銘崇禎丙子後三十一年丙午十一月後孫等立.

高宗 改刻李容元所撰神道碑文及安秉璿所撰銘而宗議不一別立他碑重刻
前文

7. 牧隱李先生墓表

嗚呼此牧隱李先生之墓也其雲仍以久無表石之文俾秉璿記文夫先生之始
終大治河文忠已悉於神道之銘吾先子文正公又闡於碑陰之題至若文章之炳
烺浸搖乎漢唐而爲東方之集大成苟有口莫不膾炙而稱道之先生之所以爲先
生固已星斗乎中天奚待愚陋言而輕重也哉且生於五百年之後欲追述於五百
年之前亦所難矣而輕可稽者不過乎往牒而先生生高麗之末于時天地改革史
多闕文旣不可以一一歷擧亦不可以每每盡信是以前輩之論先生者愈多而愈
不合益詳而益致疑也嗚呼觀人顧不當以其時亦不當以其心乎當彝倫斁絕之
日人民貿貿乎禽獸之域先生能以三年之喪請行於上卜敎育英才尊尙伊洛之
學以啓聖朝文明之運其有功於東人實不淺淺然矣又況當立前王子一言可以

有辭於天下此其所以爲先生之大者歟嗚呼麗運告訖而聖人作萬物睹天不得
不移命民不得不依歸則先生身爲國家之重雖欲違之不可得而崎嶇嶺海之間
棲遑道路之側增夫百世志士之悲先生之事吁亦慽矣嗚呼吾先子知我罪我之
說已盡之又奚以愚陋之言爲先生世系子孫具載大碑亦不復述矞在彌甥義不
可以不文辭略撰如右聊以塞鳳珪晜珪之請焉敢曰表乎云哉上章困頓觀之下
浣外裔嘉義大夫司憲府大司憲兼成均館祭酒侍講院贊善經筵官書筵官恩津
宋秉璿謹撰

참고도서목록(參考圖書目錄)

목은집(牧隱集) 五十五卷

후손광정저(後孫光靖著) 목은연보(牧隱年譜) 一卷

후손원규저(後孫元珪著) 목은연보(牧隱年譜) 一卷

한산읍지(韓山邑誌) 一卷

영해읍지(寧海邑誌) 一卷

정인지등저(鄭麟趾等著) 高麗史 三卷

후손학규저(後孫鶴珪著) 湖隱集 二卷

가정집(稼亭集) 三卷

한산이씨대보(韓山李氏大譜) 十三卷

역자의 일러두기

목은 이색선생약전은 1957년도에 출판되었다. 그러나 출판 당시의 한글 맞춤법과 현재의 맞춤법 사이에 많은 차이가 있게 되었다. 1957년에 출판된 원본의 글은 국한문 혼용체이며, 한글 맞춤법이 오늘과 대단히 다르기 때문에 오늘에 읽는다는 것은 매우 생소하고 어렵다. 따라서 새롭게 출판하는 시점에서 최대한 오늘날 사용하는 한글 맞춤법에 맞추어 번역(飜譯)과 주석(註釋)을 하였다.

주석(註釋)을 위하여 여러 서적을 참고하여야 하지만 원본에 나와 있는 고려, 조선의 역사인물에 관한 자료가 워낙 방대하여 인터넷의 포털 사이트를 이용하여 자료를 검색하여 인용하였다. 그 대표적인 예를 들자면 《한민족 대백과사전》(https//encykorea.ack.ac.kr/)', '네이버 지식백과(https://terms.naver.com/)'를 이용하였으며, 중국 역사인물은 《중국 역사 대사전》이라는 책 이외에 '바이두(https://www.baidu.com/)'라는 중국 검색엔진을 이용하여 자료를 찾아 번역하여 인용하였다.

또한 역주(譯註)에 크게 사용된 것은 민족문화추진회에서 국역(國譯)한《국역목은집(國譯牧隱集)》이다. 목은 이색 선생의 일생이 이 문집에 들어 있다고 해도 과언이 아니다. 그 방대한 분량의《목은집(牧隱集)》을 주마간산(走馬看山) 식으로나마 살펴보았기에 겨우 역주를 완성할 수 있었다.

이 책의 주석은 주로 역사 인물에 대한 주석(註釋)이 많은 부분을 차지하고 있다. 특히 고려의 왕이나 조선의 왕보다는 당시의 고려 말과 조선 초기의 인물에 중점을 두고 주석을 하였다. 그 이유는 고려나 조선 왕조의 왕들은 익히 들어서 알고 있고 또한 역사 인물도 역시 유명한 인물에 대하여는 많이 알고 있지만, 그 외에 역사 인물에 대하여는 일반인은 물론 전공자들도 생소한 인물이 많이 있기 때문이다.

저자(著者) 심당(心堂) **이훈구**(李勳求 : 1896~1961)

미국 캔자스주립농과대 대학원 석사 졸업, 위스콘신대학 대학원 철학박사. 제헌국회의원, 단국대학교 학장, 성균관대학교 총장을 지냈다. 저서로는《조선농업론》등이 있다.

역 · 주자(譯 · 註者) **이중원**(李重遠 : 1965~)

성균관대학교 대학원 사학과 석사 졸업, 중국사회과학원(中國社會科學院) 연구생원(研究生院) 역사계(歷史系) 수학

목은(牧隱) 이색선생약전(李穡先生略傳)

초판 1쇄 인쇄일	2019년 10월 17일
초판 1쇄 발행일	2019년 10월 25일

지은이	이훈구
역·주자	이중원
펴낸이	이중원

펴낸곳	도서출판 心 堂
등록일자	2014년 7월 2일(제2014-45호)
주소	서울특별시 광진구 영화사로 97, 3층
전화	010-9308-9649
팩스	02)446-6895
E-mail	jwleeyuan@naver.com

ⓒ 이중원, 2019

ISBN 979-11-968212-0-3 03990

총판 · 도서 주문   도서출판 BᴳG 북갤러리

주소 _ 서울시 영등포구 국회대로72길 6, 405호(여의도동, 아크로폴리스)

전화 _ 02)761-7005(代)   팩스 _ 02)761-7995

이 도서의 국립중앙도서관 출판예정도서목록(CIP)은 서지정보유통지원시스템 홈페이지(http://seoji.nl.go.kr)와 국가자료종합목록 구축시스템(http://kolis-net.nl.go.kr)에서 이용하실 수 있습니다. (CIP제어번호 : CIP2019039746)